中国区域广电媒体
市场拓展与广告营销

王文科 主编

中国传媒大学出版社
·北京·

序

  2015年中国区域广电媒体的经营与创收遭遇史上最冷"寒冬"。据权威数据统计，2014年我国电视媒体经营增幅开始出现下滑，全国部分市县广电甚至出现零增长和大面积负增长。由于体制凝固机制不活、经济下行压力加大、新媒冲击受众分流、同业掣肘同质竞争、人才出走客户分流等诸多因素，加之2015年9月1日"史上最严"的新《广告法》正式实施，许多市县台赖以生存的医疗药品广告大面积禁播，处于中国广电媒体结构底层的市县广电广告收入出现断崖式下滑，许多区域广电媒体陷入了经营与生存的双重困局。

  众所周知，推动传媒媒体的融合发展已上升到了国家战略的层面，党的十八届三中全会明确提出"整合新闻媒体资源，推进传统媒体和新兴媒体融合发展"。中央全面深化改革领导小组第四次会议通过了《关于推动传统媒体和新兴媒体融合发展的指导意见》。习近平总书记强调，推动传统媒体和新兴媒体融合发展，要遵循新闻传播规律和新兴媒体发展规律，强化互联网思维，坚持传统媒体和新兴媒体优势互补、一体发展，坚持以先进技术为支撑、内容建设为根本，推动传统媒体和新兴媒体在内容、渠道、平台、经营、管理等方面的深度融合,着力打造一批形态多样、手段先进、具有竞争力的新型主流媒体,建成几家拥有强大实力和传播力、公信力、影响力的新型媒体集团,形成立体多样、融合发展的现代传播体系。

诚然,在这样的国家媒体战略背景之下,面对互联网+时代,中国区域广电媒体如何突破生存与发展的瓶颈?我认为从观念到实际的操作关键要把握三个方面。

首先是"方向重于努力"。区域广电媒体作为区域文化产业的核心组成部分,具有事业与产业双重属性,兼具意识形态与市场经营双重功能。如何在牢牢把握正确的舆论导向,弘扬社会主义核心价值观,传播社会正能量,忠实遵循新闻规律和传播规律,始终把社会效益放在第一位的同时,面向市场,解放思想,转变理念,勇于开拓,大胆探索,顽强拼搏,创造良好经营业绩,实现社会效益和经济效益的高度统一,是我们区域广电媒体始终应该坚守和把握的正确方向。

其次是"创新驱动发展"。我们相当一部分区域广电媒体,面对理念陈旧、体制僵化、机制不活、队伍不强、点子不活、办法不多的现状,怎样呼唤改革和改变,如何内置创新、协调、绿色、开放与共享的发展新理念与增长新动力;如何在国民经济和社会发展"十三五"规划的起步阶段认清我们各自所处的内外环境和现实条件,认清我们的存量结构和增量空间,抓住机遇,迎接挑战,制定出符合自身实际的改革发展路线图、时间表;怎样突破区域广电媒体当下和今后发展所面对的人才匮乏、资金短缺、资源有限等瓶颈,期冀走在前列的区域广电媒体百尺竿头能更进一步,寒风当中,瑟瑟发抖的区域广电媒体能够凤凰涅槃、浴火重生。

最后是"开放大于改革"。当下我们所有的区域广电媒体都共同面对着互联网+广电或者区域广电+互联网的时代命题和现实诉求,如何加快区域广电媒体和新兴媒体在内容、渠道、平台、经营等方面的深度融合,尤其是自觉运用互联网的大数据思维、用户思维、迭代思维、开放共享等九大思维,形成学习性组织的共同愿景,批判反思、经验分享,怎样突破所有制结构、行政区域和系统行业的藩篱,充分实现对内对外全方位的更大力度的开放,实现市场要素、人力资源、资金技术、信息物流更自由的组合匹配,促成多元、多学科尤其是计算机技术、数字信息技术对区域广播电视内容生产的强大支撑和推动。只要我们达成共识,起而行之,打造当地具有强大实力和传播力、公信力、影响力的主流媒体,这个愿景是可以期许的。

为深入研究当前中国区域广电媒体在经济新常态下面临的困境与困惑,共同梳理、分析融合发展和市场开拓迈不开步、内容生产和新品研发上不了路、营销创收和广告收入下滑失速等新问题新矛盾,共同探寻互联网+时代中国区域广电媒体面临的新机遇、新挑战,2015年12月1日召开了由浙江传媒学院媒体传播优化协同创新中心主办,浙江传媒学院新闻传播研究院承办的"中国区域广电媒体市场开拓与广告营销"学术研讨会。

这次研讨会得到了国内学界和业界的大力支持,共收入研讨论文近40篇,它们从区域广电媒体的问题导向、需求导向、协同导向与创新导向出发,从媒体经营、广告营销、互联网+、广电文化产业发展、新广告法解读、内容生产等不同角度对广电媒体市场开拓与广告营销等问题进行了广泛、深入的探讨。

本书集中了研讨会的优秀成果,是对中国区域广电媒体面临困境和解决之道研究成果的梳理和总结,是对当下中国区域广电媒体互联网时代和政策因素现状的及时反馈。希望本书的出版，能对中国区域广电媒体市场开拓与广告营销的破局和解题起到积极的助推作用，切实为中国区域广电媒体的发展提供建设性的策略。

王文科

2015 年 12 月

目 录

媒体融合环境下区域媒体发展的三个关键点	丁俊杰 刘 珊 /	1
新媒介融合语境下主流媒体发展的基本转向	邵培仁 高宪春 /	8
广告底线不能破　媒体责任要担当		
——从新闻道德看"不良广告"	陈建华 /	21
新《广告法》对电视行业的影响及对策	郑 宁 韩 婕 /	31
优质节目内容是提升市县电视台传播核心竞争力的关键		
——从新闻道德看"不良广告"	何 超 /	43
县级电视台"互联网+"的微摇电视互动创新	谢湖伟 /	56
区域广电媒体开拓发展路径探析	徐 臻 徐明明 /	62
关于城市广电文化产业发展的思考	徐小平 /	66
赢在转折点		
——长兴传媒集团在媒体融合时代品牌营销的实践和探索	王晓伟 /	74
关于区域广电广告营销的思考	凡 音 /	82
浙江电视台6频道广告营销的五次转型升级	祝清宇 /	85
广播媒体融合中的产业化经营若干现状及思考	项 勇 /	90
融媒展翼　贴地飞行		
——以苏州台为例看城市广电的特色营销之路	潘文龙 马萃菁 /	94
融入"互联网+"　拥抱"十三五"		
——关于传统媒体创收创新的面对与应对	李武军 /	103
媒体发展新格局下市县级广电媒体发展初探	王 艳 /	109
盘点广播产业经营的好案例	崔忠芳 /	113
"两微一端"下我国传统广播的现状与发展	曾凡斌 玉 凤 /	117

整合　转型　突破
　　——"互联网+"时代县（市）级媒体的发展之路　　　　　　王志敏 / 125
论区域广播电视的协作融合与产业发展　　　　　　　　　　　曾静平 / 130
新媒体产业转型发展中的问题及对策　　　　　　　　　　　　陈　兵 / 137
媒体融合发展与调频文化市场开拓
　　——以杭州调频文化创意有限公司创新发展为例　刘茂华　周笑莹 / 143
IP全版权经营：广电媒体价值链创新的新方向　　　　　　　　史　征 / 149
县域电视媒体广告经营模式转型路径探析　　　　　徐　创　吴生华 / 157
广电行业价值链锻造与经济效益提升　　　　　　　朱旭光　薛超杰 / 163
产业链延伸与区域性广电媒体的转型发展
　　——以荆州广电为例　　　　　　　　　　　　　周文佳　张　雷 / 174
媒体+电商+ICT社会："双十一"的广电启示
　　——兼谈城市台的出路　　　　　　　　　　　　　　　　刘　燕 / 181
新常态下区域广电发展辨析　　　　　　　　　　　　　　　苗笑雨 / 187
专业化频道的窄播创新
　　——以福建汽车音乐调频FM91.3为例　　　　　　　　　曾海芳 / 197
垂直、场景与满足的三重逻辑
　　——区域性广播市场价值的构建思考　　　　　　　　　刘佳佳 / 205
锁定客厅　打造聚合亲情的中屏
　　——当下传统电视媒体突围的可能性　　　　　　　　　陈洪标 / 211
大数据时代电视媒体的转型运营之道　　　　　　　　　　　李海峰 / 221
新常态下城市广电的突围之路　　　　　　　　　　　　　　曾　雄 / 227
以新《广告法》为契机　推动地方广电媒体的形态创新　　　王凌飞 / 234
浅析地方广电新兴媒体广告现状与发展策略　　　　　　　　邵　亮 / 239

媒体融合环境下区域媒体发展的三个关键点

丁俊杰　刘　珊

　　区域媒体并不是一个新鲜的提法。自我国媒体确立"条块分割"的管理、发展体制以来,媒体机构尤其是广电、报刊类媒体自身的跨行业、跨媒体、跨区域发展探索就未曾间断。最早关于区域媒体或媒体区域化发展的研究,可以追溯到2004年前后。然而,随着时代与环境的变迁,媒体技术与市场的改变,区域媒体的发展也进入了全新的阶段,学界与业界对区域媒体的内涵、发展路径、发展模式均做出了新的理解。

　　笔者认为,在媒体融合的浪潮之下,区域媒体的发展和探索应当考虑以下三个关键点。

一、紧紧抓住区域媒体发展的内生动力:区域经济与区域价值。

　　地方广电和报刊媒体在我国的媒体类型当中,应当是资源受限最严苛的媒体类型。所以,区域化发展也是此类媒体最迫切探索的转型方向。这种探索一方面源于地方型媒体对生存与发展空间的探索,对发展模式和发展思路的不断探求;另一方面则源于改革开放后中国政治、经济、文化、社会诸多层面对大众媒介所提出的新要求。自我发展的需求与外在环境的要求,共同促使了地方媒体对"以区域为基础的资源集聚、动力凝聚,从而获得新的发展机遇、发展平台"的渴求。因此,以"区域"为核心,便成为地方媒体向区域媒体发展及转型的内生动力。经济基础决定上层建筑。因此,在区域化转型的过程中,区域经济对地方媒体来说应当是最重要的影响因素之一。

2014年前后,地方媒体向区域媒体转型的探索迎来了全新的政策利好。首先是2013年9月和10月,国家主席习近平在出访中亚和东南亚国家期间,先后提出共建"丝绸之路经济带"和"21世纪海上丝绸之路"的重大倡议,两者合称"一带一路",涵盖共计18个省、自治区、直辖市。之后是2014年3月16日,新华社发布中共中央、国务院印发的《国家新型城镇化规划(2014—2020年)》。从政策方面的解读来看,这个规划将会是今后一个时期指导全国城镇化健康发展的宏观性、战略性、基础性规划。城镇化的发展是推动区域协调发展的有力支撑,也是实现经济一体化即经济区域化发展的重要基础。自2006年3月国家"十一五"规划中首次提出"城市群"概念以来,9年间已经有五大国家级城市群先后获批,而这五大城市群的GDP总和占到了全国一半的份额。

因此,这两大国家层面制订的发展规划都将在很大程度上进一步推动区域经济的发展,而区域经济正是区域媒体得以生存发展的空间和土壤。根据2013年8月10日在北京举行的中国城镇化与企业家论坛提供的信息测算:人口城镇化蕴含着巨大的消费需求,城镇化水平每增加1个百分点,就能带来7万亿元的投资和消费需求。而CTR的统计数据也进一步显示了低线城市在消费力方面的重大贡献:2015年上半年,中国社会消费品零售总额超过14万亿元,同比增长10.4%;按经营单位所在地分,上半年城镇消费品零售额121850亿元,同比增长10.2%;乡村消费品零售额19727亿元,同比增长11.6%。

一方面,区域经济的发展会自然带动区域消费力的成长,从而引起更多品牌与企业的关注以及对区域媒体的投放,给区域内媒体带来更大的发展空间,这是地方媒体能够向区域媒体转型的客观条件。另一方面,伴随着城镇化和区域经济一体化的发展,区域内的文化与精神消费也会随之升级,媒体机构作为精神文化产品的重要生产者,势必会迎来更大的发展空间,这是地方媒体需要向区域媒体转型的时代动力。

二、明确树立区域媒体经营发展的目标:服务区域、着眼全局

城镇化进程的加速与城市群的发展不仅加速了经济一体化的进程,还推动着政治、文化、社会等方面的融合。这个过程大致可以描述成这样:地理空间拓展→优势产业聚集→经济结构调整→区域市场形成→体制机制创新→社会文化交流→

生产消费服务→生活方式融通。所以,实现区域内融合的过程,不但给了地方媒体转型至区域媒体的生存条件,也向其提出了更高的要求:服务区域、着眼全局,这是区域媒体的发展目标,也意味着地方媒体的服务属性、引领属性、品牌价值、传播价值、经营方式、经营理念必须全面升级。这样才能够从"地方"媒体转变为"区域"媒体。

首先,在定位上,区域媒体应当成为区域内的综合信息服务与传播平台:在舆论引导、资讯提供、消费创造、区域服务等各个方面起到引领性的作用。在城镇化与区域化同时推进的过程当中,区域内的经济分工和经济合作增强,区域间的联合与互动也会增强,因此传统的地域性壁垒会被逐渐打破,这样才能够形成区域聚集的效应。与此同时,区域内的新文化交流也会迅速增强,并对区域内的经济发展起到重要的推动作用。所以,区域媒体所发挥的应该是区域内经济与文化、实体经济与虚拟经济的催化剂与黏合剂作用。

其次,具体来看,区域媒体需要完成三大基本任务:一是把握区域市场动态信息和产业发展趋势;二是为区域内与区域外的企业开展跨地区经营活动搭建平台,捕捉经济合作信息,增加企业投资机会;三是为区域内居民消费提供信息服务,使其掌握最新的消费资讯动态,实现营销与市场方面的价值交换的桥梁功能。从这个层面来看,区域媒体绝对不会仅限于某一个电视台或者某一张报纸、一家网站的传播职能。在媒体融合的大时代背景下,综合性的传播职能势必会给区域媒体带来更大的挑战。

再次,从媒体经营与市场化运作的层面来看,区域媒体也应当区别于原本地方媒体的运作理念与经营方式。根据CTR公布的2014年与2015年《广告主投放数据报告》调查数据来看,2014年和2015年里,广告主的营销重点区域都以二线城市和三线城市为主,同时这些城市也是他们优先考虑增加营销费用的区域。其中,计划单列市和二线城市的投资比例已经超过北、上、广、深四大一线城市,地级市与一线城市之间的投资比例差额也在逐渐缩小。从2011年开始,星传媒体逐年发布的《扬子·星传中国志》;2012—2015年群邑发布的《山海今》,凯络中国2015年发布的市场报告《下一座金矿2.0》……所有内容都是针对中国低线市场的消费者研究与广告营销特征研究。

最后,在市场竞争中,新媒体的调整步伐相对更快。例如,为了尽快适应企业的区域营销需求,目前腾讯在全国范围内已经拥有12个地方性门户网站,长期为当地总计3.6亿的互联网用户提供各种本地化生活和咨询的服务。广泛的用户覆盖量、在当地政商和高端客户中的影响力以及在多行业精耕细作的丰硕成果,形成了腾讯地方站的核心竞争优势。

由此可见,对于区域内的媒体机构而言,如何满足逐年增加的企业广告投放需求,如何抓住这样的发展机遇与全国性媒体尤其是在跨区域覆盖与传播方面占据极大优势的新媒体展开市场竞争,是区域媒体需要思考的命题,也应当是地方媒体在应对竞争、迎合市场时都不可回避的转型方向。

三、确立区域媒体的发展策略:融合化为目标、差异化为根本

一般而言,我们提及区域媒体的发展策略时,都会从内容和经营两个维度入手。即在内容方面强调区域文化和区域特色的体现,利用更接地气的内容去强化自身的影响力;在经营方面则强调直客的开发,充分挖掘本地的经营潜力,服务好本地发展的各类企业客户。但是,在新的发展环境下,也需要有一些创新性的做法,在媒体融合的大时代发展要求中,区域媒体既必须是融合的,也必须是差异化的。根据自身所在环境的不同,结合自身原有的优势,制定相宜的区域化发展策略才是地方媒体转型的关键。

总结来看,目前业界探索中较为值得研究的地方媒体向区域媒体转型的尝试包括以下六种模式。

模式一,以经营模式升级为切入点,提升区域影响力。

以往的城市电视台发展一直把广告业务作为主要创收来源,在新的经济环境下,无锡广电提升了"经营"的层次,将活动作为创收的重要渠道之一,调整发展结构,实行经营方式的多元化,加大线下活动的创收力度,以线下活动创收弥补线上广告缺口,以打造广告经营新的增长点,形成多元经营的多点补充。目前,无锡广电的广告产业以广播、电视全面整合运作为特征,实现了广告资源、广告运作的深度融合,催生了广告新形态、新平台,对市场形成"合围"之势,经营上突破了原有的广告创收模式,多方位地介入关联行业,每年都会上线50多个活动,在数量和影响力上都有成长。例如,无锡广电主办的第七届中国(无锡)国际汽车博览会参观者达11.5万人次,参展商销售金额达8.37亿元。无锡广电以车博会为龙头,统筹运作了婚博会、家博会、住文化节等广电系列品牌展会,同时进一步强化金秋购物

节、跨年狂欢等活动的品牌效应效益，形成了贯穿全年、错落有致的特色展会活动带。在这个过程当中，传统的广告经营只是一个组成部分，广告服务、品牌服务、会展服务、宣传报道深度结合，将"经营"的概念全面升级。地方广电通过大型活动获得了极大的区域影响力。

模式二，将内容经营与广告经营相结合，打造区域品牌力。

2006年，成都台广告中心开办了《第一房产》节目，在帮助成都台实现地产行业广告投放过亿的目标之后，广告中心又以《第一房产》为模板，先后开办了《第一家园》《第一健康》《第一旅游》《娱乐一百度》等栏目，成为成都台著名的"第一系"节目。凭借这些节目，成都台成功创造了"没有高收视率但是有高收入"的营收奇迹，即使深夜23:00以后的垃圾时段也能变成黄金时段。具体操作手法则更为灵活，比如某个品牌推出"20万免费装修计划"活动，成都台则将400个家庭装修冠名加内容一起捆绑销售。如此一来，一个家装公司就能给成都台带来1000多万元的营收。成都台把握住的是成都市以及周边地区在经济发展以及消费力上的价值。凭借各种各样的广告经营新举措，成都台的广告收入已经突破10亿元的规模，2015年的广告增量预计能够达到3个亿，远远超过同期城市电视台的增长速度。

模式三，广告经营服务优化，构建互动营销新平台。

"1+X混媒传播"是齐鲁频道备受业界瞩目的创新模式，在保持和扩大"1"个电视媒体的强大公信力、影响力、传播力的基础上，构架起商超、校园、流通、社区等"X"个媒体渠道化、渠道平台化的整合营销传播平台。在齐鲁频道的经营理念中，服务内容已从单纯的广告传播服务变成了落地销售服务，以真实提升广告主的销量为目标。齐鲁频道倾力打造的山东商超渠道第一互动营销平台，目前已在全省17城市、400多家5000平米以上大型超市的1300多台食品安全查询机终端上发布广告资讯，锁定主流消费人群，扩大品牌影响力。校园渠道则依托齐鲁频道的强势媒体资源，打造独家垄断山东校园的终端媒体群落，以六位一体媒体矩阵为依托，借助多种形式的校园活动，为品牌传播开拓校园市场新蓝海提供了无限可能。在流通渠道方面，齐鲁经销商商会是齐鲁频道发起成立的山东省快消品行业"信义联盟"。商会汇聚了全省最优质的经销商，聚焦食品、饮料、酒水等快消品行业，助力品牌落地生根，是山东快消行业的黄金平台。

模式四，利用地缘优势塑造虚实结合，解构"卫视"新定义。

2015年8月15日,湖北、湖南、河南、江西、安徽五省地面频道群组建联盟——长江新卫视。不同于传统意义上的媒体联合,长江新卫视是以"长江经济带+中部崛起"为纽带而打造的传播平台。借势长江经济带及长江中游城市群建设,长江新卫视具备了强有力的经济板块支撑;五省地面频道的实体联盟组织,搭配虚拟传播平台,使长江新卫视实现了虚实结合的灵活发展;对接洲际规模的长江区域大市场,以市场为导向,使长江新卫视得以为企业量身定制营销传播服务;而以数据流为资源,以平台化为机制,则使长江卫视成为媒体融合时代的新型传播组织。长江新卫视采用虚拟名称呼号,实体联盟组织,对接市场需求。长江新卫视的构成主体是省级地面频道,发挥贴近性的优势,广告内容化,研发创意内容项目,产业运营、本地渠道、本地电商化融合,帮助企业大区域在地动销。联盟希望借助地缘优势,聚拢产业链的各个环节,实现内容的有效聚合和智能分发、活动联动、整合营销、人才培养,逐步建立起用户、平台、广告、产品相融合的生态体系。

模式五,联合新媒体,定义"多台一网"新模式。

2015年10月18日,《隐藏的歌手》首期开播,在北京、上海、广州、深圳四地都取得了良好的收视成绩,其中上海为5.92%、深圳2.76%、北京1.79%、广州3.86%、苏州3.44%;在网络合作媒体平台上亦表现不俗,当天在爱奇艺上线,首期点击量便轻松破百万。北、上、广、深四地地面频道联合制播、联合招商,以地面频道的能量打造了现象级的卫视节目水准。此后,联播名单还在不断扩容:杭州生活频道、吉林综艺文化频道、福建都市时尚频道、武汉文体频道、济南影视频道、苏州社会经济频道、陕西公共文艺频道、辽宁北方频道、重庆时尚频道都已陆续加入同步播出的阵营。全国14台联播覆盖了10市4省,触达4000万一线城市居民;冠名品牌汰渍洗衣液在2015年第四季度重点城市的环比销售额增长显著,景田百岁山在联播城市的总体户均购买额增幅更是高达32.2%;在网络媒体上,有了第一季爱奇艺的成功,腾讯视频、乐视、PPTV、搜狐视频、风行网和优酷土豆也都纷纷被纳入第二季网络播出平台的备选合作伙伴名单。2016年,《隐藏的歌手》第二季项目启动并在1月25日召开了"不隐藏的力量——2016跨城联播项目推介会"。

模式六,区域经济产业新升级,重构地方媒体功能。

2012年,广州广播电视台(简称"广州广电")新台址落成,广州广电提出了打造"广州国际媒体港"的产业概念。在规划中,新台址将融合总部基地运行维护、新媒体运营、参观游览服务、高端商务酒店、剧场与演出、媒体服务、媒体展播、媒体总部集群八大产业功能,辐射范围从广州到广东,再到南中国以及全球。作为传统经济强市,广州市面临的是经济机构老化的问题。如何在新的竞争中找到下一个发展方向不但是政府机构的问题,也是区域内所有企业与媒体需要思考的问题。所以,广州广电"广州国际媒体港"建设规划的提出,其实也是希望能够帮助广州在下一轮经济发展中从实体经济向虚拟经济转型。具体来说,媒体港的功能与服务将划分为三个圈层。第一圈层是媒体机构的聚集,不管是国内的还是国外的,无论是新媒体还是传统媒体,无论是个人的还是机构的,都将聚集在这个港口当中。第二圈层,因为这些媒体的聚集,也就衍伸出了很多与媒体服务业相关的机构和企业,有利用第一圈内这些媒体机构来达到品宣目的的,有利用这些媒体机构来达到传播目的的,也有在这里与各种媒体机构进行内容交易的,比如各种制作公司等。第三圈层是关联产业和机构,是为这些聚集在此的媒体类机构及相关机构提供各类服务的。

总结来看,区域媒体的发展应当是我国未来一段时间内整个媒体产业优化升级的必须组成部分,与中央级媒体、地县级小型媒体共同承担起服务社会、服务政府、服务公众、服务企业的重担。所以,区域媒体应当既有基础服务、公共服务,满足媒体的公共属性;又要参与全国乃至全球的媒体竞争,打造强势内容与王牌优势,满足媒体的经营属性。这是媒体融合时代区域媒体的重要发展方向。

(作者丁俊杰为中国传媒大学教授、博士生导师;刘珊为中国传媒大学讲师)

新媒介融合语境下主流媒体发展的基本转向[①]

邵培仁　高宪春

新媒介融合进一步促进了"日常生活媒介化,媒介生活日常化",形成了新的媒介语境。新媒介融合语境打通了异质化个体/社群的信息交流,对新闻交流主体产生了影响,普通个体有了主动控制信息的可能,以平等"关系"的联结替代了威权"事实"的传播,从而促进了传统主流媒体的转向。对此,国内许多研究者进行了分析研究。邵鹏认为,当下新闻生产正呈现出"四无"态势,即无权威、无中心、无边界、无预知后果的发展态势。[②]蔡雯认为,当下融合新闻生产正在发生三大变化:"新闻信源结构的改变与新闻传播主体的变化;新闻媒介组织结构的变化与工作流程的变化;新闻载体性能的改变与新闻传播方式的变化。"[③]张志安认为,融合报道具有三个典型特征:全时性、开放性和互动性。[④]

不同时期有不同的新媒介,媒介的进化带来人体验的进化,从口语传播,到印刷传播,再到电子媒介传播,以不同的符号呈现方式,实现着人们之间的互动与交流,与此同时,也不可避免地改变了人们对信息形式、内容的需求,促进了人们价值观的进化。新媒介融合语境下,无处不在的传感器和微处理器促成了无处不在的信息传播,在新型社会互动中发挥潜移默化的重要作用。与此同时,随着信息提供渠道的大幅增多和对融合平台传统主流媒体新闻呈现与规避干预的常态化,具有潜在新闻价值的信息所针对的对象也越来越细致、深入。在此语境下,传统主流媒

[①] [基金项目] 本文为2015年度国家社科基金艺术学重大招标项目"'中国梦'影视创作与传播策略研究"(15ZD01)阶段性研究成果之一和浙江省重点创新团队——国际影视产业发展研究中心课题"华莱坞电影理论研究:以国际传播为视维"(ZJ14Z02)的成果之一。
[②] 邵鹏:《媒介融合语境下的新闻生产》,浙江工商大学出版社2013年版,第54-61页。
[③] 蔡雯:《试论"融合新闻"的特点与运作》,《新闻战线》2007年第1期,第55-57页。
[④] 龚瀛琦、张志安:《融合报道的特征及生产机制》,《新闻界》2011年第3期,第11-14页。

体的"主流"体现不在于内容的数量或质量,而在于如何将适宜的内容与适宜的个体/社群相关联,动态地反映其需求。其效果的衡量和影响不仅与威权者的宣传、新闻专业人士的把关或专家学者的权威意见相关,也与大量呈现在新媒体融合平台上的异质化个体/社群意见指向相关,主流媒体呈现平等参与、广泛分享、关系构建、情感体验以及权威解构等转向,在信息的裂变传播过程中重新界定了舆论场中的权力位置,形成了新的舆论生成路径,本章对此进行了分析。

一、连接:从"公共新闻媒体"转向"公众新闻媒体"

公共新闻媒体的传播主体是专业化的信息生产者。关于公共新闻媒体,纽约大学新闻系教授杰·罗森(Jay Rosen)认为,"新闻记者不应该仅仅是报道新闻,新闻记者的工作还应包含这样一些内容:致力于提高社会公众在获得新闻信息的基础上的行动能力,关注公众之间对话和交流的质量,帮助人们积极地寻求解决问题的途径,告诉社会公众如何去应对社会问题,而不仅仅是让他们去阅读或观看这些问题"[1]。斯坦福大学新闻传播系教授西奥多·L.格拉瑟(Theodore L. Glasser)认为,"公共新闻是一种每天都在运行的新闻传播活动,它号召记者:(1)将受众作为公民,作为公共事件的潜在的参与者,而不仅仅是(公共事件的)牺牲者或旁观者;(2)帮助解决社会问题;(3)改善公众讨论的舆论环境,而不是冷眼旁观这种环境越变越坏;(4)帮助公共生活走向更加和谐美好。因此它值得我们去关注。如果新闻记者能够找到一种途径来做到这些,他们将能够及时地重新树立社会公众对新闻媒介的信赖,重新建立与正在流失中的受众的联系,重新完善新闻报道者的职业理想,在更加坚实的基础上,去健全美国的民主——正是这种民主,给了美国记者以权利和保护"[2]。虽然二人的表述有所不同,但是都认为媒体应作为主体,引导社会公众对社会问题产生认知或采取行动,这是公共新闻的根本特征。社会公众之所以被关注、被重视,是为了"树立社会公众对新闻媒介的信赖,建立与正在流失中的受众的联系",其根本目的在于维护媒体在信息传播中的权威性和影响力,这是通过大众媒体——特别是主流大众媒体,自觉地在整个信息生产、传播的过程

---

[1] Jay Rosen, *Public Journalism: A Case for Scholarship*, *Change*, May, 1995, pp.42-43.
[2] Theodore L. Glasser & James S. Ettema, "The Idea of Public Journalism", pp.3-18, in Theodore L. Glasser, ed., *The Idea of Public Journalism*. New York: Guilford, 1999.

中满足人们的知情权,最大限度地维护社会公共利益来实现的。但不可否认的是,社会公众处于被动接收信息的一端的状况并没有改变,大众媒体依然在"公众如何想,甚至在想什么"上占据着绝对的垄断地位。

新媒体融合背景下,公众新闻崛起,其主体是处于"连接"中的异质化的个体/社群。"公众新闻"与"公共新闻"之间虽只有一字之差,却显示了传播权力的转移——从专业化的大众媒体垄断生产(PGC)向公众草根生产(UGC)转向,异质化个体/社群信息分享和互动成为公共新闻的根本特征。随着新媒体技术嵌入人们的日常生活中,异质化个体/社群的介入扩宽了新闻的管道,对信息呈现与规避的冲突嵌入人们的日常认知过程中,在"共同在场"的环境中,异质化个体/社群以"对话"的形式保持着对新闻报道干预的延续性,改变了媒体机构、记者的核心位置,作为社会主要价值观构建者的主流新闻媒体逐渐由公共媒体转化为公众媒体,精英意识与草根精神共同存在于新闻传播之中。韩国公民新闻网站 Ohmynews 强调"人人都是记者",凸显了异质化个体/社群在新闻信息生产传播中的主体性;美国公民新闻网站 New West 则选用"未经过滤的"这个字眼来形容公众投稿发布的信息:"你发布的信息也没有必要必须是经过深思熟虑的编排好的文章。……任何你想写的东西都可以通过我们的网站进行发布。我们就是要听到你们心中最真实的声音。"[①]如此,公众新闻生产的主体便不再仅仅是专业的新闻从业者,而更倾向于没有经过专业新闻训练的普通个体/社群,他们运用数字新媒体传播技术,在四通八达的互联网络中进行即时的、全球性的信息生产和传播。这在很大程度上绕开了专业把关所带来的"信息黑洞",不同利益诉求的观点表达或情绪宣泄都有了平等展示的可能。"在现实世界里,很多中国人属于'沉默的大多数'的一部分,那么,在互联网上,他们获得了发言的机会,并且,采取着自己认为应该采取的行为。"[②]异质化个体/社群不再仅仅是沉默的多数,而是主动通过对特定信息的生产传播互动来获取最大限度的关注和共鸣。公众不再完全被主流媒体的报道议程所左右。"互联网使我们都成为记者、广播人、专栏作家、评论员和批评家"[③],普通个体不仅有了自己的判断,并且还可以通过不同的新媒体平台进行生产传播,并通过

---

① 参见蔡雯:《公共新闻到公民新闻》,《新闻记者》2008 年第 8 期,第 43 – 46 页。
② 胡泳:《众声喧哗》,广西师范大学出版社 2008 年版,第 311 页。
③ Lawrence K. Grossman, "From Marconi to Murrow to – Drudge?", *Columbia Journalism Review*, July – Aug, 1999, pp. 66 – 72.

新媒体技术最大限度地聚合相同或相似的意见,公开特定事件的信息、观点和情绪,影响社会舆论的生成,直接干预特定事件的进展。

二、消费:从"新闻生产开发者"转向"新闻生产消费者"

以报纸、广播和电视为核心的传统主流媒体,其新闻生产的把关依据编辑部的立场和价值标准。在面向社会大众的新闻生产过程中,传统主流媒体大都从精英意识出发,提供具有权威性的新闻报道。这种居高临下的思维方式和操作方式,是以新闻生产开发者的身份在主导信息传播过程。作为职业传播主体的记者(主流媒体),会从媒体的立场和价值标准出发来择选出适合报道的新闻,摒弃不合适的事实与细节。在欧美各国,"职业新闻传播主体被塑造成按照'新闻专业主义'意识形态监测环境、守望社会、担当责任、服务社会的主体",客观报道成为其新闻生产践行的核心;在中国,"(准)职业新闻传播主体则被塑造成严格按照党和国家路线、方针、政策进行新闻宣传、舆论引导,全心全意为社会主义服务、为人民服务,不大顾及自身利益的主体"[①],"党和人民利益至上"的宣传报道成为其新闻生产践行的核心。无论是哪种意识形态主导的新闻生产,都是以记者(主流媒体)作为新闻生产的开发者,处于新闻生产传播的最前端,影响异质化个体/社群对新闻信息的获取、认知及采取行动。

新媒体环境下,职业的新闻传播主体依然存在,并且从现阶段来看,其影响力依然十分明显,尤其是在凝聚社会共识、达成一致的社会舆论方面,其作用尚不可替代。但随着新媒体逐渐嵌入人们的日常生活,出于信息沟通目的的新闻传播逐渐从一方独占发展到多方共享,成为不同利益主体共同塑造新闻活动的整体场景。异质化个体/社群重新定义了"新闻",颠覆了传统新闻把关流程,由少数精英把持的新闻生产逐渐让位于特定社会中所有与特定事件相关的个体/社群共同生产的过程。"过去媒体的产品生产是单边的,也就是说,它仅仅依赖媒体这一端的力量。但无论这端的力量多么强大,所提供的产品也必然是有限的,至于个性化的产品就更无法保证。只有把用户一端的力量激发出来,双边共同生产,两者之间有效互

---

① 杨保军:《我国职业新闻传播观念的几个宏观转向:以"后新闻业时代"开启为背景》,《新闻记者》2014年第5期,第3-9页。

动,才能够更好地实现媒体产品的多样性以及个性化。"①

异质化个体/社群主动通过"什么是新闻","对专业的新闻机构和公众会产生怎样的影响"来推测"最有新闻价值"的信息内容,并选择"最为恰当"的传播方式(或反之),主动采取行动,从而迫使主流媒体关注点由"向公众传达怎样的新闻,公众会对新闻采取怎样的行动"转向"公众会怎样收集信息、传播新闻,根据这些新闻又采取怎样的行动"。由于异质化个体/社群成为新闻生产传播的主体之一,有条件脱离主流媒体的操控,主动地、自发地运用新媒体技术传播自己的所见所闻,表达自己的观点和主张,主流大众媒体反而成为被传播和被影响的对象:异质化个体/社群通过选取被忽视的细节,或是具有冲击力的原创图片、视频,影响主流媒体的报道,或成为主流媒体的报道素材来源,由此从新闻生产的开发者变成了新闻生产的消费者。

这一转变直接导致了新闻可能出现的内容呈现和规避的变化。专业化的把关标准已经被打破,至少原本被忽略的少数异质化个体/社群的边缘化内容得以呈现,同时,原主流的部分内容则可能被规避。这种变化大大地影响了我们对整个社会图景的认知。议程设置理论中曾提出"媒体间的议程影响",这往往是从属于权威媒体的议程流向非权威的媒体。而在新媒介融合语境下,"媒介无处不在,受众可能在同一时间一边看着电视,一边在社交网站上分享、互动,在论坛上发帖、跟帖,受众同时扮演着观众、听众、读者、用户等多重角色,与媒介形成高频率的深度接触,而且这种接触并非各自为政,而是相互依赖、相互影响、相互强化"②。媒体间的议程界限被打破,异质化个体/社群所形成的自媒体对新闻的生产传播直接产生影响,甚至直接完成这一过程,形成新闻之源,主流媒体不得不重视这一新闻源,从而形成自身的生产和传播过程。由此,从市场生存发展的角度来审视,新媒介融合语境下的大众媒体正在由纯粹的新闻生产者转向多元的新闻消费者,媒介被不断融合,功能不断被扩展,而独立媒介间的重叠和联系也不断被强化。

三、情感:从"高技术新闻"转向"高情感新闻"

在新媒体融合语境下,以前独立的媒介得以相互重叠和相互联系,新闻的呈现

---

① 彭兰:《如何从全媒体化走向新媒介融合——对全媒体化业务四个关键问题的思考》,《新闻与写作》2009年第7期,第18-21页。
② 聂磊:《新媒体环境下大数据驱动的受众分析与传播策略》,《新闻大学》2014年第2期,第129-132页。

与规避从对专业人员的经验和先进技术设备等"高技术"的依赖,转向对人际关系、社会关系等"高情感"的联结,体现为以网络外部性促成对新闻报道的深层渗透和关系的有机整合。

新闻是历史的产物。若从19世纪30年代由《纽约太阳报》带头兴起于美国的便士报算起,大众媒体的发展历史还不到200年,在这之前,人们之间的信息沟通更多的是通过人际传播进行的。大众媒体的确很有效率,可以在短时间内提供给人们众多的新闻报道,更重要的是,它通过专业技术水准的新闻采写过程和把关环节,将"重要"的信息告知公众,公众逐渐接受了以大众媒体所确定的技术标准来认知周围的环境。正如李普曼所说的,大众媒体通过新闻报道所构建的"拟态环境",成为人们认知周围环境的对象。由此,新闻呈现的是大众媒体精英意识的产物。新闻从业者往往具有较高的专业技术素养,能够娴熟地运用采访技巧(如暗访等)获得新闻的素材,用准确简练的语言技巧(如倒金字塔结构等)完成新闻报道,并通过版面、时段等设置引领受众来感知事件的重要性。这种"高技术新闻"对公众及时认知社会主流意识、凝聚社会共识等具有积极作用,但体现的却是自上而下、单向度闭合式的信息传播模式,而忽视了日常生活中鲜活丰富的"人的关系"。

新媒介发展的初期,大众媒体的新闻生产传播流程采用的依然是这一思路,其弊端在于想当然地将以往成功的经验应用到新媒介环境中,因此大多数大众媒体都在积极引进先进的媒介技术,比如装备"全能记者",比如将报纸内容或电视节目原封不动地做成电子版挂到互联网上。这种发展思路没有取得预想的效果,因为它聚焦于技术的融合,没有把握住媒介环境下人们对"高情感新闻"的需求转向。

"高情感新闻"是新媒介发展的产物,它体现了人与媒介的进一步融合。新媒体融合不仅仅是技术的融合,从用户的角度来说,它更是关系的融合,即通过互动构成广泛的联系。高技术新闻促成了"想象共同体",而高情感新闻则促成了"实际社群"——由于兴趣或利益相似或相同所联结起来的社群。人们通过即时的信息互动与交流,改变了新闻权威的标准,人们面对的不再是冷冰冰的新闻,而是丰富多样的关系勾连。

"高情感新闻"促进了人们从陌生化的权威中走出来。异质化个体/社群自身的传播过程就反映了一种权威,人们不再像传统导向社会那样紧随某一媒体新闻报道作为社会参考系,而更多的是以自身互动中所构建的情感关联形成对特定新闻的认知。卡斯特在其《认同的力量》中指出:"网络社会的意义是围绕一种跨域时间与空间而自我维系的原始认同建构起来的,而这种原始认同,同时构造了他者的认同。"①新媒介是以社交和移动网络为平台,凭借多种媒介平台的融合,人们得以实时上传分享自制的内容,原本由大众媒体为中介所主导的"原始认同"过程,改由个体/社群的直接互动而形成,人们彼此对新闻的认知不再仅仅是一种技术的产品,而是一种"情感的产品"。通过信息的传播,人们彼此沟通交流,强化了彼此的情感依赖,"原始认同"由此也成为人们交互类聚的直接产物。人们对新闻的关注不再仅仅是为了和大多数人一样,而是为了寻找与自己一样的人,从博客到微博再到微信,人们借助新的媒介,产生丰富多样的联系,形成亲疏有别的情感关联。

四、关系:从"单一性新闻"转向"复杂性新闻"

从高技术性新闻转向高情感性新闻使得信息的生产传播扩散更多地受到异质化个体/社群的直接影响,促成了"单一性新闻"向"复杂性新闻"的转化。网络社会的意义在于关系的重新再建构,各种强、弱"关系"的联结纵横毗连,促使特定事件的舆论生成不仅仅是某部分利益诉求的体现。

在新媒介融合语境下,异质化个体/社群微小动态的信息扩散都可能会实时影响到新闻的呈现与规避过程,从遵从单一权威转向激发多元碰撞,从机械的生产过程转向带有生命特征的流动过程,由大规模共享指向的机械还原式的新闻生产转向具有特定需求指向的灵动整体式的新闻生成,针对某一对象从时、空两个维度构成了高层次复杂的新闻呈现与规避。

大众媒体主导的单一性新闻通常从某种视角、立场出发,表达某种观点、情绪,报道某方面的事实。这一新闻形式具有很强的控制倾向:通过报道什么不报道什么来影响人们想什么和怎么想,即通过媒体的议程设置对公众舆论施加影响。在专业化的生产传播过程中,人们对新闻的反馈能力相对较弱,新闻生产传播流程相对明确。大众媒体依据新闻价值等专业主义意识形态对新闻信息进行选择和净化处理,只有通过这些操作,新闻才能从杂乱无章的社会信息背景中凸显出特殊的"价值"和"意义"。这种形式和过程通常直接复制主流意识形态,"媒体实际上履行着把主导意识形态陈述为一种'公共智慧'的功能","媒体协助复制和维持偏向

---

① 〔美〕曼纽尔·卡斯特:《认同的力量》,曹荣湘译,社会科学文献出版社 2006 年版,第 6 页。

于权势者的而形式定义的方式,不仅仅在话题建构的最初阶段积极征用权势者,而且包括对话题的特定方式的偏好,以及对特定策略性沉默区域的维持"。①人们通过媒体简单而明确的报道来认知事件,这是一个看似复杂,实则为特定意识形态(通常居于社会主流地位)的产物。换言之,虽然事件(人物)千差万别、报道形式丰富多样,但新闻信息特定的感知限定,导致了新闻从业者和媒体报道的倾向大体是可以预测出来的,对某些内容视而不见,却对另一些细节趋之若鹜。简言之,他们进行某种特定的专业化选择,并对所选择的内容进行专业化的建构,方法手段或有不同,但最终导致了千篇一律和平庸化的"单一性新闻"。

新媒体融合背景下,"复杂性新闻"体现为异质化个体/社群对新闻报道过程的参与,通过自身的信息生产传播,将不同的观点、立场、情绪、利益诉求等实时地呈现在信息互动交流的过程中。新闻从单一性转向复杂性,正应和了新媒介融合带来的信息流动速度的加快。异质化个体/社群的个体化的信息需求不仅仅是被迎合,而且可以自我把握,"众筹"新闻是一种体现,而数据新闻则是另一种表现。前者体现了非专业或非体制内的个体直接充当新闻生产者的角色,生产特定的信息;后者则体现了异质化个体/社群通过群体的信息生产传播行为,影响专业新闻的生产过程。

"单一性新闻"并非在于表现形式的单一,而是其体现的意识形态的单一。正如希瑟·萨维尼指出的,由于"媒体争夺观众和追逐利润的冲动及政治人物操纵信息的愿望之间的双重压力,在相当大的程度上扭曲了媒体提供理性的、批判性的讨论的功能"②。同样,"复杂性新闻"并非为表现形式的多样化,而在于参与主体意识形态的多元化。不同利益的诉求主体都可以从自己特定的意识形态出发,对特定事件择取特定的细节内容进行传播,呈现不同的意见。在这种状况下,新闻的呈现与规避更多地与异质化个体/社群的互动参与相关联。异质化个体/社群的意见不再仅仅在符合/违背特定大众媒体的需要时才会关注,而是有条件、有可能对大众媒体的新闻呈现与规避产生直接影响。如在"安徽省安庆市委书记,前一天还被

---

① 转引自黄典林:《道德恐慌与文化霸权:解读斯图亚特·霍尔等著〈控制危机〉》,《国际新闻界》2014年第4期,第55-67页。
② 〔英〕希瑟·萨维尼:《公众舆论、政治传播与互联网》,张文镝摘译,《国外理论动态》2004年第9期,第39-43页。

赞用旧日历做讲稿纸节约,后一天就被曝喝高价矿泉水"新闻中,异质化个体的微博①直接引发了大众媒体、网络民众、普通市民及政府相关部门的关注与讨论,以往"对赞扬的广泛报道、宣传,对批评的不报道、不回应"的处理模式在这里发生了变化,新闻更趋复杂化。异质化个体/社群的行为具有极强的感召力和动员效果,多元化的利益指向导致了新闻呈现与规避的复杂化:异质化个体/社群颠覆了由专业媒体来给予明确简约化的新闻报道的权威性,"不是它存心要蔑视新闻媒体的权威性,而是它压根儿就不知道同样报道一个新闻事实还有什么权威和非权威的区别"②。异质化个体/社群正在通过这种"非权威意识"的信息呈现与规避来构建一种新型的权威意识,这既是对大众媒体的挑战,也是新媒介融合语境下信息传播与沟通的必然发展。复杂性新闻体现了传统主流媒体与异质化个体/社群的合作互动与矛盾共动的主体间关系,在偏向政府宣传引导和偏向社会公众利益诉求的选择中,信息的呈现与规避体现了一种全面互动与共动、融合与共生的新型关系。

五、浸润:从"客观性新闻"转向"浸润式新闻"

异质化个体/社群以 UGC 的方式普遍参与新闻的呈现与规避,进行事实查证、过滤,通过解释和分析来创造意义,做出事实的选择。这不同于专业化的 PGC 方式,它从根本上改变了精英式的"客观性新闻",取而代之以草根式的"浸润式新闻"。在无时无刻不在生成信息所汇聚成的数据洪流之中,对数据的分析整合表现出新闻对事物的透视性和包容性解释,而对人物、事件的描述性因果呈现向可视化的数据转换则成为新闻呈现与规避的关键。人们"浸润"在信息生产的过程中,直接干预舆论生成的全过程,甚至影响专业化的主流大众媒体。

专业媒体以新型的数据展示、数据分析为导向满足人们对事件(人物)的全方位的信息需求,通过自动化的分析处理与深度挖掘,将事中、事后处理的新闻报道,

---

① 2014 年 7 月 11 日下午 5 时,微博网友"交警朱小志"发布了一张安庆市委书记虞爱华出席活动的照片。照片中,虞爱华手里拿着一张废弃的日历纸做讲稿,日历纸背面的字迹隐约可见。7 月 14 日 16 时 34 分,《新民周刊》首席记者杨江发表微博表示,安庆市委书记虞爱华的讲话照片中,其身后主席台中放置了高档矿泉水。"此水名'觅仙泉',安徽造,玻璃瓶身,我办公室有一大箱,价格嘛,每瓶 30 多元 275ml。"杨江微博称:"安徽记者马屁乱拍要害了领导了。"参见 http://news.sohu.com/20140714/n402236158.shtml。

② 邵培仁、章东轶:《颠覆还是重建:市民新闻学的兴起、特点及其应对》,《当代传播》2005 年第 1 期,第 9 - 11 页。

转向事前自动评估预测、应急处理的新闻报道,看似专业化媒体对传统流程的提升改造,实质是异质化个体/社群普遍直接参与新闻传播带来了数据洪流的结果,这也导致了客观性新闻向浸润式新闻的转化。

"客观性新闻"是新闻专业主义的核心,是新闻从业人员的职业理想。从某种程度上来说,它是"科学的理念和客观性的理想"在新闻业的实践运作中新闻从业者所产生的共鸣。虽然在很大程度上新闻从业者将之作为一种专业操守来遵守,但是"客观上"讲,客观性新闻仍然是在某种特定视角下对世界本身的一种观照,在对世界本身哪些部分进行呈现、哪些部分又视而不见上,新闻从业者往往有着"共识"——这本身就体现了新闻事实的选择、查证、解释和分析,以及对事情做描述性的因果呈现过程具有的某种"意识形态"。由此,在大众媒体上每天出现的新闻虽然五花八门,呈现的形式也丰富多彩,但是细细分析,它们往往是趋于同质化主题的报道。客观性新闻的重点在于报道受众需要知道的信息,而不是报道受众想知道的信息。

客观性新闻的主体是新闻媒体或新闻从业者。凭借其作为信息传播把关者的影响力和非凡的重要性,新闻媒体对客观性新闻的维度进行了限定,从表面看来,哪些新闻要呈现,哪些新闻事实要规避,是按照专业集体的既成规范对世界进行判断的结果。如此一来,正如迈克尔·舒德森所指出的:"自主的专业团体就保证了业内客观性的存在,因为它摆脱了市场和大众意愿的束缚,而独立的职业个体通过业内培训,也不会受到自身价值取向的影响。"[①] 显然这种与大众和市场绝缘的客观性新闻是不存在的。世界是多维的,社会价值取向是多元化的,新闻从业者或媒体最常运用也最易于运用的方式就是将事件的各方简约为正方、反方和中立方。这实际是一种将复杂性信息简单化的倾向,在三方意见的呈现过程中,巧妙地掩盖了其所规避未报道的信息,如在"香港便溺事件"中,男孩还是女孩、大便还是小便、有没有掌掴等事实细节以及对当事人双方行为赞同、反对和中立三种倾向的报道,占据了大众媒体绝大部分的报道资源。这种简约化报道趋向忽视了其他异质化个体/社群的边缘利益与意见,忽视了意识形态以及社会大气候的现实状况。与此同时,这一客观性新闻倾向还形成了一种假象,使受众形成了两种相对立的错

---

① 〔美〕迈克尔·舒德森:《发掘新闻:美国报业的社会史》,陈昌凤、常江译,北京大学出版社2009年版,第6页。

觉:一是"前所未见",二是"历来如此"(布尔迪厄语)①。要么是非大陆游客从未如此,要么是大陆游客素养差,其实质指向是一个意思:起到引发轰动的作用。大众媒体新闻呈现与规避有其固有的意识形态,通过报道什么不报道什么来推动受众对现实的认识。

新媒体融合背景下,新媒体嵌入了我们的日常生活中,"日常生活媒介化,媒介生活日常化",异质化个体/社群对信息传播过程的干预能力在不断增强,从而改变了新闻从业者和媒体对新闻生产传播流程的垄断。就信息交流而言,新媒介融合使人们得以从不同的平台、渠道获取自己所需要的内容,受众沉浸在自己所喜好的信息之中。因此,真正产生影响的是受众"想要的"信息,而不是受众"需要的"信息。这就改变了新闻呈现与规避的现实文本语境。相关关系而非因果关系成为很多事件报道的重点。如在"李天一事件"中,人们关注的不是犯罪的事实,而是其"星二代"的教育问题(这一网络舆论倾向甚至影响到了最终对李天一等人的刑罚)。同样在"香港便溺事件"中,内地、香港之间的理解与包容也成为人们关注的焦点(彼此尊重、多些理解与包容是一种文明的体现)。浸润式新闻的关键之处在于它所体现的事件信息的多样性,人际关系网络的延展性以及思维方式的颠覆性,它反映了参与其中的异质化个体/社群在整个社会关系网中的存在价值。换言之,人们主动通过信息的呈现与规避来呈现一种"相关性关系"。

同时,浸润式新闻在于多种媒介平台的融合,促成异质化个体/社群、主流媒体等多种新闻主体共同作用于新闻的生产传播过程。在这一过程中,参与主体在选择、验证、聚合、传播信息的过程中,借助交互设备和自身的感知觉系统实现新闻互动性(interaction)和想象力(imagination)的提升,同时运用交互式音频与视频组成的环境来代替两维视觉空间,使普通文本的信息传播更具个性化和生动性,通过Facebook、微博、微信等社交媒体的融合,异质化个体/社群的信息需求、利益诉求、人际关系、日常生活模式等被整合到庞大的数据库中,从而契合了人们对新闻呈现与规避的要求。如通过浏览超文本链接,人们改变了以往的线性思维结构,信息资源更加丰富并呈现网状结构,人们不论何时何地都能进行人机的互动。不仅如此,通过网络,我们还可以在不同时间和不同地域的人们联系,通过异质化个体/社群的交流互动,感受浸润式新闻的冲击。

---

① 〔法〕皮埃尔·布尔迪厄:《关于电视》,许钧译,南京大学出版社2011年版,第62页。

多种新媒介的融合带来了文字、图像、音频、视频等信息传播模式的融合,受众在对某一信息进行收视的同时,也可以通过其他方式同步提升体验的效果。新闻的呈现与规避不再仅仅是主流媒体和新闻从业者的权力,所有有价值的内容都潜在地存在于人们周围,存在于信息传播的过程中。新闻事件不再被看作是孤立的现象,世界不再仅仅是一连串自然/社会现象的事件组合,人们浸润在信息之中,媒体和新闻从业者也沉浸其中,随时地传播、获取自己想要的新闻。由此产生的浸润感"是精神高度集中所达到的一种状态。沉浸感的获得是大脑受刺激的过程,特点是减少和观看对象之间的审视距离,增加感情的投入量"①。异质化个体/社群在信息选择生产、传播、接收的过程中,通过自己想象力的配合,达到一种身心上的满足/不满足,产生刺激感、愉悦感、厌恶感,进而对新闻呈现与规避予以某种评价,主动提升自身的媒介体验。

六、结语:媒体转向将是一个动态的持续的融合过程

新媒介融合语境不仅仅是媒介环境的改变,更触及了人们思维结构的变化,即媒介的偏向性改变了人们观察和思考的方式,从以往的线性思维逐渐发展为非线性的扩散思维,增加了人的选择,基于互联网操作系统的媒介融合语境创造了新的感观、生活体验。在此语境下,传统主流媒体的转向对舆论生成产生了直接影响——传统主流媒体的新闻呈现与规避不再是媒体和新闻从业者日积月累、千篇一律的观念以及原则和问题强加给整个社会的过程,而是更多分裂的、多元化的、有差异的意见和观点聚合的过程。用布尔迪厄的话说,即重新界定了舆论场中的权力位置,平等参与、广泛分享、关系构建、情感体验以及权威解构重新界定了主流媒体在社会传播中的地位与作用。本文所述的新媒介融合语境下传统主流媒体的转向并非是凭空出现的,亦非由新媒介融合决定的,而是新媒介(技术)使用的异质化/社群、媒体/新闻从业者使用、互动的结果。以往媒介发展的历史告诉我们,新媒介发展产生的影响从来不是单行道,新媒介融合语境下异质化个体/社群对传统主流媒体转向的影响将是一个动态的持续的融合过程。

新媒介融合语境下传统主流媒体的转向过程,是一个社会的整体性选择的过

---

① 马鸿龙:《数字空间的感观沉浸——新媒介文化对受众的体验再塑》,《今传媒》2011 年第 7 期,第 110 – 111 页。

程,亦是其自身维持在社会舆论生成中的公信力、权威性、影响力的需要,其指向仍然是对公众的影响。作为社会的中介者和控制者,媒介负载的信息作用于人,对人的语言方式、思维方式和行为方式产生影响。伊万·克拉斯特夫指出:"生活在真相中不能被简化为获得全部信息。最终带来变革的是有胆量说出真理的人,而不是真理本身"[1]。传统主流媒体的转向是否能够更好地对异质化个体/社群与媒体及政府之间对话协商施以良性影响,新媒介融合语境仅仅是提供了一种可能,更需要"人"——异质化个体/社群、媒体/新闻从业者——的互动交流来实践。对此,保罗·莱文森持乐观的态度,他认为:"人是积极驾驭媒介的主人,不是在媒介中被发送出去,而是在发号施令,创造媒介的内容。对被人已经创造出的内容,人们拥有空前的自主选择能力。"[2]

(作者单位:浙江大学)

---

[1] 〔保〕伊万·克拉斯特夫:《透明的幻觉》,吴万伟译,《国外理论动态》2013年第6期,第80–86页。
[2] 〔美〕保罗·莱文森:《数字麦克卢汉:信息化新纪元指南》,何道宽译,社会科学文献出版社2001年版,第56页。

广告底线不能破　媒体责任要担当
——从新闻道德看"不良广告"

陈建华

"中国区域广电媒体市场开拓与广告营销"学术研讨会的重点是探讨如何解决市场拓展和媒体融合发展止步不前、广告营收下滑失速等问题,期望通过研讨找到问题的症结进而采取相应的对策。在媒体经营普遍下滑、市场拓展找不到出路的时候,苦寻对策、多想招数无疑是必要的。但作为问题的另一面,我们在应对挑战、寻求突破的时候,决不能病急乱投医,要始终牢记媒体的"初心"和责任。

本文着重从新闻职业道德的视角,观察和分析当前媒体广告与经营中存在的问题,特别是"不良广告"问题。正视这些问题并注意防范、着手解决,也正是我们必须做的工作。

本文所引据的材料,大都来自浙江省新闻道德委员会和浙江省新闻行业社会监督员撰写的监督简报。

浙江省新闻道德委员会(后文简称"新闻道德委")于2013年5月成立,是由省委宣传部和省记协共同发起成立的新闻道德监督机构,也是全国首批试点的5个省级新闻道德委之一。委员会成员由来自省级新闻管理部门、新闻机构、新闻院校和政府有关部门、社会的代表人士共22人组成,主要职能是接受对有关违反新闻职业道德行为的投诉举报,对重点投诉进行核查、评议、通报和提请行政管理部门依法进行处罚等。从2013年5月到2015年10月,委员会累计接到投诉、咨询电话、短信、来信等共2500余件次,其中属于媒体新闻道德监测范围的有效投诉为300余件/次,转办督办投诉件办结率达到90%以上。

关于新闻行业社会监督,2004年,浙江省记协在全国率先发起组建了一支由政府与社会各界热心人士组成的对新闻媒体及从业人员进行监督的队伍,社会监督员遍布省内各地各行业,目前有 500 余人,每月出两期汇集社会监督员意见的监督简报。社会监督员是媒体行业的"啄木鸟",是新闻从业人员的严师益友。此项工作至今已坚持了 11 年。

需要指出的是,新闻道德委和新闻行业社会监督员队伍尽管组成人员和工作机制有所不同,但共同的职能都是对新闻行业进行监督管理,是引入他律的新闻行业自律行为,以促进新闻事业的健康发展。它们的工作重点,都是治理新闻行业的"五大公害":虚假报道、有偿新闻、不良广告、低俗之风和新闻敲诈。

在"五大公害"中,与本文主题直接相关的是"不良广告",即存在虚假失实等违法内容、易导致不良社会效果的媒体广告。而不良广告又往往不是孤立存在的:有些可能是有偿新闻或"有偿不闻"的衍生物,甚至是新闻敲诈的"战利品",有些内容和形式涉嫌低俗下流、违反公序良俗。

据省新闻道德委统计,在所有涉及新闻道德的有效投诉中,不良广告占比在 30% 以上。不良广告为害之烈,由此可见一斑。

一、当前媒体不良广告的主要表现

新闻媒体是新闻报道机构,同时也是广告的经营与发布机构。据省新闻道德委和新闻行业社会监督员两个渠道的来源分析和笔者的观察,当前媒体广告经营与发布中主要存在以下问题:

1. 广告内容虚假问题

以下是新闻道德委成立以来记录在案的部分广告投诉:

- 2013 年 8 月 8 日,读者投诉某报 7 月 27 日 A5 版刊登"多适点"近视治疗仪广告是虚假广告;
- 2013 年 5 月 23 日,读者投诉某报 4 月 11 日 C3 版"十年耳聋一滴声还"广告是虚假广告;
- 2014 年 1 月 13 日,读者投诉某报 1 月 12 日 9 版一则广告说免费送书,结果要 65 岁以上心血管病患者才送,涉嫌欺诈;
- 2014 年 2 月 10 日,读者投诉某报 2013 年 10 月 16 日 6 版"第四届全国老年书画大赛征稿启事"广告,大赛获金奖,实际却要花钱买画册,涉嫌欺诈;
- 2014 年 4 月 21 日,读者投诉某报 4 月 10 日 14 版"小孩吃海参可以长个子"

文章，看似报道实则为虚假广告；
- 2014年4月22日，读者投诉某报当天A7版每周刊登"揭秘前列腺"送书广告，实际上是推销药品；
- 2014年12月5日，观众投诉很多电视台播出茅台酒虚假广告；
- 2015年5月13日，观众投诉省台购物频道5月7日晚8点《家庭购物》所推华硕手机，实际购买到的手机与电视宣传不一致，属虚假广告；
- 2015年6月9日，听众投诉某电台与杭州早稻田教育机构合作培训"我是小主播"，报名交费后发现实际情况与广告宣传严重不符，要求退款……

以上被投诉对象大都属于虚假广告，投诉受理后都得到了妥善处理。

这里要特别讨论一则典型的虚假广告。浙江大学一位老教授投诉说，某报整版刊登的"'土郎中'发狠话，十年耳聋一滴声还"广告，纯粹是诈骗广告，因为之前中央电视台的新闻节目里曾经对此进行曝光，而广告中所谓的"神医"实际是演员扮演的，从报纸刊登的照片上也可以看出这个"神医"的胡子明显是粘上去的。该老教授多年前就有听力障碍，所以对有关治疗听力障碍的信息特别在意。他说："耳朵聋了，听觉神经细胞死了，怎么可能滴一滴药水就好了呢？明明是夸大其词、欺骗百姓，这样的广告媒体怎么可以刊登！"经省新闻道德委调查，投诉的情况，包括央视曾经曝光的情况完全属实。这一虚假广告的发布者受到了应有的查处。

2. 新闻与广告"两不分"问题

长期以来，我国新闻主管部门三令五申，采编业务和经营业务必须实行"两分开"，经营活动应由经营部门负责，采编人员不得参加经营活动；新闻单位不得向采编部门下达经营创收任务，记者编辑不得从事广告和其他经营活动。而在实际工作中，有不少新闻单位内部存在新闻与广告"两不分"的问题，导致乱象横生，甚至直接导致了新闻腐败，有的新闻从业人员甚至为此跌入违法犯罪的泥潭。正应了一位媒体负责人多年前的警告：一名记者，如果既做采访同时又拉广告，最后必将成为一个文化流氓！

"两不分"的典型表现是"软文"，其实这是披着新闻报道外衣的广告，即使是"新闻"，也是不折不扣的有偿新闻。现在，媒体中商务性专栏"两不分"的情况较为严重，比如房产、汽车、旅游、教育培训、健康医药等方面，充斥着名为报道、实为广告的"软文"，有的甚至直接冠以"记者xxx"的名头，误导受众，严重透支了媒体的公信力。有些"软文",如果钱款直接落入个人腰包,则犯下了受贿罪。殷鉴不远——2013年底,杭州有3家媒体的3名证券版编辑即因常年收受基金公司的"软文"酬金而被判刑,数额最大的5年收受332万元,以受贿罪获刑12年。

还有一种"两不分",即新闻主持人做广告代言人。在2012年"塑年堂事件"中,一些著名主持人,包括本省的新闻节目主持人为塑年堂代言广告,客观上对其销售生发黑发虚假产品和涉嫌非法集资起到了推波助澜的作用,造成了恶劣的社会影响。省新闻行业社会监督员为此专门写了题为《"塑年堂事件"拷问媒体公信力》的监督简报,尖锐地指出:一些知名主持人之所以陷入"代言门",其根本原因就在于个别媒体过分追求商业利润,在形形色色的利益诱惑中丧失了职业底线,丧失了社会责任心。

3. 广告内容的价值导向问题

媒体属于内容产业。媒体的新闻报道有导向,媒体刊播的广告也有导向。因为新闻媒体是大众传播工具,所以,比之纯粹的广告载体如户外广告、邮递广告、楼宇广告等,媒体广告无疑具有更高的导向要求,并且内在地要求与新闻报道导向相一致。

有几则来自社会监督员的广告案例,反映的就是价值导向问题。

案例一

2012年11月,某电视台夜间节目有一则关于"丰胸手术"的广告,内容是一名女子在镜头前自述因乳房萎缩失去魅力,导致老公出轨,遭遇婚姻危机。后来,由于成功进行了丰胸手术,拯救了婚姻,挽回了爱情。社会监督员指出,把婚姻和爱情的保持和巩固简单地归因于丰胸与否,显然是荒唐无稽的。结果,这一监督意见受到了有关部门的重视,相关媒体被扣点处罚。

案例二

2013年夏天,正是暑假少儿收视高峰期,杭州某少儿频道却在大量播放女性内衣广告,画面中人体模特衣着暴露、扭捏作态,刻意露出丰满的胸部,内容十分艳俗。社会监督员为此惊呼:少儿频道岂能如此戕害少儿身心健康!

案例三

2014年4月,杭州某报刊登整版"寻狗启事",宣称谁能帮助找回丢失的"查理"狗,就送一套位于某某楼盘的房子作为酬谢。试想,眼下多少人还在为"买房贵、买房难"而发愁感叹,一条狗却可换来一套房——这一举动何其奢侈!这一广告何其刺眼！该广告虽然是为推广某楼盘做的策划，但其刻意炫富炒作的内容显然有违公序良俗，并且实际也无此女此狗，最后该广告被列入杭州市2014年第一号虚假违法广告查处公告，广告商被依法罚款10万元。

以新闻道德的要求衡量，不仅普通的商品和服务广告要体现正确的价值导向，对包括节庆活动在内的民俗文化传播也必须有导向意识，体现媒体的责任与担当。2013年8月，省记协社会监督员就针对将"七夕"异化为"中国情人节"的现象，批评一些媒体不顾史实和民俗传统，为商家以爱情名义绑架"七夕"赚钱大做广告，宣传不健康的婚恋观和奢侈消费观，是低俗化的表现。

4. 广告组织中的违法违纪问题

丧失新闻的客观公正立场和媒体应有的尊严，搞有偿新闻、"有偿不闻"，或者谁给钱就给谁吹，或者以"战略合作"之名行收"保护费"之实，类似这样以媒体原则做交易的行为，显然是违反新闻职业道德和新闻宣传纪律的。而以舆论监督之名，行敲诈勒索之实，则更是违法犯罪行为，以这样的方式得来的广告同样也属新闻敲诈，必须受到惩处。

10年前浙江省发生过一起典型的新闻敲诈案件，那就是某全国性行业报驻浙江记者站站长孟XX案。法院经审理认定，2001年至2003年期间，孟XX"利用自己的职业和身份，以发表批评报道曝光相要挟的手段，以收取顾问费、广告费或者委托调解费用等形式，向多家单位索要数额钱款共计人民币373万元，其中索要63万元人民币部分的行为得逞"，最后，法院以敲诈勒索罪判处其有期徒刑7年。

近年来，中宣部等九部门在全国范围内深入开展严厉打击新闻敲诈专项行动，查处了一批新闻敲诈案件，也对广告组织中的违法违纪问题再次敲响了警钟。

二、产生不良广告的原因剖析

1. 媒体经营形势严峻

近年来，由于媒体传播方式的剧烈变革，加上经济进入新常态，传统媒体的广告经营进入持续下滑的通道，在局部地区、部分媒体中甚至出现了断崖式、雪崩式下滑的态势，媒体的生存发展遭遇改革开放30多年来最大的挑战。在这种态势下，"活着"似乎成为众多媒体的首要关注点，原来一直强调的新闻道德、职业伦理就被弃之脑后。"有奶便是娘"、"怎么来钱怎么来"成为一些媒体人的第一选择,特别是广告任务的承担者承受着巨大的压力。严峻的经营形势,使得"不良广告"等媒体公害沉渣泛起并愈演愈烈。

2. 媒体管理失范

广告与新闻"两不分",表现出媒体基础管理的失范。在媒体经营困难的背景下,原来采编与经营分线管理、记者与广告人员严格区分的界限在许多新闻单位变得模糊了。采编人员承担广告指标,广告业务员打着记者的旗号到处采访的事在一些地方已成为公开的"秘密"。广告与新闻"两不分"的状况,直接导致了虚假欺诈、低俗庸俗等不良广告的频频出现。

3. 广告监管缺失

多数媒体单位都有广告管理制度,但实际操作中存在制度执行不严的问题。曾经听到有媒体领导十分直白地说:谁要与钱过不去,我就与谁过不去。在这样的氛围中,即便有制度也必然成为摆设。前述某报"'土郎中'发狠话,十年耳聋一滴声还"广告,就是通过广告业务员、广告部主任和分管领导层层审签而发布出去的。报社负责人坦陈,当时审阅这一广告时,觉得该广告内容是有言过其实的地方,且违反《广告法》中"不得含有不科学的表示功效的断言或者保证"和"利用医药科研单位、学术机构、医疗机构或者专家、医生、患者的名义和形象作证明"等规定,但鉴于平面媒体广告量大幅度下滑的局面,所以最后还是网开一面了。

4. 广告人导向意识不强

毋庸讳言,相对于新闻采编人员,广告经营人员的政治意识、政策水平和新闻职业道德修为都普遍要低一些。"千道理,万道理,拉到广告是硬道理","英雄不问出处,金钱莫问来路",成为一些广告经营人员的口头禅。上述涉及价值观和舆论导向的负面案例突出反映了广告经营人员在导向意识上的缺失,在一些人眼里,"寻狗启示"广告很可能还被视为令人叫绝的"创意"。同样的广告,为什么同城另一家媒体已经上了版面最终又撤了下来?这直接反映了媒体把关人在导向意识上的落差。

三、治理不良广告的对策

1. 坚持依法经营广告

目前,在我国,尚无成文的《新闻法》,而《广告法》却早已有之,且越修订越严密,越修订越完善。最新修订并于2015年9月1日施行的新版《广告法》严格规定了广告在商品和服务方面的内容准则,明确了九类禁止性内容,其中不得"妨碍社会公共秩序或者违背社会良好风尚"等内容就直接包含了价值导向。而第十四条更是明确规定:"广告应当具有可识别性,能够使消费者辨明其为广告","大众传播媒介不得以新闻报道形式变相发布广告。通过大众传播媒介发布的广告应当显著标明'广告',与其他非广告信息相区别,不得使消费者产生误解。"这就把我们讨论的原本属于新闻职业道德、媒体行业规范方面的问题直接纳入了法律的范畴。

所以,从媒体广告经营总原则来讲,首要的一条,就是严格依照《广告法》经营和发布广告。从根本上讲,依法开展广告经营活动,是全面依法治国在媒体领域的实际体现。法律具有强制性,在这个意义上,将新闻道德、职业伦理、价值导向等理念引入媒体广告经营就再也不是可有可无的了,它们实际也是《广告法》的刚性要求。所有的媒体广告从业者都必须建立这样的职业认知,坚守广告经营的法律底线和道德规范。

2. 坚持规范管理媒体

坚持规范管理媒体,具体来说就是坚持新闻宣传与广告经营"两分开"。这尽管已属于老生常谈,在当下似乎有些不合时宜,但事实上,"两分开"更是切中时弊的必然要求。在采编与经营界限模糊、认识不清的情况下,强调"两分开"更有深刻而现实的意义。

众所周知,媒体的价值就在于"铁肩担道义",公信力是媒体的立身之本。一个丧失了道义和公信力的媒体肯定不是正常的广告主愿意花钱刊登正当广告的优先媒体。而坚持"两分开",既是新闻真实、客观、公正的重要保证,也是新闻与广告良性循环的必由之路。包括现在已经普遍有些"两不分"的房产、汽车、教育、健康、旅游等商务和服务性专刊、专栏、频道等,也必须明白,真正要有公信力,同时又要在运营和广告上获得成功,从内部体制到人员安排,都必须是"两分开"的。

此外，媒体要慎待"软文"，节目主持人要慎当广告代言人。

曾经看到过《中国汽车报》的一个发言材料。该报是一个行业媒体，他们却介绍自己做了两件事：一是在2009年的时候撤销了所有的记者站，当时他们发现记者站有一些记者跟当地的汽车厂家有一些合作的迹象，于是"一刀切"，把记者站撤销了；二是新闻和广告经营完全分开。记者不承担任何拉广告的任务，这就在体制机制上保证了记者坚守新闻职业道德。

笔者认为，《中国汽车报》如果真的做到这样，那么肯定能赢得同行的尊敬。与此同时，我们是否可以怀有一丝欣喜地设想：既然这样的商务服务类媒体都能做到，其他大众媒体有什么理由做不到？

3. 注重广告的价值导向

广告内容的导向问题是广告领域的"常见病"、"多发病"，要治理不良广告，必须重视广告的价值导向，要澄清在广告价值导向上的模糊认识。"导向金不换"，这句话既适用于新闻报道，也适用于广告经营。从广告业务员到广告监管员和媒体经营负责人，都必须认识到，媒体要承担社会责任，也包括广告这一块。"寻狗启事"那样的错不能犯，"丰胸内衣"那样的低俗扭曲的价值观不能有。广告人必须知道，媒体发布的广告一旦被认定属于"妨碍社会安定，损害社会公共利益"，"危害人身、财产安全，泄露个人隐私"，"妨碍社会公共秩序或者违背社会良好风尚"等，是要受到依法制裁的。而"24字"的社会主义核心价值观不应该仅仅出现在媒体的公益广告上，也必须深深烙印在媒体广告人的心坎里。

4. 坚决打击新闻敲诈

敲诈勒索历来是流氓地痞、黑社会所为，与新闻媒体挂上钩，绝对是行业之耻。所有媒体和媒体从业者都必须树立这样的认知：新闻敲诈是媒体广告经营的高压线，谁都不能去触碰！舆论监督是维护社会公平正义、推动社会进步的重要力量，绝不是用来牟取个人私利和媒体一己之私的黑色工具。近年来，打击新闻敲诈已超越治理媒体原先的"四大公害"，成为坚决打击、痛下重手的首选项，识时务者千万不要撞到枪口上、倒在风口中。

5. 加强媒体广告全程把关

任何媒体，广告经营路子一定要正，管理制度一定要严。严格管理，更体现于严格执行制度，因此，必须加强媒体广告经营与发布的全面把关、全过程把关。全面把关,不仅要把好广告内容关,也要把好广告形式关和广告组织行为关;不仅要把好传统媒体广告关,也要把好各类新媒体、"新新媒体"的广告关。全程把关,即从广告组织、受理、策划到实施、发布,每一环节都要认真把关,绝不让不良广告出现在报纸版面上、广播电视节目中、网络新媒体里。

6.加强广告人员教育培训

媒体广告从业人员的政治业务素质包括法律意识、导向意识、专业知识和水平等,是广告业健康发展的基础和保障。因此,各新闻单位在向广告经营部门压任务、下指标的同时,必须经常性、制度化地组织广告人员学习和培训。供职媒体的记者、编辑要有崇高的新闻理想和高尚的新闻操守,供职媒体的广告人员也要同样有媒体人的自觉、媒体人的情怀。2013年记者节,省记协和新闻道德委制定、发布了《浙江媒体新闻道德自律公约》(后文简称《公约》),全省150多家媒体机构集体签署,承诺做到以下六条:

(1)坚持正确导向,忠实履行使命;

(2)坚持服务人民,大力改进作风;

(3)维护新闻真实,杜绝虚假报道;

(4)恪守职业伦理,保持清正廉洁;

(5)注重传播效果,抵制低俗之风;

(6)加强媒体自律,重视社会监督;

这些内容,主体是针对新闻采编人员的,但也有很多内容涉及广告经营人员。如《公约》中明确规定:"落实新闻报道与经营活动'两分开'原则,严格遵守法律法规,恪守职业伦理和操守,决不唯利是图,坚决杜绝以舆论监督为名搞新闻敲诈,坚决禁止有偿新闻、有偿不闻,坚决制止以稿谋私、接受采访对象、单位、利益相关方钱物等失德行为。正当开展媒体经营活动,杜绝违法广告和非法经营。"《公约》中还公布了省新闻道德委的监督举报电话和举报邮箱,以利社会各界监督。这一《公约》对全体新闻从业人员均有约束力,不仅采编人员要遵守,媒体广告经营人员也必须牢记。

放眼当下,各新闻单位尤其有必要组织广告从业人员学习《广告法》等法律规章和行业规则,建立健全政治和业务学习制度,增强媒体的职业认同和从业自觉。

另外,从应对挑战、适应媒体变革、促进媒体融合发展的高度来看,通过学习和培训,既可以提高认识、登高望远、坚定信念,也有助于开拓进取、积极应变、增强本领。目前,尽管传统媒体的传播方式受到网络与新媒体的颠覆,传统媒体面临广告经营下滑失速的困扰,但从根本上,媒体融合的新发展,也为媒体经营打开了另一个广阔天地和全新通道。我们的媒体经营工作既要尽力固守传统领地,也完全不必吊死在广告经营这一棵树上,更不必因不良广告而丧失操守、葬送媒体——哪怕真的是死路一条,也应该死得伟大而壮烈,"立着是根柱,倒下是根梁"!为此,我们在广告经营中必须坚守新闻道德底线,体现媒体的责任与担当。对于整个媒体行业来讲,我们当前必须大声疾呼:所有媒体都必须树立"底线意识",树立对媒体的集体敬畏感,共同守护媒体的价值与尊严,而绝不能比拼谁比谁更没底线、谁比谁更流氓!

  时节已进入隆冬,在当下这艰难的时刻,让我们依然坚信:未来的世界、未来的人类社会,尽管会有各类自媒体、"新新媒体",信息的传播也会更加多样繁复,但从社会生态来看,专业的媒体、专业的媒体工作者仍有存在的空间;在我们国家实现"两个一百年"的历史进程中,专业的媒体、专业的媒体工作者仍会是汪洋中站立船头的瞭望者,仍会是时代的记录者、参与者、推动者。不管是采编还是经营,我们既然选择了媒体职业,便只有风雨兼程、奋力前行。

(作者单位:浙江省新闻工作者协会)

新《广告法》对电视行业的影响及对策

郑　宁　韩　婕

2015年4月,全国人大常委会对《广告法》做了自1995年施行以来的第一次修订,自同年9月1日起开始施行。新《广告法》由原来的49条增加到75条,规定更加严密,法律责任更加严格,被称为"史上最严《广告法》"。对于以广告作为收入主要来源的电视行业而言,新《广告法》无疑会对相关主体产生重大影响。那么,这些影响体现在哪些方面?相关主体应该如何应对挑战?本文将对此展开分析。

一、广告对于电视行业的重要性

媒介的本质特征是传播信息。媒介作为信息载体,将信息传播给受众,受众也要通过媒介来寻求、接收和传递信息。广告是适应人类经济活动的需要而产生的一种以媒介形式发布的经济信息,是媒介传播信息的一种表现形式。广告主为了传播产品信息,通过广告经营者和广告发布者,利用现代传播技术将产品信息及企业形象传达给受众。电视媒体具有覆盖面广、权威性强、影响力大、直观生动、冲击力强的优势,长期以来都是广告的主要发布渠道。广告对于电视行业的重要意义主要体现在以下两个方面:

1. 广告是电视行业生产和经济创收的支柱

电视台的运作涉及两个市场:一为媒体内容市场,它将信息产品提供给受众;二为媒体广告市场,它将时间和版面即媒体的传播力和影响力出售给它的消费者,即广告主。正如著名诺贝尔奖获得者,经济学家赫伯特·西蒙所言:"随着信息的发展,有价值的不是信息,而是注意力。"

电视台的内容市场和广告市场是相互依存并且相互促进的。广告收入是电视台的生命线,广告市场是电视台得以生存发展的经济保障,广告为节目内容的制作提供资金支持;内容市场也影响着广告市场,没有社会影响力强的节目内容,广告就失去了好的传播价值,广告收入便会相应下降,因此电视内容市场又是媒体广告市场存在和发展的基础。

在我国,进入20世纪80年代后,电视台逐渐从事业单位体制转变为"事业单位,企业化管理",电视行业的发展是一个重装备、高技术、高投入、高消耗的事业,财政投入的有限资金无异于杯水车薪,因此,广告收入成为电视行业的主要经济来源(如图1-图4所示)。①

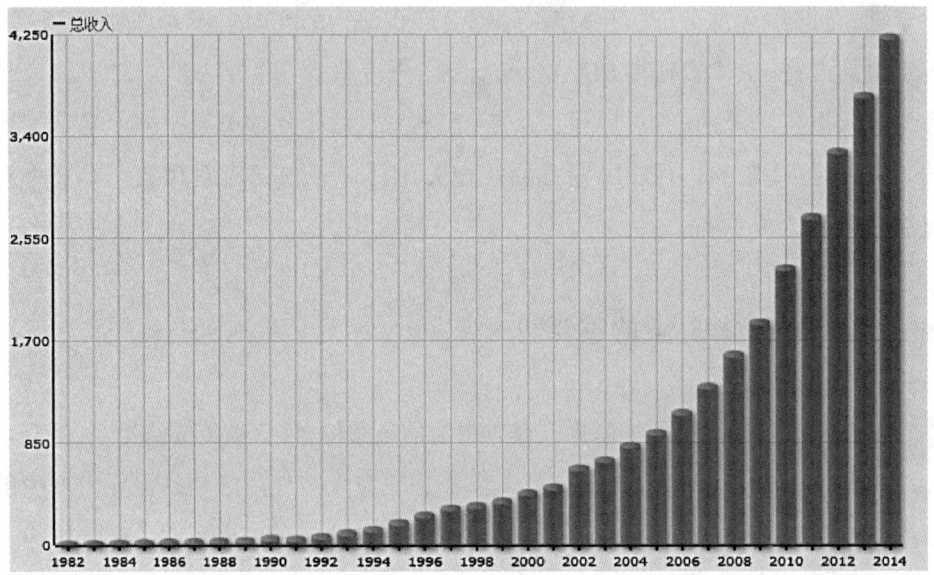

图1 1982-2014年广播电视总收入(单位:亿元)②

---

① 梁刚建:《全媒体时代的电视发展趋势》,http://media.people.com.cn/n/2014/0714/c14677-25279733.html。
② 国家新闻出版广电总局,http://gdtj.chinasarft.gov.cn/chinasarftstainfofabu/YouXianAndFuGai/ZongHe.aspx?id=88&class=2。

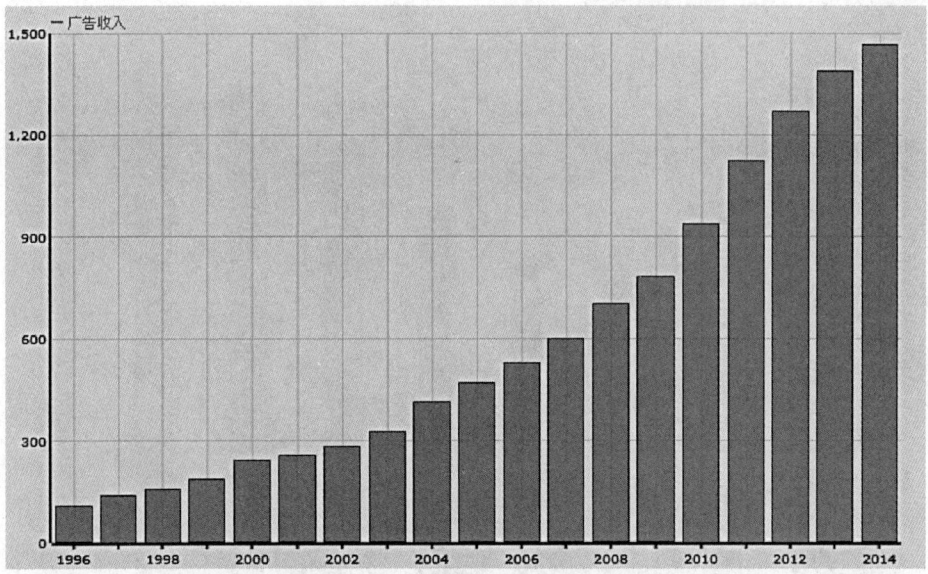

图 2　1996 - 2014 年广播电视广告收入（单位：亿元）①

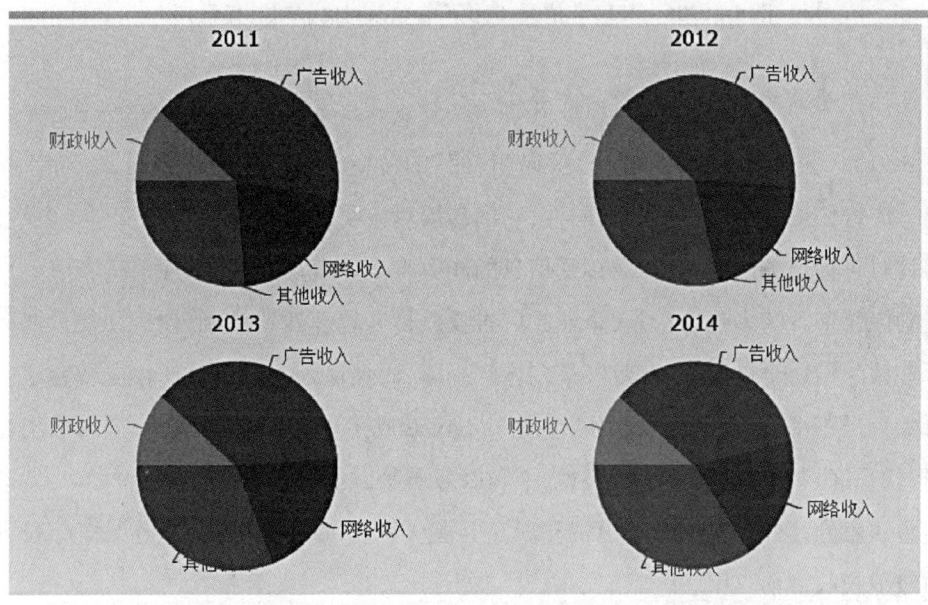

图 3　2011 - 2014 年全国广播电视总收入构成（单位：亿元）②

---

① 国家新闻出版广电总局，http://gdtj.chinasarft.gov.cn/chinasarftstainfofabu/YouXianAndFuGai/ZongHe.aspx? id =91&class =2。
② 国家新闻出版广电总局，http://gdtj.chinasarft.gov.cn/chinasarftstainfofabu/YouXianAndFuGai/ZongHe.aspx? id =90&class =2。

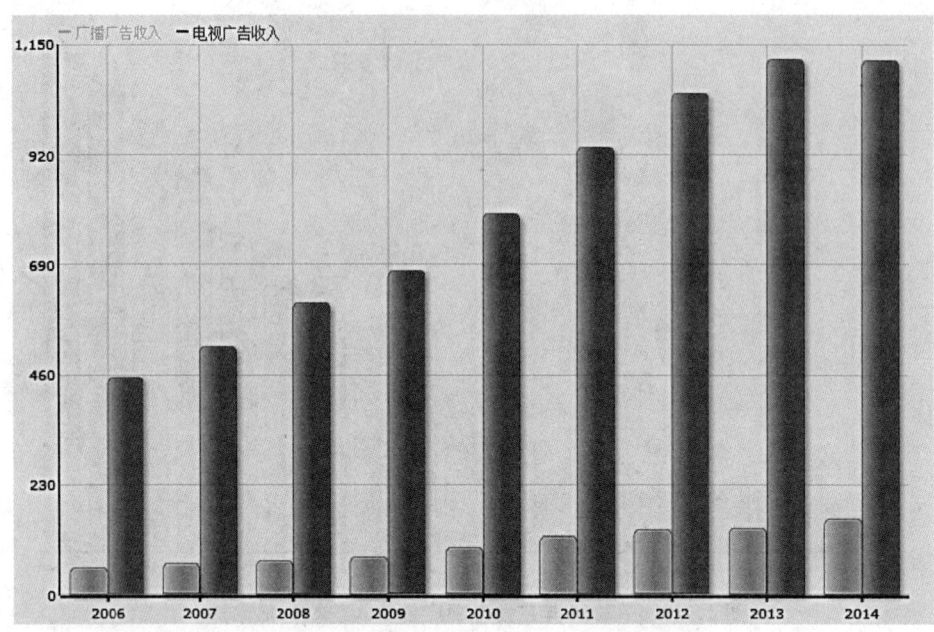

图4 2006—2014年广播、电视广告收入对比(单位:亿元)①

2. 广告是电视行业发展的先导

(1)广告推动电视台从"坐商"向"行商"的转变

广告信息具有很明显的目的性,它的传播对象明确,广告信息的组织与构成直接针对目标市场,以目标市场接受信息的能力来设计表现形式,以便消费者更好地受到广告信息的影响。于是,企业的广告投放越来越理性和挑剔,他们往往只选择那些认为最适合自己、最有效又最划算的媒体,而且量入为出。这使得电视台广告部的人员不得不从"坐商"变为"行商",不仅形成了专业的广告部门,主动推销自己,联系客户,并且努力提高经营水平和服务质量以争取客户。电视台内部马太效应愈演愈烈,湖南卫视、江苏卫视和浙江卫视从2011年至2015年已连续5年位列省级卫视收视前三甲。②

(2)广告加剧了电视台之间的竞争

电视台只有不断满足受众的需求,才能提高收视率,从而吸引更多的广告。这

---

① 国家新闻出版广电总局,http://gdtj.chinasarft.gov.cn/chinasarftstainfofabu/YouXianAndFuGai/ZongHe.aspx?id=92&class=2。
② 国家新闻出版广电总局,http://gdtj.chinasarft.gov.cn/chinasarftstainfofabu/YouXianAndFuGai/ZongHe.aspx?id=92&class=2。

加剧了全国电视台之间的竞争,促使电视台充分利用自身资源,不断提升节目质量,发展特色品牌,增强竞争力。浙江卫视的《中国好声音4》和湖南卫视的《爸爸去哪儿3》的广告收入均在15亿元左右。①

二、新《广告法》的出台对电视行业产生的影响

1. 新《广告法》中涉及电视行业的主要规定

1995年实施的旧《广告法》,在规范广告经营行为、维护广告市场秩序、保护消费者合法权益方面,发挥了重要作用。但是,随着时代的变迁,互联网与新媒体快速发展,广告的形式也由传统的印刷、广播、电视等向多形式转变,信息流通的速度越来越快,形式越来越灵活,广告业的发展进入了一个前所未有的新时期,同时也带来了诸多新问题。新《广告法》的出台,是新形势下规范广告市场秩序、加强广告市场监管的迫切需要,是促进广告行业持续健康发展的必然要求,是提升广告监管执法力度、保护消费者合法权益的重要举措。

在新《广告法》中,涉及电视行业广告行为的主要规定有六个方面:

第一,强化对电视广告发布行为的要求:(1)电视台从事广告发布业务的,应当设有专门从事广告业务的机构,配备必要的人员,具有与发布广告相适应的场所、设备,并向县级以上地方工商行政管理部门办理广告发布登记。(2)广告主、广告经营者、广告发布者之间在广告活动中应当依法订立书面合同。(3)电视台在广告中使用他人名义或者形象的,应当事先取得其书面同意;使用无民事行为能力人、限制民事行为能力人的名义或者形象的,应当事先取得其监护人的书面同意。(3)电视台应当按照国家有关规定,建立、健全广告业务的承接登记、审核、档案管理制度。(4)电视台应当依据法律、行政法规查验有关证明文件,核对广告内容。对内容不符或者证明文件不全的广告,广告经营者不得提供设计、制作、代理服务,广告发布者不得发布。(5)电视台应当公布其收费标准和收费办法。(6)向广告主、广告经营者提供的覆盖率、收视率、点击率、发行量等资料应当真实。(7)电视台发布广告应当遵守国务院有关部门关于时长、方式的规定,并应当对广告时

---

① 《"好声音4"和"爸爸3"广告收入不分伯仲》,http://caijing.chinadaily.com.cn/2015-07/22/content_21374500.htm。

长作出明显提示。广告主、广告经营者、广告发布者不得在广告活动中进行任何形式的不正当竞争。(8)电视台不得以新闻报道形式变相发布广告,发布的广告应当显著标明"广告",与其他非广告信息相区别,不得使消费者产生误解。(9)电视台不得以介绍健康、养生知识等形式变相发布医疗、药品、医疗器械、保健食品广告。

第二,充实、细化广告内容准则。新《广告法》新增和加强了对烟草、酒类、农药、兽药、饲料和饲料添加剂、教育培训、房地产、招商商品服务、农作物种子、林木种子、草种子、种畜禽、水产苗种和种养殖等具体领域的广告监管力度。

表1 新《广告法》禁止或限制广告发布的行业及具体内容

行业	广告内容准则
酒类企业	第二十三条 酒类广告不得含有下列内容： (一)诱导、怂恿饮酒或者宣传无节制饮酒； (二)出现饮酒的动作； (三)表现驾驶车、船、飞机等活动； (四)明示或者暗示饮酒有消除紧张和焦虑、增加体力等功效。
房地产	第二十六条 房地产广告,房源信息应当真实,面积应当表明为建筑面积或者套内建筑面积,并不得含有下列内容： (一)升值或者投资回报的承诺； (二)以项目到达某一具体参照物的所需时间表示项目位置； (三)违反国家有关价格管理的规定； (四)对规划或者建设中的交通、商业、文化教育设施以及其他市政条件作误导宣传。
医疗、药品、医疗器械	第十六条 医疗、药品、医疗器械广告不得含有下列内容： (一)表示功效、安全性的断言或者保证； (二)说明治愈率或者有效率； (三)与其他药品、医疗器械的功效和安全性或者其他医疗机构作比较； (四)利用广告代言人作推荐、证明； (五)法律、行政法规规定禁止的其他内容。 药品广告的内容不得与国务院药品监督管理部门批准的说明书不一致,并应当显著标明禁忌、不良反应。处方药广告应当显著标明"本广告仅供医学药学专业人士阅读",非处方药广告应当显著标明"请按药品说明书或者在药师指导下购买和使用"。 推荐给个人自用的医疗器械的广告,应当显著标明"请仔细阅读产品说明书或者在医务人员的指导下购买和使用"。医疗器械产品注册证明文件中有禁忌内容、注意事项的,广告中应当显著标明"禁忌内容或者注意事项详见说明书"。 第十七条 除医疗、药品、医疗器械广告外,禁止其他任何广告涉及疾病治疗功能,并不得使用医疗用语或者易使推销的商品与药品、医疗器械相混淆的用语。
婴儿乳制品、饮料和其他食品	第二十条 禁止在大众传播媒介或者公共场所发布声称全部或者部分替代母乳的婴儿乳制品、饮料和其他食品广告。

续表

行业	广告内容准则
保健食品	第十八条 保健食品广告不得含有下列内容： （一）表示功效、安全性的断言或者保证； （二）涉及疾病预防、治疗功能； （三）声称或者暗示广告商品为保障健康所必需； （四）与药品、其他保健食品进行比较； （五）利用广告代言人作推荐、证明； （六）法律、行政法规规定禁止的其他内容。 保健食品广告应当显著标明"本品不能代替药物"。
农药、兽药、饲料和饲料添加剂	第二十一条 农药、兽药、饲料和饲料添加剂广告不得含有下列内容： （一）表示功效、安全性的断言或者保证； （二）利用科研单位、学术机构、技术推广机构、行业协会或者专业人士、用户的名义或者形象作推荐、证明； （三）说明有效率； （四）违反安全使用规程的文字、语言或者画面； （五）法律、行政法规规定禁止的其他内容。
烟草	第二十二条 禁止在大众传播媒介或者公共场所、公共交通工具、户外发布烟草广告。禁止向未成年人发送任何形式的烟草广告。 禁止利用其他商品或者服务的广告、公益广告，宣传烟草制品名称、商标、包装、装潢以及类似内容。 烟草制品生产者或者销售者发布的迁址、更名、招聘等启事中，不得含有烟草制品名称、商标、包装、装潢以及类似内容。
教育、培训	第二十四条 教育、培训广告不得含有下列内容： （一）对升学、通过考试、获得学位学历或者合格证书，或者对教育、培训的效果作出明示或者暗示的保证性承诺； （二）明示或者暗示有相关考试机构或者其工作人员、考试命题人员参与教育、培训； （三）利用科研单位、学术机构、教育机构、行业协会、专业人士、受益者的名义或者形象作推荐、证明。
招商的商品或服务	第二十五条 招商等有投资回报预期的商品或者服务广告，应当对可能存在的风险以及风险责任承担有合理提示或者警示，并不得含有下列内容： （一）对未来效果、收益或者与其相关的情况作出保证性承诺，明示或者暗示保本、无风险或者保收益等，国家另有规定的除外； （二）利用学术机构、行业协会、专业人士、受益者的名义或者形象作推荐、证明。
农作物种子、林木种子、草种子、种畜禽、水产苗种和种养殖	第二十七条 农作物种子、林木种子、草种子、种畜禽、水产苗种和种养殖广告关于品种名称、生产性能、生长量或者产量、品质、抗性、特殊使用价值、经济价值、适宜种植或者养殖的范围和条件等方面的表述应当真实、清楚、明白，并不得含有下列内容： （一）作科学上无法验证的断言； （二）表示功效的断言或者保证； （三）对经济效益进行分析、预测或者作保证性承诺； （四）利用科研单位、学术机构、技术推广机构、行业协会或者专业人士、用户的名义或者形象作推荐、证明。
特殊药品、医疗器械和治疗方法	第十五条 麻醉药品、精神药品、医疗用毒性药品、放射性药品等特殊药品，药品类易制毒化学品，以及戒毒治疗的药品、医疗器械和治疗方法，不得做广告。

第三,严厉打击虚假广告。新《广告法》着重解决社会公众关注的虚假违法广告治理问题,明确规定广告内容虚假及内容引人误解均属于虚假广告,同时列明了构成虚假广告的具体情形,加大了对虚假违法广告的惩治力度。电视台发布虚假广告,需要承担罚款、吊销许可证等法律责任;发布虚假广告,关系消费者生命健康的商品或者服务的虚假广告,造成消费者损害的,还应当与广告主承担连带责任,且该责任是无过错责任;前款规定以外的商品或者服务的虚假广告,造成消费者损害的,电视台在有过错的情况下,应当与广告主承担连带责任。

第四,新增关于未成年人广告管理的规定:(1)不得利用十周岁以下未成年人做广告代言人。(2)不得在中小学校、幼儿园内开展广告活动,不得利用中小学生和幼儿的教材、教辅材料、练习册、文具、教具、校服、校车等发布或者变相发布广告,但公益广告除外。(3)在针对未成年人的大众传播媒介上不得发布医疗、药品、保健食品、医疗器械、化妆品、酒类、美容广告,以及不利于未成年人身心健康的网络游戏广告。(4)针对不满十四周岁的未成年人的商品或者服务的广告不得含有下列内容:①劝诱其要求家长购买商品或者服务;②可能引发其模仿不安全行为。

第五,增加公益广告。国家鼓励、支持开展公益广告宣传活动,电视台有义务发布公益广告,应当按照规定的版面、时段、时长发布公益广告。

第六,加重电视台违法的法律责任。电视台违反《广告法》承担的法律责任包括:(1)没收广告费用。(2)罚款,且罚款力度加大,最高可处罚广告费用的10倍或200万元。(3)吊销营业执照,吊销广告发布登记证件。(4)暂停广告发布业务。(5)由工商行政管理部门记入信用档案,并公示。(6)通报新闻出版广电部门以及其他有关部门。新闻出版广电部门以及其他有关部门应当依法对负有责任的主管人员和直接责任人员给予处分;情节严重的,可以暂停媒体的广告发布业务。(7)拒绝、阻挠工商行政管理部门监督检查,或者有其他构成违反治安管理行为的,依法给予治安管理处罚;构成犯罪的,依法追究刑事责任。(8)民事责任:侵犯他人财产权、人身权、知识产权等民事权益的,承担民事责任。

2. 新《广告法》对电视行业相关主体的影响

电视广告发布行为主要涉及广告主、广告经营者、广告发布者(电视台)、消费者这四类主体。下文逐一就新《广告法》对这四类主体产生的影响进行剖析。

(1)对广告主的影响

广告主支付广告商品的制作、创意、策划和发布的一切费用,并给予广告经营者利润,从而构成了广告市场的需求总量。广告可以促成购买的完成与销售额的增长,它在花费一定的广告费用的同时,也相对减少了商品运输、保管、折损等多方面的费用。广告信息的构成与传播直接影响到广告功效的发挥。①

新《广告法》对多领域的广告细则进行了规范(见表1),严厉打击虚假广告,强化了广告主的法律责任。对于广告主而言,许多产品和服务无法通过电视台播放,或者内容和方式受到很大限制,这就要求其重新调整制作和发布广告的理念,确保产品与服务的信息真实,谨慎寻找广告代言人,对品牌建设有更长远的规划。例如:酒类广告应当抛弃传统"最"与"第一"等极端化表述,增加场景和用户体验设计,用好故事打动人心。

(2)对广告经营者的影响

新《广告法》会对广告的传播效果产生一定的影响,因为一些广告可能因新《广告法》的严格规定而无法采用一些天花乱坠的表达方式,而创新的、符合受众需要的广告表达方式的逐渐形成需要一个相对漫长的过程。对于广告公司来说,为了避开"雷区",以往的广告创意和文案表达都得重新调整,广告行为、广告传播方式都也要重新调整,例如在选择广告代言人的问题上,随着真人秀童星的火爆,很多广告公司会选择孩子代言,但新《广告法》实施后,选择与广告主的产品定位形象符合的童星代言是被禁止的。如何戴着"镣铐"跳舞,是当下广告公司面临的巨大挑战。经过一段时间的适应,不同广告经营者的广告制作水平将会拉开较大距离,创新能力强、守法诚信的广告经营者将获得更多广告主的青睐。

(3)对电视台的影响

我国形成了中央、省、地、县四级办电视的体制,全国电视频道可大体划分为全国性频道、省级上星频道、省级非上星频道、城市频道和境外频道等。由于各级电视台及频道发布的广告类型和内容存在着较大差异,在新《广告法》实施之后,各级电视频道所受到的影响也不同。

第一,对于中央电视台(后文简称"央视")而言,由于其具备权威高、信息垄断以及资金雄厚等核心竞争力,是国内品牌打向全国市场以及跨国品牌进军中国市场的一个主要传播平台。央视人才、设备齐全,规模庞大,目前其主要广告涉及汽车、家电、酒类、互联网品牌等行业,受新《广告法》影响范围较小。可以预见,央视

---

① 吕巍:《广告学》,北京师范大学出版社2007年版,第10页。

将来依然会呈现出老客户稳定投放、新客户踊跃加入的局面。

第二，对于省级上星频道而言，其主要的竞争对手包括央视、各省台上星频道以及省域内城市电视台频道群。虽然处于中央台和城市台的两面夹击之中，但是省级台也有其不可替代的经营资源。越来越多的省级卫视注重打造自己的"利剑"，以娱乐节目、电视剧来吸引异地观众，走"全国性"的发展路线，面向全国收视范围挖掘自己的优势资源，以湖南卫视、浙江卫视、江苏卫视为典型代表。新《广告法》实施后，一批想要节约预算但又注重宣传效果的广告商会转移目标市场，看重省级电视台的独特资源，其创收将是稳中有进。

第三，对于省级非上星频道而言，其最核心的资源即是所处省域的信息，主要竞争对手是省会电视台和省内经济发达的地级市电视台。新《广告法》实施后，一批打"擦边球"或违法的广告会被撤下，而由于其竞争力较弱，无法及时跟进新的广告商，可以预见其广告创收会有一定程度的减少。

第四，对于省级地面频道和城市台、县级台而言，由于新《广告法》禁止或限制发布的产品或服务是这些电视台的重点客户群，这些广告的流失，将使一些省级地面频道和城市台、县级台失去业务支撑，面临生存危机。例如之前常常在地方电视台可以看到的以新闻访谈为幌子的医药广告或成本低、内容差的小商家广告会销声匿迹。这就使这些电视台失去了一大部分广告收入。地方台的广告部门一方面要加强审查广告的力度，另一方面要面对如何在新形势下创收的问题。

第五，对于地级市电视台频道而言，城市是消费的主体，其目标定位是其所在城市的区域受众，最大的优势是贴近性强的自采节目，这是其最重要的核心竞争力。随着新《广告法》的实施，一批不符合要求的广告会被撤下，加之受众少、节目吸引力弱，可以预见的是，地级市电视台的广告收入会有较大幅度的下降。

总体而言，在互联网广告的巨大冲击下，电视台本就面临着巨大压力，新《广告法》出台后，电视台还在植入式广告、广播播出时长等方面受到更多的限制，但同时又承担着播出公益广告的义务，加上实践中针对电视广告的执法力度严于互联网广告，因此相当一部分广告主把广告从电视行业转投互联网行业将成为不可逆转的趋势。

（4）对消费者的影响

《广告法》的一个重要目的是保护消费者的合法权益。消费者拥有接收真实信息、合法利益不受侵害、人格受尊重等权利。新《广告法》严厉打击虚假广告信息的传播,对消费者深恶痛绝的虚假广告进行了明确的定义,加大了监管与惩罚的力度,强调了广告主、广告经营者和广告发布者的连带责任,对于保护消费者权益将起到积极作用。但是,另一方面,由于某些领域的广告受到了禁止或限制,消费者想要得到相关方面的信息的渠道也相应受到了限制。如何保障他们获取信息的权利,也是一个需要研究的问题。

三、电视媒体应对新《广告法》挑战的对策

在新《广告法》实施和互联网媒体发展如日中天的双重背景下,电视媒体主要应当从以下四个方面着手应对挑战:

1. 建立和健全广告审查机构,加强广告审核管理

新《广告法》强化了对电视台广告发布行为的监管力度,对电视台的广告经营与管理提出了更为严格和具体的要求,这就要求电视媒体的日常广告运营要更加规范。①

首先,各级电视台要设立专门的广告审查部门,制定更加严格的审核管理规范,对广告证明文件和广告内容进行严格审查,避免发布法律法规禁止或限制发布的广告或证明文件不全、不真实的广告。其次,应当由电视台内部法务部门或外聘法律顾问对广告合同进行严格审查,防范法律风险。再次,应当加强相关人员的业务培训,提高他们的业务素质和法律知识。最后,应当建立相应的投诉处理机制,对公众投诉予以积极的回应和奖励,及时撤掉违法广告。

2. 优化组织结构,提高管理效率

为应对电视广告受到的巨大冲击,电视媒体应当转变经营理念,实施"以客户为中心、以市场为先导、提供全方位媒体服务"的现代营销策略,在内部业务运作模式上,可以尝试按行业划分,专案组负责制,更好地整合媒体资源和客户资源,也注重给客户提供个性化的服务。②

例如,湖南卫视先进的广告经营理念和强大的管理运筹就使得湖南卫视一直是众多广告商青睐的对象。湖南卫视的广告产品致力于创新专业的广告产品,打

---

① 李晨宇:《新〈广告法〉对大众媒体运营的影响》,载《青年记者》2015 年第 6 期。
② 夏洪波、洪艳:《电视媒体广告经营》,北京大学出版社 2003 年版,第 5 页。

造一流的传播效果,全面提升广告回报品质,以高品质、高传播、超值回报为核心,以顶级合伙人为理念,构建稀缺化、个性化、品牌化的广告营销战略,提供专业级别、管家一对一式的贴心团队服务,全频道打通配合,专职导演落地式服务,全年产品分为——季度事件营销类、品牌成长类、个性化产品专业定制、双月体验类、经济型品牌类、独家频道商业合作类、深度理念植入定制、节庆营销八大类产品专线。湖南卫视设置了独家频道商业合作、多频次品牌曝光选择,企业理念深度植入定制选择等多种模式,广告商可以做到精准投放。①

3. 提升节目质量,创建媒体品牌

电视观众对电视节目的欣赏指数成为广告主在评估、选择媒体时越来越看重的指标,指数越高,观众就越容易接受电视广告。

德国学者马莱兹克就大众传播过程的系统模式做了这样的描述:受传者对媒体的印象是制约媒介传播效果的一个重要因素。可以说,传媒业的广告之争,表面是广告客户之争,实质是受众"注意力资源"之争,媒体卖给广告主的最终产品是媒体内容所带来的受众的注意力,而媒体品牌的形象、美誉度和吸引力,是占有观众注意力资源和广告客户的魔杖。② 因此,各级电视台应当找准自己的位置,看清自己的优势与劣势,创新内容产品的形式,优化内容产品的采编播流程,提高节目质量,使节目内容进一步贴近受众,加大广告战略研究和市场营销力度,以提供更加细致周到的客户服务。

4. 更加注重社会效益

新《广告法》把公益广告发布作为电视媒体的重要义务。电视媒体作为信息的主要传播渠道,应当有强烈的责任感,要把国家利益、社会公共利益放在首位,在当好"把关人"的同时,还应当承担应尽的社会责任。

(作者单位:中国传媒大学)

---

① 《2014 湖南卫视招商资源宝典》,http://dl.hunantv.com/ent/20131011/1644129825.pdf。
② 夏洪波、洪艳:《电视媒体广告经营》,北京大学出版社 2003 年版,第 197 页。

优质节目内容是提升市县电视台
传播核心竞争力的关键
——从新闻道德看"不良广告"

何 超

自 1983 年中央第 37 号文件决定实施"四级办电视"的广电事业建设方针以来,中国广播电视事业取得了蓬勃的发展。市县电视台作为广电事业的重要组成部分,在传递政府声音、丰富百姓生活、沟通经济信息、活跃文化市场等方面发挥了巨大的作用。但近年来,市县电视台的发展却面临着巨大的压力。笔者和团队用 3 年的时间对全国上千个市县电视台进行了调研和摸底,发现市县电视台存在人才流失、广告下滑、节目短缺等问题,导致受众大量流失,使其影响力、公信力、传播力逐年减弱。缺少优质节目内容资源,成了困扰中国市县电视台发展的瓶颈。

本文从电视媒体、网络视频媒体的发展规律着手,分析市县电视台提升核心竞争力的关键要素。

一、抢受众,拼的是内容资源

内容为王,无论是传统媒体还是新媒体,真正吸引受众、抓住眼球的,还是传播的内容和优质的节目。

面对互联网视频的挑战,央视、卫视开始陆续发力。央视投资 450 万元打造的 7 集纪录片《舌尖上的中国》在央视一套播出后,每晚 10:30 的收视率超过同时段的电视剧收视,这是对中国纪录片的一次刷新和颠覆,也实现了央视纪录片海外销售市场的历史性突破。作为卫视代表的湖南卫视,从细分人群锁定年轻女性群体,到斥巨资引进国外优秀节目模式,推出户外亲子真人秀节目《爸爸去哪儿》、歌唱真人秀节目《我是歌手》,双双创下同时段收视第一,引发了电视综艺真人秀节目热潮。其斥资近 1 亿元购买的《花千骨》独家首播卫视播放和 5 年非独播版权,刷新了中国电视周播剧的最高收视纪录。

同时,新媒体也加强了内容资源战略,转向自制,试图通过掌握优质内容逐步改变观众收看节目的渠道。2015 年,网络自制剧呈井喷之势,改变了以往人们对电视节目内容的依赖。其中搜狐视频出品的热门 IP 网剧《他来了,请闭眼》成功"反输出"一线卫视平台东方卫视,成为首部反向输出到一线卫视的网络自制剧,从而树立了网络剧市场新的标杆。除了《他来了,请闭眼》登陆东方卫视同步播出外,搜狐视频出品的一系列精品网剧也纷纷实现了多平台输出。

无论是央视、卫视传统强势媒体,还是迅速崛起的互联网视频,在发展的过程中都将重心向内容倾斜。争夺用户、争夺收视除了依靠平台优势之外,更关键的是要依靠对优质节目内容的掌控,因为这是用户的核心诉求。

二、省级卫视、强势地面频道的内容战略

网络视频媒体凭借海量的节目内容、丰富的呈现形式,以及海外优质节目、影视剧资源的引入,让受众的收视习惯发生了巨大改变,他们不再守着电视机被动地等待节目,而是逐渐开始自主地进行个性化选择。随着用户的大量流失,电视媒体一直以来的强势媒体地位面临着挑战。受众规模的萎缩、受众结构的老龄化,必然造成部分广告主投放目标的转移,大批 4A 公司开始将眼光转向新媒体,传统电视媒体面临着前所未有的压力。

1. 现象级节目:省级卫视的崛起之道

简言之,现象级节目在节目形态上有了深刻的变革,改变了传统的电视结构;同时在节目中输出自己的价值观,对于社会不同阶层具有强大的渗透能力,收视表现与话题性十分突出。

湖南卫视将目标锁定在 17－25 岁的年轻女性观众,斥巨资引进国外优秀节目模式,推出大批现象级综艺节目以及独播剧王。在传统媒体广告大幅下滑的环境中,湖南卫视仍然吸引了一大批高品质品牌广告的投放,其中立白洗衣液连续 3 年以 1.5 亿、2.35 亿、3 亿冠名《我是歌手》;伊利也连续 3 年以 2800 万、3.12 亿、5 亿呈几何状递增的速度天价冠名《爸爸去哪儿》。从 2008 年的 16 亿广告营销到

2015 年的百亿创收,湖南卫视缔造了中国电视史上地方电视台单频道广告经营创收破百亿的业界新标杆。

精准的定位、呈系列地集结现象级内容资源、创新性的编排策略,让湖南卫视稳坐省级卫视头把交椅。同时,也正是因为湖南卫视凭借现象级内容的崛起,让其他省级卫视找到了方向,纷纷将重心放在优质节目的打造和争夺上。

浙江卫视在凭借歌唱类真人秀节目《中国好声音》在湖南卫视之外打造第二个强势卫视娱乐平台的同时,2014 年第四季度用 4 亿人民币锻造出的现象级节目《奔跑吧兄弟》分别在 2015 年第二季度、第四季度花开两季。另外,浙江卫视在 2016 年携手陈坤、徐峥等一线明星打造的穿越综艺《24 小时》将冲击一季度周五的黄金晚间档。浙江卫视在周五黄金综艺档的优质内容集结攻略,让其成为当之无愧的一线卫视先锋军。

江苏卫视集结了一大批如《非诚勿扰》《我们相爱吧》《蒙面歌王》《为她而战》《超级战队》等优质节目。其《幸福剧场》2007—2014 连续 7 年年均收视均处于省级卫视黄金档剧场收视的第一,2016 年,江苏卫视坚持"非剧王不抢、非热剧不播"的理念,投入 45 亿元抢购、集结了 10 余部最热的大剧,更有全新周播剧挑战湖南卫视,同时还将投入约 1.6 亿元举办 5000 场新型社区推广活动,以进一步掌握受众人群,巩固地位。

表 1　2014—2015 年三大卫视节目广告冠名费用

节目	平台	2014 年冠名费用	2015 年冠名费用
《爸爸去哪儿》	湖南卫视	3.11 亿	5.00 亿(含战略合作)
《我是歌手》		2.35 亿	3.00 亿
《快乐大本营》		1.93 亿	3.50 亿
《天天向上》		1.58 亿	2.50 亿
《奔跑吧兄弟》	浙江卫视	1.30 亿	2.16 亿
《爸爸回来了》		0.25 亿	1.38 亿
《非诚勿扰》	江苏卫视	2.40 亿	5.00 亿(含战略合作)
《最强大脑》		0.60 亿	2.50 亿

(数据来源:CTR)

省级卫视在发展的过程中开始将重心向内容倾斜。争夺用户、争夺收视除了依靠平台优势之外,更关键的是要依靠对优质节目内容的掌控,抓牢用户的核心诉求,使省级卫视在网络视频媒体的冲击下,不仅没有势弱,反而愈发强大。

2. 大板块：强势地面频道的生存之道

面对省级卫视的高举高打，以及网络视频媒体不断逼近的竞争环境，地面频道并非毫无还手之力。在2015年的索福瑞（CSM）全国各城市网收视数据中，我们可以发现有一些极具特色的地面频道仍然保持着足够的竞争力，他们通过集结最优质的内容资源和最精准的定位编播，纷纷跻身本地所有落地频道排名的前列，收视表现强劲，超越了一批上星频道。

（1）长沙政法频道：民生大板块打造地面收视之冠

长沙电视台政法频道多年来收视率一直位居长沙所有落地频道的前列，其中《方圆之间》获中国新闻奖名专栏奖，《政法报道》被评为全国百佳优秀电视栏目。2007年，长沙政法频道荣获"中国年度特色专业地面频道"称号，2010年荣获"2010全国最具实力地面频道"称号。

表2　湖南各频道收视率排名

排名	频道	收视率（%）
1	长沙电视政法频道	3.202
2	湖南某频道	3.088
3	湖南某频道	2.927
4	长沙某频道	2.716
5	湖南卫视	2.348
6	湖南某频道	2.320
7	湖南某频道	1.499
8	长沙某频道	1.025
9	湖南某频道	0.976
10	湖南某频道	0.911

（数据来源：CSM）

在竞争激烈的长沙电视媒体市场，长沙广电三大频道挺进收视前十强，长沙广电频道组则占据了长沙市场25%左右的市场份额。2006年，长沙政法频道通过对本地观众收视习惯的调查和分析，果断退出竞争激烈的电视剧市场，成为全国首个全天24小时不播电视剧的地面频道。整频道全面改版，整晚间从17:00—24:00，6档节目、7个小时，不间断无缝链接，从早晚间的民生新闻、黄金晚间的民生论坛到后晚间的脱口秀,频道针对同一类型受众实施精准打击,利用板块效应拉动收视,强化频道的核心竞争力。

表3　长沙政法频道17:00—24:00节目编排

时间	节目名称
17:00	视点锋汇
18:00	政法报道
19:30	记者再报告
20:00	八点开讲
21:00	夜线
22:00	观点致胜

图1　长沙政法频道晚间17:00–24:00收视率走势(%)
(数据来源:CSM)

作为地面频道,仅凭自身的制作实力很难实现对上游媒体的对抗,长沙政法频道近两百人的制作团队只专注于打造好《政法报道》和《夜线》两档大时段的品牌民生新闻栏目,通过树立民生品牌强化频道的公信力。然后从节目市场上引进《视点锋汇》《记者再报告》《观点致胜》等现象级的地面品牌节目,与民生新闻前后呼应,凭借大时段、大板块的内容资源强化频道的核心竞争力。

(2)杭州生活频道:生活服务节目带创造电商新模式

杭州电视台生活频道创办于1993年,定位为生活资讯服务频道,打造的《生活大参考》《做给你看》《生活GOGOGO》等服务类栏目播出多年,已拥有大量的忠实观众。目标收视人群是25—45岁的女性,尤其以家庭主妇为主,主要的广告主则以日化、家庭生活用品生产商为主。在竞争激烈的杭州市场,生活频道以大时段的生活服务节目带,同时凭借精准的人群定位,进入了收视前十。

表4 浙江各频道收视排名

排名	频道	收视率(%)
1	浙江某频道	3.072
2	浙江某频道	2.623
3	浙江某频道	2.234
4	杭州某频道	2.142
5	浙江卫视	1.664
6	浙江某频道	1.555
7	杭州电视台生活频道	1.419
8	杭州某频道	1.356
9	杭州某频道	1.256
10	浙江某频道	0.857

(数据来源:CSM)

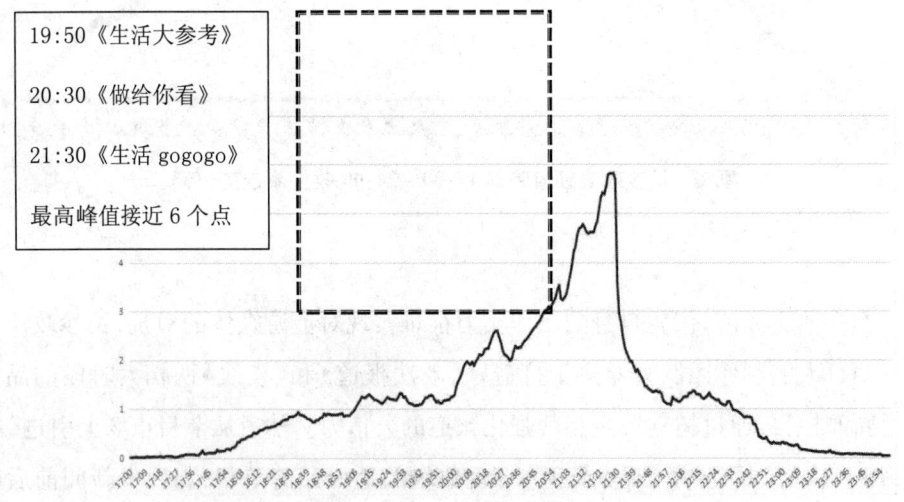

图2 杭州生活频道晚间17:00—24:00收视率走势(%)

(数据来源:CSM)

2015年,杭州电视台生活频道结合自身的定位和频道优势,积极探索媒体融合的发展新路径,提出了打造"电商微栏目+微商城+实体门店"的电商频道模式。上半年实现销售额535万元,超过2014年全年的总和,预计2015年全年销售额将超过1000万元。

在传统媒体与新媒体融合的尝试中,优质内容是线下产业开发的核心基础。杭州电视台生活频道利用其生活服务栏目的高传播力、高影响力和高公信力资源优势,推出电商微栏目和微商城。电商微栏目时长1分30秒,含商品介绍和服务信息两部分内容,每期介绍一件商品和与该商品相关的生活服务类信息,观众可以通过热线电话、微商城等方式购买。微商城则依托频道官微和《生活大参考》《做给你看》《生活GOGOGO》三个栏目的官微,同时微商城的商品也涵盖了三个栏目中所推荐的产品。各栏目在日常节目中也会挑选微商城中符合栏目定位的产品进行介绍,扩大整体营销推广的覆盖面。

(3)长沙经贸频道:电视剧频道编播模式的经典

长沙电视市场的省级频道以湖南卫视为首,其掌控了湖南市场80%以上的首轮剧和次轮剧。面对省级频道组的强势,长沙电视台经贸频道剑走偏锋,独辟蹊径,通过8年的探索,摸索出了一套仅凭借播二轮剧便实现对上星频道、省级频道进行收视抢夺的编播策略,造就了现象级收视表现:

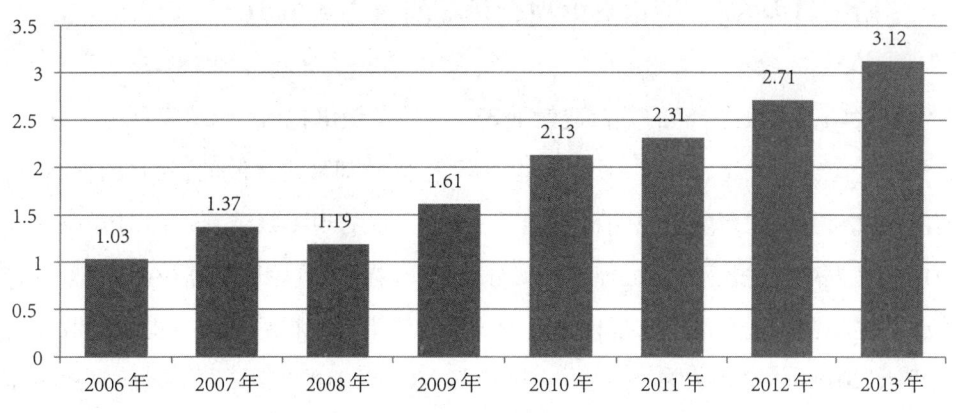

图3 2006—2013年长沙经贸频道收视率变化

(数据来源:CSM)

2012年度,长沙地区电视剧前50强收视排行,经贸频道有24部,占据近50%的比例,而从2012年到2014年,长沙电视台经贸频道一直稳居长沙电视市场所有落地电视剧播出频道的头把交椅。

长沙经贸频道在2001年创建之初曾做过财经、新闻等诸多方面的定位,都因投资少、规模小、力量弱而未获得实质性的成功。2006年,长沙经贸频道开始改革与转型,对长沙电视市场再度进行了分析。对于电视媒体而言,电视剧、民生新闻和综艺节目是拉动收视的"三驾马车";而经贸频道面对在综艺节目领域具有资源垄断趋势的央视、卫视,毫无竞争力可言;民生新闻市场此时已是长沙政法频道、湖南都市频道、湖南经视三足鼎立。为保证集团内各频道间的差异化定位,同时在分析湖南电视市场的电视剧播出情况后,频道发现省级频道组的电视剧场主要播出符合女性观众收看习惯的都市情感剧、家庭伦理剧,于是频道果断转向电视剧领域,将受众定位为35－65岁的男性人群,大量播出战争剧与谍战剧。

在频道的广告经营上,经贸频道更是连续7年实现了年均33.5%的高速增长,从2001年的80万起家,到2006年的广告创收1300万,再到2013年的广告创收8300万,经贸频道在竞争无比激烈的长沙电视市场闯出了一条突围之路。

当央视、卫视集结现象级内容,强势地面频道利用大时段、大板块的编播手法抢占人群的时候,市县电视台作为中国"四级办台"最基层的媒体又将如何面对如此激烈的竞争,突破发展的局限?

三、优质节目内容:打造市县电视台传播的核心竞争力

在我国,"四级办台"的方针造就了333家地市级电视台、2862家县级电视台。这是一个庞大的数字,也是一股庞大的力量,但同时却又是分散的、独立的存在,没有哪一家市县电视台能单独制作出媲美央视、卫视的现象级节目。面对互联网视频的高速发展,央视、卫视频道改版,细分受众,独播剧、首轮剧战略,在内容方面没有优势的市县电视台的受众规模不断地萎缩和流失。央视－索福瑞提供的收视数据显示,2014年,全国央视、卫视占全国市场60%以上的份额;省级地面频道占全国市场20%以上的份额;市县电视台的数千个频道仅占全国市场份额的15%不到。这是目前全国广大市县电视台普遍面临的困境,由此带来的广告断崖式下滑更是让这个困境雪上加霜。

对省级卫视、省级地面,包括新媒体的内容战略的观察可以发现,优质内容是打造现象级影响力,扩大受众规模的核心关键。市县电视台要在如此激烈的竞争

中突围,也必须依靠优质节目内容来提高自身的影响力、公信力和传播力并以此打造出核心竞争力。但是,目前市县电视台的优质内容战略存在两个问题亟待解决:一是优质节目内容如何获得,二是优质节目如何编排使用。根据央视－索福瑞的研究,受众规模的大小取决于50%的编排、40%内容、10%的推广,由此可见编排的重要性。通过对上千家市县电视台的编排进行研究,笔者发现市县电视台的频道设置规律一般为新闻综合频道、公共生活频道、电视剧频道三大类。笔者就这三种类型的频道编排经验进行分享:

1. 如何打造新闻综合频道

新闻综合频道的收视人群主要为35—55岁之间的男性,占到70%以上,且受过高中以上教育的观众占到50%。因此,在挑选节目时,需要考虑节目的收看人群是否符合该频道的观众类型。从很多市县电视台新闻综合频道以往的编排中可以发现,其对"综合"二字很重视,动画片、电视剧、健康养生等节目堆砌在一起,做成大杂烩,自制实力有限,就缩短栏目时间;引进经费有限,就用各种品质不高的贴片节目填补空白,这就形成了所谓的"小而全",即无序化、碎片化、同质化。这样的编排势必造成人群定位模糊,缺乏核心受众,无法形成固定的收视习惯。

表5 某市县级电视台综合频道编排(调整前)

时间	节目
17:30	动画片
18:40	专题
19:00	转播央视《新闻联播》
19:35	本地新闻联播
20:00	电视剧1
21:00	本地新闻联播(重播)
21:30	电视剧2

该频道节目编排"小而全",人群定位模糊,电视剧割裂播出,存在"无序化"现状。

新闻综合频道的重点应放在"新闻"二字上,集中力量打造民生时政新闻,紧贴本土受众,抓牢本地市场,配合优质的国内国际时讯节目拉高收视入点,再以深度报道、观点类脱口秀接档本地民生时政新闻,以期打造出一个拉通整晚间的大时段新闻板块。通过这些措施,可以对以往杂乱的受众人群进行梳理,把不符合该频道的受众人群分离出去,利用大时段新闻板块将前文提到的核心受众留住,增强对该人群的黏性,形成对该类人群不断扩大的影响力。

  市县电视台的制作能力有限,作为主频道的新闻综合频道要将有限的制作能力集中于打造一至两档本地王牌民生时政新闻栏目,以新闻立台,提高影响力、公信力和传播力。配合引进全国的品牌地面栏目,打造出整晚间的新闻资讯节目带,剔除电视剧,精准定位目标人群。另外,不能让新闻频道的白天时段被大量的广告专题填满,这不仅会影响屏幕形象,更会伤害新闻频道的公信力。因此,应将晚间的新闻资讯节目带进行重新整合编排,加强主频道的新闻认知,强化以新闻立台的定位。

表6　某县级电视台新闻综合频道编排(调整后)

时间	节目
17:50	视点锋汇
18:40	本地民生新闻
19:00	转播央视《新闻联播》
19:30	记者再报告
20:00	本地时政新闻
20:20	观点致胜
21:20	有话直说

(编排来源:中广天择研发服务中心)

  市县电视台同时又受区域的限制,节目素材十分有限,所以在制作节目的过程中需要大量素材,而且需求强烈。较为有实力的台在做专题节目的时候,常常为了几个镜头或采访几个人物,舟车劳顿地去外地拍摄,增加了很多额外成本。中广天择传媒搭建的"节目购"是为了打造视频内容的"淘宝"商城,囊括了七大类400多档完整的节目以及各类视频素材,全国各电视台、频道、节目制作公司都可以在这个平台免费开店,中广天择传媒自身也是"节目购"平台上的一家店铺。所有节目的汇聚、展示、版权分销都将集中到各个店铺当中,店家可以自行管理店铺,上传自己的节目样片,留下联系方式,进行自由交易,通过这个模式,真正将"节目购"打造成一个开放式的、共享的全国节目交易平台,以此集聚全国的节目制作能力,解决市县电视台的内容缺失问题。

2. 如何打造公共生活频道

公共生活频道35—45岁的观众占到55%以上,其中女性占到57.1%。因为节目资源有限,很多公共生活频道或成为主频道的"重播频道",或成为"贴片频道",这就造成了同一个台之间不同频道的同质化。一个台设多个频道,本是为了吸引不同的人群从而扩大市场份额,但同质化的现象却让其与设置多个频道的初衷背道而驰。

公共生活频道的核心受众要锁定女性人群,以此与新闻综合频道的人群区分开。由生活服务类节目配合健康养生类节目,组成健康生活板块,再加上情感专题、故事专题、栏目剧组成的情感故事板块,以此打造两大符合女性观众收看习惯的节目板块,形成频道特色。

公共生活类频道若想利用好受众资源,可借用外力实现强强联合,与有实力的大供应商合作,打造电商频道,杭州生活频道就是很好的案例。目前,中广天择传媒正在与杭州生活频道就将公共生活类频道改造成电商频道在浙江省进行试点合作的探索。通过为市县台打造生活服务类的优质节目带,提升频道核心竞争力,与此同时,将商品植入具有影响力的节目中,从而促成收视受众到消费用户的转变。每家试点的市县电视台不仅可以免费获得所需的生活服务类的节目资源,在产生销售之后还能联合分账。在未来,该模式试点成功之后,将从浙江辐射全国,所有市县电视台都能将本地特产通过多档联播的生活服务类节目在全国销售,通过电视电商网络带领广大市县电视台获得市场收益。

3. 如何打造电视剧频道

市县电视台因经费局限很难定购到好剧,同时,国家对盗播又施以越发严格的管控,市县电视台在电视剧资源的选择上非常有限,通常播出的剧年代久远且质量不佳。这样的电视剧频道对观众的吸引力自然十分有限。市县电视台要想打造一个具有吸引力的电视剧频道,需要依靠一个强大的供片体系。前文所提到的长沙经贸频道经过多年的研究,发现电视剧的播出是一个系统工程。于是他们首先明确电视剧场的人群定位,和上星频道、省级频道做到差异化竞争,凭借近年来一直占据中国电视剧播出最大比重的谍战剧、战争剧牢牢锁定属于自己的中年男性观众。其次在电视剧资源的选择上,不再依赖于购片者的个人选择和判断,搭建了一个由40人组成的"橄榄型"研究中心,拥有两套电视专业分析软件,通过大数据分析,将在全国各个地区市场收视较好的电视剧呈系列、分受众地进行排列组合,同时运用三轮选片购剧体系实现对电视剧资源的精准把握。

在播出模式上,长沙经贸频道从三集剧场改为四集剧场、五集剧场。这一独特规律的发现和运用,促使频道收视强势回升,引得省级媒体也竞相模仿。在频道品牌和电视剧资源的推广上,长沙经贸频道实现了全媒体组合营销宣传,首开市级台利用报纸媒体连续40个整版推剧的先河;同时还利用100台公交车推剧,创下了省会公交车单体广告投放规模最大的纪录;首开社区推剧的先河,剧宣活动覆盖长沙300个社区;此外,还借助新媒体进行推广:微博、微信、短信平台实现多屏互动。

目前,长沙经贸频道的电视剧播出模式已经装入中广天择传媒,称为"中国电视剧播出联盟"(简称剧盟)。通过中广天择传媒的运作,剧盟模式已经在全国14个省进行覆盖。南昌公共频道2013年9月开始合作,合作不到一年时间,收视率由之前的0.17%上升到1.14%,稳居南昌电视媒体第一;长春娱乐频道2014年6月1日开播,合作两个月后收视率由0.16%达到2.75%,排名长春所有落地频道第一位;兰州公共频道2014年8月1日起开始合作,仅两周时间便由第24位上升至第1位;还有郑州都市生活频道、呼和浩特影视娱乐频道、昆明影视频道、广西公共频道、青海都市频道、太原影视频道、石家庄娱乐频道、银川文体频道、重庆文体娱乐频道等,都取得了不俗的收视成绩。除了剧盟在省台、省会台之间开展合作,目前在全国范围内已经有400多家市县电视台加入。未来,该电视剧的播出模式将以优质节目联供网的形式全面走向市县电视台,解决市县电视台无剧可播、无好剧可播的困境。

四、结语

在美国,绝大多数地面电视台都附属于CBS、ABC、NBC、FOX和CW五大广播电视网,广播电视网通过分布在全国的附属地面电视台实现全国覆盖。该模式的主要优势是:广播电视网的高覆盖率使其拥有相比任何单个电视台更高的广告收入,从而有更多的资源来制作或购买优秀的电视节目,进而获得更高的收视率,形成良性循环。美国有线电视网以"联供、联播、联营"的三联模式,有效地将分散的地面播出平台进行了资源整合。这种模式,也正是解决中国数量庞大的市县电视台获取优质节目内容的方式之一。

联动全国市县电视台搭建平台,可以形成一张覆盖全国的播出网络,由具有一定实力的节目制作机构向网内电视台提供优质节目内容,未来获得的广告收入、产业收益进行分成。这不仅可以解决一部分优质内容的来源问题,市县电视台还能享有收益促进其发展,改变目前陷于困境的局势。

但是,单一的内容来源无法彻底解决全国市县电视台优质节目内容匮乏的问题,所以必须集结资源,做大市场。一方面,国内的省级、省会地面频道具有较强的制作实力,其播出的节目在满足本身的播出之后,基本上存入库房。它们的节目是优质的,产能是过剩的,资源是浪费的;另一方面,市县电视台的节目却是低质的,产能是不足的,资源是匮乏的。这是中国广电的一个极端,也是现状。在这两个极端之间缺乏一个联动资源的渠道。只要打通这个渠道,省市地面频道过剩的节目资源就可以输出到市县电视台,并通过市场行为获得一定的版权收益;市县电视台则可以凭借获得优质节目内容,提升自己的核心竞争力,从而在一定程度上形成中国广电行业的资源性平衡。

平台搭建起来,资源联动起来了之后,这张由市县电视台联合起来的网还可以共享创新经营模式,共谋发展之路,如联合打造生活服务电商频道。杭州生活频道做产业的经验就是"优质内容,是做产业开发的基础"。以做生活服务、旅游文化这类对产品植入吸纳度较高的节目类型为主,联供网制定好节目制作规范并进行指导,以保证节目品质,然后每个县都拍摄几期节目,再由联供网汇编之后在网内统一播出,解决以往市县电视台被区域限制而播出范围狭窄,对景点、厂商吸引力不大,广告进不来的问题。只要能为景点、厂商带来全国的客源和销路,吸引力就会来,广告、门票分账、销售分成等收入也就随之而来。

以目前国内媒体发展的趋势来看,打造优质节目内容是提升市县电视台传播核心竞争力的关键;打造优质节目联供网是市县电视台获取节目资源最具性价比的方式;而打造电视电商网络则是突破市县台经营困局的新方向。在"互联网+"的新时期,市县电视台必须换个思路找出路,运用大数据,找到大规律,才能搭建大平台,赢取大市场。集结优质内容、提升核心竞争力是市县电视台发展的关键点。

(作者单位:中广天择传媒股份有限公司)

县级电视台"互联网+"的微摇电视互动创新

谢湖伟

一、微摇电视互动概述

微摇电视,是在腾讯微信摇一摇基础上开发的微信与电视实时互动的功能。它在后台提前设置相关电视互动内容,观众在观看节目时通过摇动手机进入互动展示页面,再通过出现的展示页面参与节目互动。如此,便可以增加用户与电视节目的黏度,实现电视的"互联网化"。

通过微信一级页面"发现"按钮,进入"摇一摇"菜单,选择"电视"入口,用户在收看已经开通互动功能的频道节目时,摇一下手机,微信就会自动识别听到的电视节目的声音,当眼前听到的电视声音波纹与腾讯服务器端存储的声音波纹匹配一致时,用户手机端就会出现预先编配好的各种与节目有关的互动页面,用户此时便可以在手机端,与电视进行投票、答题、点赞、评论、抢红包、抽奖、玩游戏、交友、购物等互动操作。

由万达、海航、湖北广播电视台等多家企业联合投资的微摇科技,是"微摇电视"互动的首创者。2014年6月,微摇与微信官方一起在湖北卫视综艺节目《如果爱》完成了"微摇电视"的全国首发。目前,采用微摇电视互动的频道包括央视、湖南卫视、江苏卫视、浙江卫视等16家卫视频道、100多家省市县级地面频道以及600多档电视剧、综艺、音乐、晚会直播、新闻、美食等各类型电视栏目。微信摇电视互动的开创为电视媒体进一步提高收视率、提升价值起到了推动作用。其中央视八套更是成了全国首个开启全天全频道微摇电视互动的频道,成为广电媒体"互联网+"的标杆。

2015年8月24日,在中视协市县电视委员会主办的全国县级电视台"互联网+"研讨会上,微摇发布了2015年旨在推动县级电视台新媒体融合转型的"千县计划",帮助1000家县级电视台普及微摇电视互动服务功能。

二、县级电视台的困境

县级电视台是我国广电"四级办台"体系的基础。目前,因受到新媒体的冲击,加之又被央视、卫视挤压,县级电视台收视、商业营收双双下滑,整体发展处于困境中。

1. 生态恶化、处于弱势端

在广电行业的生存环境整体变得严峻之际,各电视媒体一方面寻求新媒体的融合转型,一方面不断强化行业资源的垄断,在这个竞争链中,市县电视台明显处于"马太效应"的弱势端。在中国2000多家电视台中,多数县级电视台由于覆盖面有限、资源少、市场小、人才缺失等问题,在资源、人才、环境等各方面与中央、省级电视台相比有较大差距,经济整体状况不景气,地方政府给予电视台的财政拨款仅能勉强维持其运转,再加上观众的流失、录播设备的老化、专业人才的缺乏、广告收入的锐减,县级电视台的生存环境急剧恶化。

近年来,央视、各大卫视频道不断强化资源,向"大片化"和"现象级"方向发展,全面挤压电视广告市场,为数众多的县级电视台的发展形势更加严峻。

2. 商业模式单一,几乎完全依赖广告业务

传统电视媒体的运作方式,是被动地接收广告主的需求,然后通过电视节目植入,单向地传达给观众,电视台和广告主无法准确收集观众对信息的接受程度和反应,观众在观看电视节目后,也无法及时表达自己的意见,而有可能给电视台或广告主带来商业价值的观众需求又无法得到满足。广告主、电视台、观众之间的联系完全是被动的、低效的。

如果电视仍然是孤立的存在,继续"我播你看"的模式,靠日渐下滑的广告收入维持根本无法进入现代化的双向传播体系,形成信息流、价值流的重构,开发非广告的业务模态,那么市县级电视台将一直无法摆脱困境。

三、县级电视台的机遇和优势

互联网的到来,给以报纸、广播、电视为代表的传统媒体带来了极大的冲击。县级电视台在资源、人才、环境等各方面与中央、省级台相比有较大差距,自然受到的冲击更大,但县级电视台在受众基础、传播渠道等方面又有省市台不可比拟的优势,这些优势使县级电视台在"互联网+"的浪潮中处于有利地位。

1. 县域市场是当前中国社会的金砖市场

阿里研究院数据显示,2014年全国农村网购市场总量达1800亿元以上,预计2016年将突破4600亿元。

2015年11月9日,国务院办公厅发布《关于促进农村电子商务加快发展的指导意见》,鼓励电商、物流、商贸、金融、供销、邮政、快递等各类社会资源、电子商务在农村的应用,鼓励互联网基础设施积极进入农村。

目前,阿里巴巴、京东商城、苏宁云商等电商巨头已经在加速其"下乡"之路。阿里巴巴已在全国23个省、126个县域展开农村电商的布局,并计划在3年内投资100个亿,在1000个县域建立10万个农村淘宝村级服务点。京东商城一年多来在全国600多个县设立了县级服务中心,并在10万个行政村设立了10多万乡村合作点。而传统零售出身的苏宁云商也计划在2015年建成1500家苏宁易购服务站,并计划在5年内建立10000家。

2. 县域人群的移动互联网化

中国互联网络信息中心(CNNIC)在京发布的第36次《中国互联网络发展状况统计报告》透露,2015年上半年,我国新增网民1894万人,其中农村网民占48.0%,比整体网民中农村人口的占比高出20个百分点。农村地区新增网民中,使用手机上网的达69.2%。未来几年内,手机上网依然是带动农村地区网民增长的主要动力。

在我国广大市县,智能手机的普及率也很高,用户的使用习惯也在变化,用智能手机购物、阅读新闻、社交等行为随处可见,移动互联网在市县地区发展得非常迅速。

3. 县级电视台处于电视体系的边缘，更易改变和突破

央视、卫视在媒体融合型的过程中，因为体量过大，每一步更需慎重。市县级处于广电体系的边缘，恰恰因为体量足够轻，受体制的束缚最少，才使得县级电视台更容易改变和突破。

移动互联网时代的"互联网思维"，讲究的就是简单、极致、快，而市县电视台天生就拥有快速试错、更新迭代的能力。所以，市县电视台如果能利用好自身体量轻的优势，积极触网，结合各方资源，引进第三方互联网技术和服务，弥补自己在互联网技术、运营、推广上的不足，便有望快速打通商业资源、电视媒体平台、互联网终端、观众之间的壁垒，建立起多市县联合的商业生态。

4. 县级电视台离用户更近，更容易通过"互联网+"构建本地生态

1983年3月31日，第十一次全国广播电视工作会议提出了四级办广播电视的方针，即中央、省、地、县四级办电视。县级电视台在我国四级电视网中处于最基础的地位，其播出的内容取自当地，也提供给当地，离本地观众距离近，有广阔的群众基础，同时也是当地最权威的媒体。相比中央、省级、地市级电视台，县级电视台更能了解本地观众的需求。因此，在了解观众需求的基础上，县级电视台也就更容易结合商业需求，利用"互联网+"，在商户、电视媒体平台、电视观众之间建立连接，构建T 2O（TV to offline）的商业生态闭环。

四、微摇助力县级电视台实现"互联网+"

在全媒体时代的今天，各媒体之间的竞争变得日益激烈。县级电视台受其自身功能以及地位限制等问题的影响，未来发展处境极为尴尬。在内容及渠道的双重压力下，县级电视台必须不断突出自身的本地特色，积极进行市场化改革，与新媒体融合，拥抱"互联网+"。

微摇基于移动互联网"超级入口"——微信，深度结合了电视媒体的行业特征，为电视台、栏目提供快速接入服务，通过摇的动作，电视不再是大众媒体，更通过电视屏幕与手机，连接县域各要素，包括用户、本地商业消费、本地农业生产、城市消费等。作为微信摇电视专业服务平台，微摇不仅为电视媒体"装上"了互动的鼠标和键盘，实现了电视节目内容推送、朋友圈分享推广及丰富有趣的互动，为频

道提高了节目质量和收视率,更为电视媒体拓展了广告模式,开启了电商之门,打造了广电全新的运营模式和创收渠道,提高了频道连接商业资源和增收创收的能力。

通过一个简单的"摇一摇"动作,微摇可以为县级电视台提供四种创收能力。

1. 通过全国联动大型摇电视活动为县级电视台创收

微摇是覆盖全国,贯穿央视、卫视、省市地面频道、县级台的互动平台,具有聚合多家电视媒体与品牌客户合作的能力。

2015年11月,微摇与京东开展战略合作,在11月6日至11月11日的6天时间内,开展"11.11要摇就摇"全国联动大型摇电视活动。全国观众通过摇电视互动,不仅可以获得京东"11.11"购物优惠券,还能每天抽取由微摇和频道联合派发的1—111元现金红包。

参与此次活动的有全国45家电视频道,其中省市县级地面频道达到41家,参与活动的电视观众覆盖全国23个省、5个自治区、4个直辖市。

电视台通过电视屏幕角标、主持人口播、宣传短片等方式,提示观众参与摇电视互动,在互动过程中,用户点击京东促销链接,就能为频道创造收入。在短短6天的活动时间里,县级电视台江苏靖江台6天的创收金额便达到10000元。不仅如此,频道微信公众号的粉丝数量更是直线增长。

2. 通过与频道节目深度结合开展电商业务

微摇为县级电视台量身打造了多个创收项目,其中一项是与县级电视台节目深度结合开展的电商下乡业务,微摇将联合全国2000多家县级电视台,以县级电视台的电视为门户级流量入口,以C2F(用户到工厂)跨媒体订购会为主要营销方式。通过微摇电视互动,向观众推荐原厂直采的优质商品,同时利用微信的强社交属性,实现朋友圈、微信群的口碑传播。

在项目的整个执行链条中,县级电视台只需将微摇提供的事先录制好的优质节目视频按计划播出,即可在每一波团购会结束后享受丰厚的商品销售提成。

除了为县级电视台新增创收渠道,该项目也旨在为当地观众带去福利,提高当地百姓的生活质量。消费者通过县级电视台的摇电视购买商品不光能享受低价优质的正牌原厂商品,还能享受由微摇提供的微信现金红包,并且每次团购的人数越多,价格就越低,返利的红包也就越多。

3. 县级电视台可利用微摇互动为本地商户提供手机端增值服务

微摇电视互动为县级电视台提供了强大的常态化创收能力,比如县级电视台可以在摇电视互动产品中进行本地商户优惠券、互动广告的精准投放。

微摇电视互动是基于微信开放平台的生态产品,获得用户授权后,可以读取性别、地理位置、年龄等用户信息,商户可以根据自身品牌的调性、广告目标特征,精准地选择投放对象,从而大大提高广告、优惠券的到达率和有效率。用户领取商户优惠券后,既可以立刻在线消费,也可以到店消费,形成商业闭环;用户在摇电视互动页面接触到商家广告时,也可以在线点击商家的广告进行报名、购买、预约等互动操作,商家可以凭借用户的操作习惯等信息,精确评估自己的广告效果。频道和商家均可以通过互动页面,引导观众关注微信公众号,实现用户沉淀和用户价值的二次挖掘。

4. 微摇商城为县级电视台提供对外输出本地特产的渠道

微摇商城是一个综合性地方特产推荐平台,为县级电视台提供了有效的特色产品输入输出渠道。微摇商城基于微摇微信公众号,拥有全国数百万摇电视粉丝;同时,通过央视、全国140多家卫视、省市频道的摇电视互动,还可将县级电视台组织的特产通过遍布全国的电视屏幕销往全国各地。

如此,县级电视台可以直接代理本地的特色产品,通过微摇商城和微摇平台上其他电视台的摇电视通道进行推广销售,获取销售利润。

五、结语

县级电视台的发展与当地的经济、文化发展有着密切的联系,在本地化发展的过程中,县级电视台有央视、省市电视台不具备的相对竞争优势。目前,我国经济建设的重心和互联网企业的视线纷纷从城市转向农村,给县级电视台的发展带来了新的机遇。微摇电视互动在"互联网+电视"的媒体融合实践,证明了它有为全国2000多家县级电视台提高创收的能力,同时为县级电视台实现"互联网+"转型提供切实可行的实践途径。

(作者单位:武汉大学)

区域广电媒体开拓发展路径探析

徐 臻　徐明明

当前,我国区域广播电视媒体如何迎接挑战,实现转型发展,是业界、学界和管理部门普遍关心、研究的问题。笔者认为,只有深度把握所在区域城镇的受众和市场特点,真正找到区域广电媒体自身的根基所在、价值所在,进而转化为媒体的核心竞争力和经营优势,可能才是区域广电媒体走出困境开拓发展的突围之路。

目前我国区域广播电视媒体面临的问题很多,核心的有三个:一是收视之困。随着媒体竞争的日趋激烈,特别是各个城市落地的数字电视频道大幅增加,央视和一些强势省级卫视在节目创新上持续发力,一批综艺类节目吸引了大批观众,加上新媒体的迅猛发展,分流了大量青年观众,致使区域广电媒体的收视份额持续走低。据央视-索福瑞统计数据显示,2010年全国区域广电媒体收视份额最高的20个城市,平均份额是39%,2014年下降到34%;2010年全国区域广电媒体收视份额最低的20个城市,平均收视份额下降到2.6%,2014年下降至1.2%。多重挤压使绝大多数区域广播电视媒体面临收视份额下降的压力。二是广告创收碰到"天花板"。我国大多数区域广电媒体目前的运营创收模式仍然是通过节目汇聚受众,然后打包卖给广告商的单一模式。这种营运模式的核心竞争力是媒体的影响力和受众的覆盖率。相对于中央和省级卫视媒体,无论是品牌效应还是收视点成本,区域广电媒体都不具优势。2013年以来,绝大多数区域广电媒体的广告刊播量和到款数呈负增长,对于广告收入占其总收入70%—80%左右的大多数区域广电媒体来说,这直接影响到了其发展乃至生存。三是媒体影响力、引导力减弱。我国广播电视的首要功能是宣传教育、舆论引导。随着互联网和移动通讯技术的发展,以互联网媒体为代表的新媒体呈爆发式发展。截至2015年6月底,我国网民总数已达到6.68亿,超过电视的用户数,加上传统广播电视新闻宣传创新成效不明显,原先由广播电视等传统媒体主导新闻舆论的格局亦发生了根本性变化。在一些突发、敏感事件的报道中,新媒体已成为事实上的主流和主导媒体。

面对这些困境,区域广电媒体开拓突围之路何在?笔者认为,必须在更高、更广、更深的层面深切把握区域广电媒体的立台之本、兴台之基、发展之策,解决好区域广电媒体"我是谁、为了谁、依靠谁"的问题,夯实区域广电媒体的根基,体现区域广电媒体的价值,真正走进区域受众,走出核心竞争力;走进区域经济,分享区域经济发展成果,做大做强文化产业,实现区域广电媒体的开拓转型发展。

一、深切把握所在区域城镇受众的需求,锻造核心竞争力

相对于中央和省级广电媒体,区域广电媒体最大的优势和最核心的竞争力是"接近性",包括地缘的接近性、文化的接近性、情感的接近性。区域广电媒体最了解区域受众的收视习惯、生活方式和文化需求,更易做到内容生产的定位精确,更能引起当地观众的情感共鸣和归属感。区域广电媒体最了解当地经济发展、市场消费信息,更容易掌握目标客户的市场需求,更容易为其提供贴心服务。

区域广电媒体虽然具备上述优势,但要把这种潜在的理论上的优势转变为现实的收视份额、媒体影响力和广告经营上的优势,必须全面深入、透彻地把握所在城镇受众的需求特征。区域广电媒体是有根的,但只有接地气才能有底气、长灵气。坚持区域化传播、"新闻立台"、"特色为先"的策略,全面掌握、深入分析、精准回应区域受众的收视需求和目标客户的市场需求,全面掌握、深入分析、精准应对落地频道频率节目广告情况,打造难以替代的区域传媒品牌,这可能是区域广电媒体重要的开拓突围路径。收视行为调查也说明了这一点:区域广电媒体最能拉动收视率的是适合本地观众口味、具有鲜明地域特色的本土新闻民生类节目,这类节目是区域广电媒体应对收视之困、抗衡央视和省级广电的利器,也是区域广电媒体资源利用率最高、收视份额贡献最大的节目。

近几年,各区域广电媒体都开办了这类节目,但节目质量和收视情况大相径庭。要办好这些节目,必须把区域广电媒体新闻内容在地域性和贴近性上的优势发挥到极致,必须一"沉"到底,观察、发现和思考基层中的新现象、新动向,让报道充满新意和活力;必须拉近媒体与受众的距离,用百姓的眼光、语言选新闻、看新闻、说新闻,使区域广电媒体的新闻理念、题材、形态、手法真正契合所在区域的脉

搏,准确把握区域受众的收视习惯、审美趋向,实现新闻节目的本土化、个性化、品牌化。从这几年区域广电媒体打造本土新闻特别是民生类、方言类节目的实践分析,虽然这类节目对提振收视人气作出了很大贡献,但也暴露出节目同质化、过于粗俗化、市井化,题材狭窄琐碎,越位审判,过于强调娱乐功能,一味追求负面报道等问题。这不仅有损于区域广电媒体的公信力,也影响了节目的收视和可持续发展。民生新闻的转型升级有赖于新闻理念和采编作风的深度转变提升,避免"阴暗化"、"碎片化"倾向,坚持"价值观立台",更加注重提升我们的"新闻发现力"。在接地气、访民情、问民意的过程中,挖掘别人没达到的深度,找到别人没想到的角度,让新闻表达成为思想表达、价值表达。要加强对区域性公共事件的关注,从家长里短的琐碎小事中跳出来,从是非判断上升到理性思考,从居民投诉向公共话题发展,对普通民众和弱势群体的利益诉求加以浓缩和提取,着力推进民主政治、社会公正、制度完善。只有这样,才有可能使区域广电媒体获得独特的比较优势,为区域受众提供贴身贴心的服务引导,凭借区域广电媒体固有的真实性、权威性的优势,构建区域传播高地,把其他媒体的冲击影响降到最低。

二、深切把握所在区域城镇市场的需求,锻造独特经营力

区域广电媒体必须深入思考媒体发展与区域经济繁荣发展之间的关系,转变经营理念,改换发展模式,融入区域发展进程,共享区域繁荣发展的成果,做强做大传媒产业。这可能是区域广电媒体开拓突围的又一路径。

自上世纪90年代以来,全国区域广电媒体运营发展的基本模式是"节目生产+广告经营",广告经营主要是品牌广告和电视购物,实质上是在销售收视率和公信力。相对于央视和省级广电,这两者恰恰是区域广电媒体的弱势。这一模式的另一问题是与所在区域的经济发展联系不紧,不能直接分享区域发展和经济繁荣的成果,因为品牌广告和电视购物商品绝大部分不是所在区域生产的。区域广电媒体是有根的,做新闻传宣传离不开这个根,发展运营也不能离开这个根,区域现代化建设和经济社会发展是区域广电媒体经营的"源头活水"与"富饶土壤"。区域广电媒体可以通过创新广告经营模式,立足区域消费市场,将自己打造成最贴近终端的销售型媒体。区域广电媒体的最大优势是接近性,在广告经营上表现为最贴近终端市场。如果说央视和上星频道主要是品牌型平台,企业做广告主要是

打品牌,那么区域广电媒体则是销售型平台,企业所投广告和产品的终端销售紧密挂钩,可以直接拉动产品的销售。区域广电媒体要从只销售广告时间转变为销售当地消费市场,把贴近终端市场的优势发挥出来,做好企业的营销伙伴,将自身的经营收入同企业在当地市场的商品销售额直接挂上钩,与区域的经济发展、市场繁荣紧密相连。区域广电媒体要积极介入当地消费市场、销售渠道的建设,与企业开展合作营销,这样,广告不只与收视率有关,还和当地的购买力、消费市场发展直接相关,可以共享区域经济消费发展的成果。区域广电媒体不仅要做区域生活消费的反映者、再现者,而且要强化区域生活建构意识,积极主动地走进区域经济消费生活,运用媒体影响力吸引广大受众广泛参与互动,使自己成为区域消费生活的倡导者、引领者。

具体的商业模式包括销售分账、TV团购、品牌代理、自营终端等。从一些台的实际运行看,这几年的区域广电媒体广告中,4A品牌的广告代理额大幅度下降,而自营、直客客户和本土客户的广告代理额则大幅增加,这也从事实上、数据上证明了这一开拓转型路径的可行性和重要性。同时社会经济发达地区的区域广电媒体还可以实施多元经营战略,以城市为依托,以民生为根本,以媒体影响力、公信力为优势,以资本为手段,建立一系列市场化运作平台,融入城市现代化建设和文化产业发展的规划中,发展除广告经营以外的文化产业,打造综合性文化传媒产业集团。

(作者单位:浙江卫视;宁波广电集团)

关于城市广电文化产业发展的思考

徐小平

在国家推动文化大发展大繁荣,把文化产业发展上升为国家战略的背景下,在"媒体融合"深化和传统媒体广告经营日趋困难之时,城市广播电视台如何把握趋势,顺势而动,借势而上,是一个必须直面的命题。

一、文化产业是城市广电新一轮发展的关键

1. 城市广电为什么要发展文化产业

《浙江省文化产业振兴规划》明确了浙江广播电视集团是全省文化产业的龙头企业之一,各地市县也都赋予了当地的广播电视台发展文化产业龙头企业的地位。一方面,广电文化产业还很弱小;另一方面,广电文化产业却被赋予了重要的历史使命,这是广播电视在整个文化产业结构中所处的地位和作用所决定的。

(1)发展文化产业是党委、政府对广电的要求

各级党委、政府对广电的宣传工作提出了更高的要求,这源于通过舆论促进改革发展,维护社会稳定,配合党委、政府中心工作,促进当地经济社会发展的需要。城市广电要完成这一使命,必须创建一个集全社会文化产业要素于一体的多元化、合作式、开放型的产业发展平台,"优先做强媒体主业,积极拓展相关产业,努力寻求合作产业",努力把广电打造成集"文化产业发展的带头者、文化品牌的研发和生产者、文化消费行为的引领者"三位一体的文化龙头企业,实现从过去单一的市场宣传者到如今市场参与者的华丽转身。

(2)发展文化产业是人民群众对广电的希望

人民群众既要求节目质量不断提升,也要求获取信息更加便捷,还要求文化产

品具有多样性。城市广电作为综合型媒体,要牢固树立"节目第一,市场第一"的观念,集中各种资源办好各套广播电视节目,提升广电的核心竞争力。同时,要充分利用其完善的信息收集加工体系和覆盖城乡的网络资源,发挥其长期以来在受众心目中形成的公信力和品牌效应,大力拓展文化产业的市场空间。

(3) 城市化进程给广电提供了发展文化产业的机遇

城市广电立足于城市,可以抓住城市化水平快速提高、城市人口迅速集聚、消费市场逐步繁荣、市场购买力不断提升以及"大众创新、万众创业"所提供的机遇,加快城市广电的转型升级,大力发展文化产业。

(4) 发展文化产业是城市广电生存与发展的客观需要

城市广电一直是依靠广告创收来维持运营的,但目前已全面进入坠崖式下滑通道。究其原因,有政策因素、宏观经济疲软、新媒体切蛋糕等,但根本原因是传统媒体的管理体制、发展思路没有做到与时俱进。虽说广电都挂了一块"集团"的牌子,但一套班子两块牌子或多块牌子,集行政、事业、企业化运营为一体的机制,导致其市场竞争力先天不足。如果还像过去一样,单纯地依靠广告创收一种办法,依靠自我积累一条路的话,在激烈的竞争中城市广电必然处于劣势甚至被淘汰。因此,城市广电必须积极谋求其他产业发展的新途径,以稳定可靠的产业收入,解决发展资金不足的困扰。

2. 城市广电发展文化产业的条件与优势

文化产业的范畴很广,广电要发展自己的文化产业,必须坚持有所为、有所不为,结合自身情况大力发展具有广电特色优势、政策监管优势、市场比较优势的产业项目,原则上不要去触碰已完全市场化、人人都能做的产业项目。

广电文化产业发展具有得天独厚的优势条件:

一是国家支持广电发展文化产业的政策优势以及各级政府在资金、税收、土地等方面的支持。

二是拥有文化产品从内容生产到播出、销售的传播优势。广电应学会如何把信息资源转化为信息服务,如何把公益性节目(栏目)转化为商业性视频服务。

三是拥有覆盖区域的数字电视网络优势。广电网络具备其他媒体无可比拟的网络资源,从宏观上来说,能覆盖全区域,从微观上来看,能进入每个家庭、每个用户终端,这是一个巨大的服务平台,可以开发许多增值服务项目。

四是拥有从活动策划到组织、营销的人才优势。组织各类活动是延伸、扩展传播功能和丰富节目内容的一个重要手段。长期的实践使广电积累了从活动选题策划到组织实施、推广营销等各个环节丰富的运作经验,同时也锻炼和造就了一批组织营销人才,这些人才资源同样可以在其他产业领域和平台上发挥作用。

五是广电具有一定的品牌优势。广播电视在受众心目中形成的公信力、品牌效应以及丰富的社会资源,都能转化为市场优势。比如,在长期的广告经营实践中,广电积累了从本地到外埠的一大批广告客户,这些客户大部分是当地的高端企业或本行业的领头企业,手中握有大量的资金,对市场信息反应灵敏。广电可以从中分析市场动向和投资方向,甚至可以直接与其合作开发新型产业项目,做到"强强联合"。

3.城市广电应重点打造的文化产业板块

城市广电发展文化产业不同于一般民营企业和个体工商户投资文化产业,一定要明确责任,肩负使命;理清思路,精准发力;讲规模,上档次;大产出,高回报。根据广电的实际和部分广播电视台的实践,笔者认为,广电文化产业的重点板块包括以下七个:

一是以广播电视节目生产为基础,努力提高收视率和美誉度,构建广电节目产业板块。电视市场是观众注意力市场,电视经济是注意力经济,市场占有率是广电文化产业发展的基础。要毫不动摇地以办好节目为核心,明确节目定位,完善内容架构,强化效果包装,搞活生产机制,把收视率转化为生产力。

二是紧抓媒体融合的契机,推动内容、渠道、平台、经营、管理的一体化,以新媒体为龙头,大力发展手机视频、网络电视台、公共信息发布平台等,构建新媒体产业板块。

三是提升广告服务质量,调整广告结构,优化广告投播环境,在优化品牌广告、植入广告和活动广告的基础上,开发广告线上线下联动、客户体验中心、广告服务分成等方式,稳固广告产业板块。

四是以广电文化品牌为核心,整合文艺栏目、大型活动、文艺团体(演出)、视音频服务、会展业务等资源,构建文化服务产业板块。

五是以创意产业为抓手,构建文化创意产业板块,如通过举办民生创意大赛,把金点子升级为国家专利,并把专利转化为商业产品,拓展新的产业增长点。

六是以广电所属后勤服务设施为依托,构建服务产业板块。城市广电大多坐落在城市商业区域内,拥有丰富的商业地产资源,可以通过盘活土地存量来增强资金实力。湖州广电就新建了 4 万平方米的梅地亚商业大楼,还合资经营电影院线、电子竞技、少儿培训等文化项目。

七是积极开展战略投融资,撬动社会资源、资本,构建资本运作板块。湖州广电以资产为纽带,对乡镇广电网进行股份改造,不仅使国有资产做到了保值增值,也获得了发展资金。而无锡广电则参与无锡市商业银行的股份重组,成为第二大股东。

二、城市广电发展文化产业的基本思路

城市广电要以非常规的思路与措施,突破常规发展节奏,通过持续不断的努力,完成蛙跳式的跨越发展。

1. 规划引领,咬定愿景目标不放松

城市广电要制定科学的文化产业发展规划,以更新观念为先导,以改革创新为路径,以重点工作为抓手,紧紧抓住文化产业发展的战略机遇期、媒体转型升级的关键期,提出总目标和分目标(包括年度目标、部门目标和项目目标),形成整个目标体系。在规划目标确定后,一是着力营造发展文化产业的舆论氛围,倡导人人都是经营者的理念,宣传口要强化节目收视率和广告承载量的考核,产业口则实行经营指标和利润率的考核,彻底改革以"员工身份"进行的管理模式和分配模式;二是培养员工的忧患意识。面对激烈的市场竞争,员工要时刻充满危机感,与自己竞争,与市场竞争,与时代竞争,既不把宏观的"不景气"当做借口,也不陶醉于"得过且过"的氛围里,把压力层层下移,责任层层分解,做到"人人头上有指标,个个身上有压力"。三是强化目标的执行力,把目标用"数字"形式分解到每个部门、每个岗位、每个时间节点,从结果着眼、条件着手、过程着力,一以贯之地抓落实,不因人事变动而影响目标的落实。同时激励成功者,理解失败者,对发展势头较好的项目精心培育,对不成功的项目及时进行清理、转型或注销,完全用市场这只无形的手来调节产业。

2. 强势改革,事业与产业齐头并进

媒体的事业与产业犹如一个物体的两个面,在运营过程中既权责分离又相互倚重,二者互为资源、互为因果,关键是如何根据媒体的性质和特点寻找与之相适

应的体制。城市广电要坚定不移地推进事业与产业的两分开、两加强,明确管办、政事、政企分开,在内部建立起事业与产业分开运行、分类管理的新体制,同时坚定不移地推进内部管理制度的改革,包括劳动人事制度改革、收入分配制度改革、社会保障制度改革等。

第一步:用"事业化管理"的外衣重点保护新闻采编部,以确保媒体的政治属性,其他类型的节目和产业则纳入"企业化管理"。

第二步:"事业化管理"部分也引入成本核算管理,进行单个节目收视率、频道(频率)市场份额和广告承载量的考核。

第三步:创新财务管理模式。对广播电视实行财务性管理,即主要管收入、利润;对事业性质部门实行操作性管理,即高度集权;对战略性产业实行目标性管理,即相对集权。

3. 夯实平台,做实做强做长产业链

城市广电要成立真正意义上的企业公司,统一整合内部经营性资产、资源,统一进行市场开拓,统一负责全局性的重大投融资与资产运作。逐步形成四个转变,即从主要依靠集团(总台)自主投资向多方融资共同发展转变,从粗放型增长向全力打造大平台、大产业、大项目、大企业转变,从依赖广电优势资源向借助广电资源和发展新兴产业并举转变,从单一的产业形态向研发、生产、销售、服务一体化转变。以资本为纽带,通过全资、绝对控股、相对控股、参股等多种形式,将多个法人企业有机地联结在一起,形成规模效益。

4. 整合资源,提高媒体的市场号召力

城市广电自身具有许多优质资源,所欠缺的是如何与市场接轨,如何将沉睡多年的事业型资源转化成经营性资源。在"资源"问题上要做三件事:一是整合。即把分散、零碎、主体不清晰的资源整合起来,形成集聚性、规模化的资源,然后通过一定的体制机制创新,从简单的物理整合进入化学融合。二是开发长期闲置或没有产生经济效益的资源,让一些宣传资源转化成经营资源。比如,利用主持人的品牌效应和号召力,开办由主持人带队的旅游项目,既体现开门办广播电视的理念,拉近广电与受众的距离,又让整个过程充满文化、时尚的气息,还可以直接拓展广电的旅游产业。三是主动打破原有的资源优势,开拓发展新的资源优势,以市场为导向,通过市场机制,构建完整的产业体系与产业链。

三、城市广电发展文化产业的重点抓手

1.抓观念更新,凝聚文化产业发展的信心与力量

城市广电的第一波发展靠广告经营,但现在下行趋势已不可扭转。第二波发展靠网络,如今也因体制变化,网络已不是城市广电生存与发展的平台。那么城市广电的下一波发展靠什么?只有大力发展文化产业。

城市广电在文化产业的发展上仍然存在很大的不足,究其原因,主要是观念、思路、体制机制、氛围、激情等方面存在问题。具体表现在几个方面:

(1)思想认识跟不上时代的发展变化

广电行业的特殊性使得广电内部在改革时"自上而下"的行政色彩比较浓,而并非自主的市场行为。这种结果往往造成思想认识的混乱和不到位,而思想认识上的混乱必然带来操作上的混乱和行动上的迟缓。

(2)运作手段上不能充分调动、整合和管理广电资源

广电虽然进行了多轮体制改革,如无线与有线合并、广播与电视合并、台与局合并、台与网分离等,但资源的内在整合度不够,尤其在资源整合优势如何转变为经营优势、资源如何转变为资本运作等方面,缺乏研究和实践。

(3)在现有体制框架下,创新开拓动力不足、力度不够,承担的风险却相当大(包括政治风险、经营风险)

长期以来,城市广电生活在一个相对独立、区域内相对垄断的生存环境中,有偏安一隅的思想和习惯,乐于做温水里的青蛙。国有资产的属性要求其保值增值,而这与市场经济残酷竞争和"有赚有赔"的自然法则不完全一致,导致不敢决策、无人担责的情况屡见不鲜,也制约了文化产业的健康发展。

文化产业是"一把手"工程,敢不敢在产业上投资,取决于领导层的认识和魄力,我们要在"做中学、学中做"。只有对企业管理、市场运作的认识深化了,改革意识才能进一步统一,发展力量才能进一步凝聚。在文化产业发展方面虽然没有成熟经验可循,又无法保证一路畅通,但只要我们思路清晰、目标明确、主动出击、勇于担当,焕发出强烈的发展紧迫感和创业激情,就一定能肩负起历史责任。

2.抓"大"活"小",抢占文化产业发展的制高点

目前,城市广电都有一些产业项目或产业公司,但基本上投资规模小、市场份

额小、成本负担大、经营业绩差,承担不了城市广电改革发展的重任。城市广电发展文化产业一定要有大气魄、大规划,在"大"字上做文章。一是倾力打造大平台,包括政策平台、项目承载落地平台、合作平台、企业管理平台。这是建设大产业、大项目、大企业的基础。目前许多城市广电投资建设了广电文化产业园和大型文化商业综合体。二是狠抓大项目推进。大项目是产业工作的"牛鼻子"和助推器,是广电实现经济增长和转型升级的重要引擎。我们要把优惠政策、重要资源向重点项目适度倾斜,促使意向项目快签约,签约项目快落地,落地项目快投产,投产项目快见效。三是培育大企业。大企业是主体,大平台需要大企业来集聚,大产业需要大企业来引领,大项目需要大企业来推进。苏州、无锡广电在文化产业发展初期也是一大批投资小、效率差的微型企业,但近几年,他们通过外部引入、内部培育、整合提升相结合,着力培育了一批规模大、质量高、能力强、效益好的龙头企业。四是发展大产业。建设大平台、大项目、大企业,最终是为了形成大产业,抢占转型升级的制高点。原来城市广电的文化产业大多停留在婚庆礼仪、礼品销售、专题片制作、户外广告等行业准入门槛低、市场竞争压力大、人力成本高、效益低下的产业领域,现在应该要转型到新媒体业务、大旅游、大流通等产业上来了。如江苏省几家城市广电前几年就开发了电视购物和广电旅游,年经营额达20多亿元。

3. 抓重点突破,打造文化产业发展的新环境

一是突破体制瓶颈。毋庸置疑,广电"媒体融合"的艰难、产业发展的乏力,最大的问题在于体制。在现行广播电视管理体制下,产业结构不清晰,企事管理混杂。我们要从行政体制、管理体制、运营体制上有所突破,加快建立健全适应市场的产业体制。二是激活机制。在目前体制不能一步改革到位的情况下,我们要建立有效的激活机制,要善于从原有体制中充分发掘出积极因素,让"老树开新花",实现广电在新旧交替改革期的平稳过渡。与此同时,要处理好三个关系:

(1) 投入与产出的关系

广告是今天播出,明后天就收钱,甚至先收钱后播广告;而产业项目必须有一定的投入期、培育期,时间跨度一二年甚至许多年,本届班子投入,下届班子收获是常有的事,所以不能急功近利。

(2) 国有资产保值增值与增强风险意识的关系

广电必须以高度的责任感、使命感,运用各种方法来化解经营风险,以确保国有资产的保值增值。同时,发展产业、经营企业、搏击市场都存在着巨大风险,我们

要为产业经营者适当减压,让他们轻装上阵。

(3) 传统产业与创新产业的关系

广电传统产业是发展文化产业的核心领域,而创新产业则是在传统产业的基础上依托文化创意、技术革新等发展起来的新兴产业,能提升产业附加值和竞争力,两者相辅相成、互为促进。

4. 狠抓队伍建设,弥补文化产业发展的短板

创意是文化产业的基本属性和特征,而创意的主体是人才。城市广电发展文化产业的主要问题不是缺项目和资金,而是缺文化创意、经营和管理人才。为此,我们要在队伍建设上做足文章、下足功夫。一是要营造尊重知识、尊重人才、尊重创造的广电文化环境。二是要激活引进、培训、使用、管理文化产业人才队伍的机制。三是要打造创业平台,设立创业基金,让各类人才脱颖而出。城市广电要把加强产业人才队伍建设上升到事关广电发展兴旺的高度来认识,培养产业经营人员的身份认同感,帮助员工做到职业生涯有规划、自我有认知、发展有方向、施展有平台。湖州广电在这个方面做了有益的尝试:(1) 举办《周三讲坛》文化经营管理研讨班,除宏观和理论方面的课程外,更多的是操作性、实务性培训;(2) 面向全国招聘文化产业经营与管理人才,如新近招聘了一位清华大学经济专业毕业、具有全球500强企业工作经历的研究生,业已成为平台的负责人;(3) 外出考察学习,开阔视野,先后派出5批人员带着50多个题目到十几家媒体企业对口取经;(4) 派经营管理人员到上海文广集团、湖州浙北大厦、湖州爱山广场商圈管理办公室等挂职锻炼;(5) 建立文化产业专家库,储备了市发改委、国资委、财政局、招投标中心的专家以及企业家等近百人,凡进行对外投资、购买、资产清算、产业合作等经营活动,便可随机在专家库中抽取人员参与评估、论证,为党委决策提供专家意见。

(作者单位:湖州广播电视传媒集团)

赢在转折点

——长兴传媒集团在媒体融合时代品牌营销的实践和探索

王晓伟

一、前言

在新的媒介生态不断冲击和当下严酷市场环境的挑战下,媒体广告经营创收面临着巨大的压力,媒体的广告经营模式和发展理念正在经历深度转型和急剧变化,而这一变化导致传媒开始出现分化,一部分媒体稳立潮头,迎寒怒放;一部分媒体疲于应付,勉强维持;还有一些媒体的经营状况则出现了严重的下滑,甚至是断崖式下滑,运行困难,自顾不暇。在冷市场的惨烈境遇下,如何捂热广告业主?如何做热广告营销?在全民都面对互联网焦虑症的时候,作为距离市场最近的媒体该如何积极应对?如何突破?如何在与新媒体的融合中创新发展?这一连串的问题是每一位传媒掌门人无时无刻不在关注和聚焦、事关生存与发展的热门话题。

近日,《2015年1—9月中国报纸广告市场分析报告》(简称《报告》)发布。《报告》显示,2015年前三季度,传统媒体广告刊登额降幅已扩大至7.3%。其中,电视广告下降4.9%,资源量(广告时长)下降11.7%;广播广告下降0.8%,资源量下降12.8%;户外广告增长0.6%,但资源量(广告面积)下降了6.5%;平面媒体降幅继续扩大,杂志广告下降18.5%,资源量下降26.4%,状况最为严峻的报纸广告降幅扩大到34.5%,资源量(广告占版面积)降幅达36.5%。

然而,长兴传媒集团却在经济形势依然处于下行压力通道和市场持续疲软的不利影响下,交出了一份亮丽的答卷。截至11月底,集团总收入近1.6亿元,广告经营总到账4300万元,同比增长24.6%(长兴传媒集团年度广告收入结算是到次年1月底);网络公司经营创收到款1.16亿元,同比增长10.7%。长兴传媒集团的经营创收总体呈现逆势增长,这背后究竟有哪些值得思考和解析的原因?

二、集团简介

长兴县位于浙江省最北端、太湖西南岸,区域面积1430平方公里,户籍人口约62万。2014年,长兴县地区生产总值(GDP)438亿元,财政收入70.2亿元。

2011年4月,长兴县委、县政府对原长兴广播电视台、长兴县宣传信息中心、长兴县委报道组、长兴政府网等媒体资源进行全面整合,组建了长兴传媒集团,这是全国首家县域全媒体传媒集团。

集团旗下有三个电视频道、两个广播频率、一份日报、一本杂志、两个网站,以及"两微一端"等多个新媒体平台,新媒体用户数60万,另拥有有线电视用户18万户。集团现有员工500余人,总资产8亿元。2014年营收1.68亿元,2015年目标营收确保1.9亿元。

三、着力推进媒体内容供给侧改革

内容永远是媒体的主业,丢掉了媒体的话语权和议程设置能力,丧失了媒体的传播力、影响力和公信力,我们就不可能在广告经营、产业拓展方面大有作为。

长兴传媒集团近年来始终主张内容为王,如今,更是提出了要从新闻立媒向内容立媒转型升级,要让媒体内容向上生长、向下扎根、向外拓展、向内聚力,保持定力,精准营销。

2015年11月26—27日,浙江省新闻出版广电局局长寿剑刚率省局所欲副局长和职能处室负责人在浙江长兴传媒集团调研,并召开浙江省新闻出版广电局湖州现场办公座谈会,在座谈会结束后,寿剑刚做了总结发言,提出了媒体发展中遇到的五个问题。特别是第三点,再次强调了新闻立媒,他指出转型如果丢掉新闻,就不能称之为主流媒体。

"新闻立媒",这是媒体新闻属性的特殊性所决定的,离开了这一条,媒体的影响力、公信力、引导力、话语权、议程设置等都无从谈起。离开了这一条,市场开拓和广告创收自然就变成了空中楼阁。内容是媒体的根本,基础不稳,地动山摇。长兴传媒集团这些年的发展,得益于始终强调内容的优质化、本土化和规模化。

1. 新闻资讯的本土化

长兴传媒集团的电视新闻频道、广播新闻交通之声、《长兴新闻》报、长兴新闻网等等,绝大多数内容来自长兴最基层,正是这些最"土"的新闻才赢得了众多的受众,这也是我们县域媒体最大的核心竞争力。2015年3月30日,我们创办了全国首家县域电视新闻频道,打造24小时新闻台,全天没有影视剧,均为自采自编的本地新闻节目,长达3.5个小时的时政、民生、方言、评论、生活等各类自办新闻节目深受观众欢迎。该频道每年平均收视率及收视份额位居长兴地区60多个落地频道的首位。除了新闻频道,我们《长兴新闻》报每天的8个版也全部是本土时政民生新闻。长兴广播播送新闻时本地新闻占70%以上。此外,在新媒体方面,长兴新闻网以全媒体即时报的形式即时推送本地新闻,每天40条打底;长兴新闻网、长兴头条、长兴广播等微信公众号的重要文章单条日均阅读量均在8000以上,其中长兴新闻网日均12000以上;"无线长兴"客户端和"长兴帮"两个APP分别从新闻和生活两个层面满足长兴人的本地资讯需求。

2. 大型活动的本土化

长兴传媒集团的大型活动源于2001年,从此后开始发端,2006年起形成气候,近年来更是一发不可收。本土活动、草根元素、全民参与、用户互动,大型活动本土化运作取得了不错的社会效益和经济效益,各个平台活动此起彼伏,集团各大平台一年的活动总量达到300场之多;乡村旅游、农事节庆、各类评优、亲子互动、产品推广、综艺选秀、相亲活动、部门专场等活动持续开展。长兴传媒集团紧紧抓住文化创意产业大发展、大繁荣的时代机遇,充分利用用户亟须通过活动提升其影响力和知名度的需求,发挥长兴传媒集团全媒体品牌运作的垄断优势,不断创新活动样态,升级活动模式,营造活动氛围,系统策划,全盘规划,打通平台,全媒体操作,打造媒体主导的文化产业生态群,通过做文化产品、创文化创意、建文化产业来实现市场开拓和广告经营创收。

3. 生活服务的本土化

长兴传媒集团所属媒体在做好新闻和活动的同时,积极拓展和优化媒体的服务属性。各个媒体除了自身开办一系列服务类栏目和版面外,还充分利用新媒体资源,稳住PC端,抢占移动端,用媒体独特的优势主打本地生活服务第一品牌。长兴传媒集团主办的长兴电子商务公共服务平台和长兴帮 App 就是其中的典型,用户足不出户,只要下载长兴帮 App,一端在手,就能享受衣、食、住、行、游、购、娱、医、学等涉及生活各个领域的服务。长兴传媒集团通过不断升级服务和迭代优化,完善用户体验,满足用户需求,促进了用户的有效增长,增加了用户的使用频次及黏性。截至 11 月 28 日,长兴帮 App 共签约本地商户 830 家,发展用户 54512 余人。长兴帮 App 的强势进驻将为集团布局媒体生态圈,打造新一轮媒体发展的新空间积累广阔的市场前景。

四、以"媒体＋互联网思维"的理念打造媒体广告生态圈

长兴传媒集团特别强调"媒体＋互联网思维"的发展理念,充分发挥主流媒体的独特优势,利用媒体在内容、技术、平台、渠道上的垄断优势,充分发挥媒体的宣传优势、传播力、公信力、影响力、达到率和覆盖力,充分发挥互联网思维,以用户思维来贯穿市场开拓和广告创收工作的各个领域,让媒体和互联网思维进行深度融合,以创造新的媒体广告发展生态圈。

长兴传媒集团摸索出的产业经营发展模式可以概括为一个公式,就是"媒体＋产业＋互联网",注重媒体与广告业主携手打造全景式广告生态圈,打造开放性大平台广告经营生态圈。该模式取得了较为理想的收益和赞誉,赢得了市场的青睐。

1. 项目制

为了更好地应对新媒体大潮,进一步探索广告经营管理体制,集团于 2015 年提出了"项目制"经营模式,旨在深挖集团内部营销资源,开拓外部经营市场,通过加大激励机制,创新体制改革,激发集团内外个人创新创业的潜能,也为继续做好媒体融合大文章,探索新媒体常态下的新型营收模式寻求新突破。集团于 2015 年 4 月张榜公布了第一批 10 个项目、10 个后备项目,首先面向集团内部招募项目经理人,条件成熟后再向社会推广。所有项目在本地运作成功后,再向外地延伸复制,以期产生较大的社会效益和经济效益。目前运行非常成熟的项目有农事节庆、少儿产业、会展业、地方政府债券等。

2. 会展经济

会展项目是长兴传媒集团近年来重点打造的一个产业。从 2008 年首次举办

车展开始,2012年升级打造"五博会",到2014年12月与浙江金百尚实业有限公司合作成立长兴会展中心,再到2015年加快向外拓展,长兴传媒集团先后与省内的湖州和宁波以及江苏、云南等多家县外媒体开展合作。2015年1—11月,会展活动实现营收700万元,盈利近500万元。会展项目发展顺利,力争在2016年一季度在新三板挂牌。

3. 地方政府债券

2015年下半年,长兴传媒集团开始在互联网金融领域试水,签下数家资产管理公司互联网金融平台的全国总代理。"媒体+地方政府债券+互联网"的推广模式快速覆盖到省内外,短短4个月时间已帮助合作伙伴策划营销推广地方政府债券近20亿元,集团由此得到的利润达到千万元。为了更好地营销地方政府债,集团2015年年底又上线运营了"第一债券网",这是目前国内首家由区域全媒体投资建设的服务于个人与家庭理财的专业门户网站。平台上线的资产主要源自100%国有企业。同时,平台还聚合了国内外各类型财经类新闻以及国内各地方新闻。网站以"为媒体用户找到优质的理财产品"为宗旨,打造以O2O为模式的"媒体+互联网金融"全新金融销售平台系统。网站一期开发已经完成,将马上进行二期开发,二期升级后主要是开通会员登记注册通道以及积分系统等,吸纳更为稳定的用户群,为接下来的大数据运营提供更多的第一手材料。

4. 云车险

"云车险"项目是长兴传媒集团电商事业部近期重点开发的重头戏,也是长兴帮App最重要的一个增收渠道。据不完全统计,长兴县年购险车辆在10万左右,并以每天约35—40辆的速度增长,车险保费市场潜力巨大。2015年5月,长兴传媒集团与中国人寿财险长兴支公司达成初步合作意向,5月底中国人寿财险长兴支公司与长兴帮App合作的车险市场拓展可行性报告得到省公司及北京总部的认可,7月正式签订合作协议。之后,按照计划,长兴传媒集团的云车险项目开发、营业厅配套装修、电话客服招聘、云车险广告创意征集制作等各项工作紧张、顺利地推进并如期完成,同时,配合中国人寿财险进行技术测试以及各种测试问题的解决。经过连续的技术攻关,12月,云车险项目正式上线运营。目前,长兴传媒集团已与浙江日报报业集团合资注册了浙江太湖传媒有限公司,共同拓展产业,其中就包含"云车险"项目。该项目一旦上线,不仅可以快速抢占长兴、湖州的车险市场,而且可以复制到全省以及外省。目前我们的会展项目、理财产品已经成功复制到20余个省市县,所以我们更加有理由相信"云车险"项目也可以进行快速的扩张发展。

5. 跨区域合作

互联网时代,区域限制已经被打破。2015年10月,长兴传媒集团组建了战略规划部和跨区域媒体合作部,联合全国区域媒体共同寻找媒体突围之路。11月5日,长兴传媒集团和浙报传媒有限公司签订合作协议,双方出资2000万元,组建浙江太湖传媒股份有限公司,长兴传媒集团股份占比60%,将依托浙报集团雄厚的资本市场和强大的媒体覆盖力和影响力,进一步把长兴传媒集团已经在本地运作成功的产品往外复制推广。除了与浙报传媒有限公司的跨区域合作,我们的互联网金融理财产品、会展业、杂志运营、电视新闻评论节目《说吧说吧》、广播、电视特技制作等领域,也均在与兄弟媒体单位进行跨区域合作,跨区域合作媒体已经超过40家,共同寻找市场商机,共同深挖掘金点。

6. 替客户卖产品

传统的硬广告时代已经渐行渐远,客户经过市场的不断洗礼,变得越来越刁钻,口味也变得越来越高,他们已经远远不满足于硬广告的投放,他们需要媒体在市场开拓和广告经营上不断创新,不仅要给他们带去品牌的知名度,更要给他们带去足够的人气。长兴传媒集团应时而变,从过去的为客户投广告,升级为现在的替客户卖产品。如今年的"浙江知性女县长隔空喊话河南任性女教师"叫卖长兴旅游、主播带你去旅游(广播和电视)、绿城房产营销、湖羊美食文化街开卖、理财产品销售等,都是"保底+分成"的模式,让客户大加赞誉。

7. 大型活动

传统的广告、单纯的广告已经不能满足客户对广告形式多样化的需求,为客户量身定制个性化的大型活动成为长兴传媒集团经营创新的主要做法之一。通过活动营销,长兴传媒集团不仅实现了创收,更重要的是进一步塑造了媒体的公信力和影响力,获得了包括客户在内的社会的广泛赞誉,更整合了社会资源。

五、以五大发展理念引领品牌营销

1. 创新发展

长兴传媒集团2015年开始推广实行项目制,成立战略规划部,升级会展经济,试水互联网金融,上线云车险,这一系列组合拳式的创新发展举措,给长兴传媒集团在市场开拓和广告创收上注入了一池活水。集团提出的口号是"稳住传统广告,创新广告新业态、新模式"。集团常年组织各类头脑风暴,聘请了各个领域的大批总顾问和BOSS团,借助外力和外脑,帮忙把脉,共商大计。

2. 协调发展

市场开拓和广告经营目前也已经升级到了4.0时代。早年的硬广告是1.0,后来的软文是2.0,之后的活动是3.0,现在发展到互动,就是市场开拓和广告经营的4.0时代。集团的广告经营特别注重与客户的互动,同时也特别注重传统媒体与新兴媒体的齐头并进,因为厚此薄彼或顾此失彼都会得不偿失。大型活动的举办,使集团各个平台各显神通、你追我赶、竞相绽放。

3. 绿色发展

新《广告法》于2015年9月正式施行,新的《广告法》首次确立了广告行业组织的法律地位和职责,制定了行业规范,加强了行业自律,推动了诚信建设,被称为史上最严格的广告管理。新《广告法》一是赋予了媒体管理广告的职责,二是明确了上级主管部门的查处权限,三是针对广告业务的针对性条款,新法里面突出强调了广告的经营和发布行为,四是法律责任条款引起了高度重视。传媒一方面要自身加强监管,进行行业自律,另一方面也要积极面对新政策带来的影响,严格遵守新制度,起到带头作用。早在2008年,长兴广播电视台就以壮士断腕的决心,逐步削减了医疗广告,到2011年,实现了清屏。仅此一项就减少广告经营收入近1000万元,而当时这块收入占到了长兴广播电视台全年广告收入的三分之一,但换来的是绿色声屏,彰显了媒体的责任意识、公信力,以此吸引了高端的广告客户。这一做法一直延续到集团成立,集团继续提出要打造绿色传媒,实现广告经营创收的健康、有序、生态、可持续发展。集团所有传播平台全面铺开,总编室下设媒体评估监管部作为广告内容的审核部门,集团旗下各刊播平台彻底杜绝违法广告。通过规范商业广告的监审和刊播、策划、制作、刊播公益广告,以及在广告监管上做好加减文章,2014年10月,长兴传媒集团荣获国家新闻出版广电总局全国优秀公益广播播出机构的称号。

4. 开放发展

打破媒体的区域限制,实行媒体的多元化发展和混业经营。

5. 共享发展

长兴传媒集团秉持一种理念:媒体一家亲,抱团取暖、共同发展。所以在跨区域合作、跨部门合作、跨界合作等方面,集团始终在做有益的探索和实践。与此同时,集团还特别注重让集团员工共享改革发展带来的成果,让广大员工有深深的成就感,集团每年都会对员工的收入做递增,在每两年一次的员工分级晋档中大幅提高员工的收入待遇。

六、结语

发展永无止境,转型永无止境。"一招鲜吃遍天"的市场开拓和广告创收时代已经一去不复返。市场开拓和广告经营创收也要学习互联网的迭代思维,运用互联网"快速、极致、口碑、快"的操作理念,不断更新操作手法,积极开拓市场新领域,迅速迭代,紧盯市场,顺应市场,吃透市场,服务市场。只有这样,媒体发展才能立于不败之地。目前,集团正在筹备优质业务新三板上市,未来三年,在条件成熟时,争取在更大的平台挂牌上市。

媒体融合发展潮流浩浩荡荡,是挑战,更是机遇。只要我们顺应潮流,奋力开拓,努力推进媒体融合发展,媒体的市场开拓和广告创收就一定会迎来蓬勃发展的春天。

我们相信,媒体的明天一定会更好。

(作者单位:长兴传媒集团)

关于区域广电广告营销的思考

凡 音

对于如今的区域广电来说,互联网时代的冲击,似乎已经带来了经营的"冬天",而 2015 年 9 月新《广告法》的实施,无疑是雪上加霜,给原本就在下滑的区域广电创收带来了更为严峻的形势。如何应对这样的挑战,是摆在每个区域广电一把手面前的大问题。中国的区域广电,基本上分为全额拨款、差额拨款、自负盈亏三种,从 2013 年开始,本人走访过 200 多家国内的区域广电,深切感受到了区域广电所面临的巨大问题。有日子还好过的,如广电网络未分家的,靠机顶盒的安装与缴费,日子过得还算滋润;还有就是经济区块特别好的,如沿海发达区域的广电,因为市场基本面的优势,日子也还算过得去;难的就多了,一无天生一块好地方,二无网络收入的支撑,三无地方政府的拨款。在这样的"三无"状况下,日子的确不是那么好过,加上区域广电在多年僵化体制的束缚下,很多管理与运营上的问题也到了非解决不可的时候。如市场化,区域广电这么多年来一直靠着垄断的优势生存,你要播出广告,除了纸媒与户外是我们的最大对手,几乎在每一个城市,广电的广告发布渠道都是垄断经营的。"你购买我的广告,我帮你播出"的商业模式如果不是遭遇互联网的全面冲击,好日子还能长点。说起互联网的冲击,我就不多表述了,大家都有所了解。网络时代的变革,已经是一种生活方式的改变,更何况商业模式。所以,在缺少精准与大数据这两大法宝时,在互联网时代的新传媒形势下,区域广电就显得特别无奈。以前,我们是这样回答广告商的:广播电视是老百姓生活的必需品,传播效果不用我多说,再不信,你看我们的收听收视数据。至于广告效果,我告诉你,跟纸媒与户外比,我们的广播电视是最好的!而如今,这样的回答已经不能满足广告商了,因为我们没有办法解释所谓的"最好"是多好,而互联网可以做到。精准到个位数的网络数据互联网媒体有,我们没有;大数据互联网有,它们可以拿出精准的数据告诉客户,几点几分有多少用户点击了它们的广告,点击它们广告的人是什么身份、什么职业、什么年龄位、在什么城市,连电话号码、住址甚至生日都可以提供,而我们区域广电做不到。所以,缺失了精准与大数据的传统媒体在这样一个以数据说话的时代变得弱小了,甚至边缘化了。

今天,我们在这里先不探讨我们天生缺陷的部分,因为这个问题不是我们某一家区域广电可以解决的。我们的广电人在这几年也一直在努力,全媒体运营、媒介融合、"互联网+"等,我们也做了很多尝试,在试错的过程中,我们国内的有些区域广电的确做了一些改进。但最终我认为,只有科技的进步才能从真正意义上实现我们的进步,才可以与互联网时代的新媒体齐头并进。所以在科技的突破尚未来临之前,我们的区域广电是不是可以往另外一个角度想一想,那就是除了天生的缺陷,我们还能做什么?

一、广告价格

说到市场化,我们又不得不说到我们区域广电的体制机制,一张广告单的收费,区域广电基本上是以职位的大小来决定价格的,如:营销员可以打3.5折,到广告部主任那里可以打3折,台领导签字可以打2.5折。如此僵化并有些滑稽的市场化运作,与灵活的互联网新媒体相比,就大大降低了我们的竞争力。新媒体的收费方式非常灵活,决定它们收费价格的依据是对方的产品、投放的周期、选择的合作形式以及付款方式。

二、广告产品

从广电有广告销售开始,我们卖的就是冠名、特约、赞助、硬广套餐、点位,这几年还好一些,很多广电有了靠活动创收的意识。但这样的产品结构对于今天这样一个信息爆炸的时代是远远不够的,世界上除了古董可以保持产品一成不变外,没有哪家公司或企业可以在产品上做到永远不升级换代。特别是我们的收视收听正处于一天天下滑的时候,如果我们还不在产品研发上下功夫,我们的市场竞争力只会一天天消失。大家可以关注一下最近网络热播的综艺节目《奇葩说》,马东的口播广告就是一种新型的播出方式,而且深受客户喜欢。

三、广告营销

　　区域广电在广告营销上更是传统,很多区域广电到今天还在这样做:如一个员工找不到合适的岗位就被分配到广告营销部,好像营销是大家天生就会的一个工种,好像只要不是哑巴就能做营销。其实,这是最要不得的。本公司运营数十家区域广播,可以这么跟大家说,找一个适合的营销人才比找十个优秀的主播还要困难!从客户判断、行业预判、预算分析、产品推荐、签单事项、营销创意、售后服务、客户维护等,对营销的专业素质要求远远大于我们的想象。正是由于这些年区域广电采用这样的营销人力策略,才导致了广电员工一提到拉广告就害怕,一说到见客户就腿软,把一个原本职业素养非常高、对客户贡献度最大的岗位弄得人见人怕。同时,也导致人情单、刷脸单成了我们很多区域广电的创收主体,搞得广告部人员就像前些年我们觉得"无孔不入"的保险业务员。

四、售后服务

　　由于一直以来,我们的区域广电都生存在相对垄断的产品环境里,所以,这么多年,我们的商业模式简单粗暴:你购买我播出,只要钱到账,服务就结束了。从来没有哪家广电会在售后服务上下功夫,最多也就是年底请客户们吃个饭,办个客户见面会等。试想一下,如今的产品销售公司,哪家不是在拼服务、拼体验,淘宝还有7天无条件退货条款呢。连以前的行业老大——石油、电信、银行等都在努力提高客户的满意度,而我们广电的广告销售呢,似乎很少有人会去重视这些。

　　所以,区域广电正面临"严寒的冬天"未必就是一件坏事,互联网新媒体的冲击或许就是对传统广电的一次激活。没有竞争,哪有进步;没有优胜劣汰,哪有行业升级。区域广电的掌门人们,该到我们重新调整姿态,改变思维方式,迎接挑战的时候了。只有真正符合市场发展规律,适应市场发展方向,我们才能找到区域广电新的生机!

(作者单位:杭州调频文化有限公司)

浙江电视台6频道广告营销的五次转型升级

祝清宇

作为"四级广播电视"的中间一环，省级电视频道从诞生之初就面临着上有央视、卫视，下有城市台的竞争格局。省级电视频道天然具备覆盖本省、深耕本地的特殊优势，既比央视、卫视了解本地观众，又比城市台覆盖面更广，是省级广电宣传的主阵地。近年来，随着国民经济的高速增长，省级电视也经历了一轮高速增长时期。但随着市场经济增长逐步放缓、省级卫视之间竞争持续激烈，省级电视的节目内容、广告经营都出现了停滞不前的状况。在这样的大背景下，浙江电视台6频道坚持不为定势所困、不为成绩所累、不为视野所限、不为艰难所阻，通过开发原创节目完善平台、适应市场需要升级营销，广告创收连续8年高速稳定增长，2015年在全国省市县地面频道一片下滑的背景下，依然像一剪寒梅傲立雪中、保持增长，已经成为浙江省级频道中创收最高的电视频道。

一、开发原创节目完善平台

电视节目是省级电视频道的发展基石，只有持续不断的节目创新才能推动频道始终站在频道竞争的前列。近年来唱衰电视媒体的理论认为，电视作为传统媒体已经无人问津。然而在实践中我们发现，电视仍然是家庭共同观看的唯一平台，是当之无愧的"客厅之王"。但省级电视媒体想要突出重围，仅仅凭借原有的节目内容是远远不够的，还需要以民生新闻为基础、原创节目为支撑，才能在竞争激烈的客厅大战中争得一席之地。

浙江电视台6频道在创办之初就坚持全频道节目自制，不播电视剧。多年来的实践证明，省级电视频道的节目体系必须以自制民生新闻为基础，通过贴近群众生活、解决群众困难的民生新闻,省级电视媒体能迅速在电视观众心目中树立起知名度和美誉度。2004年元旦,民生新闻《1818黄金眼》开播,这档栏目是浙江省日播时间最长的民生新闻节目,分为民生版和公众版。10年来,《1818黄金眼》在全省率先开通24小时新闻热线,每天接听上万观众的求助电话,已经成为浙江省民生新闻栏目的第一品牌,也为频道的发展壮大奠定了第一块基石。栏目的舆论监督功能为电视观众解决了实际困难,为频道树立了栏目形象,使栏目成了浙江老百姓最信赖的调解员、浙江政府部门最重要的协调员。在很长一段时间里,全省观众只知《1818黄金眼》而不知"民生休闲频道",一档栏目的知名度远远大于一个频道,栏目的影响力由此可见一斑。

新闻立台,节目强台。一档全省知名的民生新闻可以帮助频道在全省站稳脚跟,但频道的快速发展还需要更多原创节目的支持。近年来,频道原创节目层出不穷,占据了浙江乃至全国的多个第一:《PK大擂台》是全国首创真人棋牌类休闲竞技节目(2005年9月开播);《相亲才会赢》是全省唯一一档日播真实相亲类节目(2009年2月开播);《钱塘老娘舅》是全国首创的民间纠纷当场摆平栏目(2009年4月开播)。这一系列栏目的开办,得益于频道对电视观众的精确分类,得益于频道抓住了每一类电视观众的迫切需求,解决了他们的"刚需"。《PK大擂台》抓住了浙江观众喜爱双扣棋牌的民间地域文化特点,在演播厅搭建了独立闭环网络,4名经过选拔的普通百姓来演播厅,每人操作一台电脑进行棋牌项目比赛,电视直播时把所有选手的棋牌信息都展示给电视观众,从而增加了趣味性和代入感。《相亲才会赢》抓住了当下剩男剩女婚恋交友的需求,通过真实记录的手段,为单身男女搭起相识、相知、相恋的鹊桥。目前经节目牵线成功的相亲会员达3000多对,已有200多个相亲宝宝陆续诞生,每年举办的线下大型活动——相亲交友大会——到场人数超过5万,是浙江省影响力最大的相亲活动。

《钱塘老娘舅》更是观众"刚需"的集中体现,这档栏目抓住了家庭矛盾、邻里纠纷需要调解解决的需求,以最草根的民间纠纷为依托,以矛盾双方为主角,通过"老娘舅"的居中介入,凭借最质朴、最真实的市井语言,达到缓解矛盾、解决纠纷的效果。从情感上而言,这些家长里短的矛盾真实地困扰着电视观众,但矛盾微小、内容琐碎,既不能请派出所一次性解决,也不够法院判决的严重程度,更缺少有效的调解和开导手段,处于一种"三不管"的困境,迫切需要民间调解的介入。此时"钱塘老娘舅"以公平公正的长辈形象出现,为矛盾双方主持公道、化解纠纷,往往深受矛盾双方的欢迎。从节目内容上而言,矛盾双方在老娘舅面前总是表现出最真挚的感情,真情流露的故事使得节目呈现出真实好看又接地气的特色。节目开办6年来,收视率长期位居浙江第一,荣获了全国最具品牌影响力十强栏目、浙江省新闻名专栏、省级地面频道最具影响力栏目、浙江广播电视集团总裁特别奖等殊荣。

层出不穷的原创节目不断丰富着频道节目带,逐步形成了"全自制、全时段"的频道平台。从晚间18:00左右开始,一直到晚间24:00左右,6频道全部是自制原创栏目。如果把频道比作一块农田,那么节目就是土壤。不断开发原创节目就好比持续不断地改良土壤,从肥沃的土壤中生长出广告营销的丰硕果实,自然水到渠成、顺理成章。

二、适应市场需要升级营销

在奠定了频道平台的基础上,还需要把广告营销作为省级电视频道的发展保障,不断适应变化的市场环境。每年都有专家预言经济环境不佳,强调企业没有新增费用进行广告营销,但实际上客户的费用并没有完全削减,只是更加追求广告的实际效果。

6频道广告创收多年来持续稳定增长的经验表明,省级电视频道的发展需要不断升级广告营销的内容和形式。多年来,6频道的广告经营伴随着市场环境的变化而不断更新换代,以先行者的姿态始终引领着省级电视媒体广告营销的新方向,集中体现了省级电视的营销发展历程。我们将此归纳为广告营销从1.0到5.0的5个阶段,总结为硬广、植入、活动、定制、跨界5个关键词。

在广告营销的1.0阶段,电视广告以硬广告为主要形式,由于电视媒体的稀缺性,广告经营处于"皇帝女儿不愁嫁"的卖方市场状态,电视媒体也处于绝对强势地位。随着电视广告的广泛播出,广告营销也进入了2.0阶段,这个时期我们开始开发节目植入广告的新形式,如《1818黄金眼》的子栏目冠名、《钱塘老娘舅》的送礼植入等,节目与广告逐步融合,广告产生了潜移默化、润物无声的特殊效果。在节目植入广告成为一种潮流时,我们又先行一步,根据市场需求为客户打造活动营销,升级成以活动为核心的广告营销3.0阶段。这个时期我们既开发了现场参与人数数以万计的大型活动,如相亲交友大会、彩虹计划公益助学行动,还开发了一系列紧密结合栏目的小型活动,如《钱塘老娘舅》的"盛夏扇凉"、"家有顶梁柱"、"回访好家庭"等,这些大大小小的活动在短时间内迅速提升了频道的影响力,也为其广告经营带来了新资源和新手段。广告营销进一步发展到 4.0 阶段,省级电视频道的营销形势从卖方市场向买方市场转移,需要以个性化的定制服务抢占客户。此时,为每一位客户量身定制成为主要的广告形式,单一的广告资源已经不能适应广告客户的营销需要,多种广告形式、多种广告资源配合而成的整合营销方案越来越受到客户欢迎。这种灵活而又富有针对性的广告营销手段,开始把硬广告、植入、活动等多种广告形式统一起来,再根据客户的营销目标设计个性化方案。我们为王老吉定制的四季彩虹公益助学行动每年传播人数超千万,帮助王老吉在浙江市场实现了从无到有、从弱到强的逆转。为上虞国际裘皮城定制的追裘节系列活动,把相亲和裘皮结合到一起,帮助裘皮城异军突起,在短短两三年内便成为整个行业的一匹黑马。

在大多数电视频道开始为客户做定制营销方案后,我们又已经跨出了新的步伐,以跨界营销进入了广告营销 5.0 的新阶段,首次与金融行业跨界合作,推出了"1818 黄金卡",联合大批广告客户组成商圈,为持卡人提供尊享优惠,使黄金卡成为栏目观众的会员卡,短时间内就发行了数十万张。目前,6 频道正在探索的广告营销 6.0 新阶段,将继续突破思维局限和行业局限,从单一的品牌和产品宣传深入产品生产和销售的上游环节,利用跨行业的智慧彻底改造电视媒体的基因,创造全新的广告营销模式。

广告营销的不断升级,既是应对外部环境变化的需要,更是电视人内部长期酝酿、勤奋思考的结果。我们从传统硬广告开始不断升级,利用植入将广告和节目融为一体,通过活动把观众和消费者打通,把媒体价值以定制的形式转化成产品,最终用跨界改造电视媒体。如果还是把频道比作一块农田,在节目这个土壤条件不变的情况下,广告营销的 1.0 阶段就好比风调雨顺的好年景,不需要花多大力气就能获得丰收;广告营销的 2.0、3.0 阶段就好比天气干旱、遭遇灾害的年头,勤奋的农民就会想方设法挑水施肥、打药杀虫,把庄稼种植好,把土地经营好;而广告营销 4.0、5.0 阶段就好比果树嫁接、引进新品的年头,农民既要立足于土地而又不局限于土地。总之,广告营销的升级不仅需要广告人的敏锐触觉,更需要广告人的创新求变。

持续完善的原创节目、不断升级的营销策略,一直是 6 频道广告经营高速稳定增长的两大基石。作为一个不播电视剧的省级电视频道,6频道近年来的发展历程具有典型的样本意义。在经济增长放缓、媒体竞争激烈的当下,浙江电视台6频道作为一家苦练节目内功、着力营销创新的省级电视媒体,完全有能力走出一条广电发展的新路,为中国区域媒体的发展探索出前进的方向。

(作者单位:浙江电视台6频道)

广播媒体融合中的产业化经营若干现状及思考

项 勇

传统调频广播的盈利目前主要还是依靠广告经营。近些年来,广播在激活和放大广告经营的手段上多有突破,活动营销、整合营销、新媒体端营销等,各种创新尝试,收获颇丰。在传统媒介纷纷出现衰落迹象之时,广播却能保持连续增长。尤其是车载收听市场迅猛崛起,广播的广告经营也顺势进行结构调整、模式升级,赢得了发展空间。

但作为面向市场的内容产业,在移动互联新媒体以资本运作和多元经营来势汹汹之时,当媒体融合已经是必由之路时,传统广播在经营上却显得手段单一,因而势必要考虑长远布局。除了传统的广告经营,还必须在产业化、多元化发展上探索新的增长手段,面向未来,布局长远。在这方面,目前不少地方广播受制于多重因素,还是显得保守,瓶颈明显,但也有一些广播屡有创新的运作思路和做法,值得研讨。

一、内容生产上的产业开发

广播是声音产品的专业生产商,但是之前一直主要面对的是收音机端、随身听端和车载终端的受众需求进行节目生产。当下,随着产业化的发展,广播面对的却是以手机为代表的移动终端和未来可预期的车联网及智能家居终端,这些全新的受众需求可以说和现存的有天壤之别。个性化、场景化、情绪化的听觉需求,是现在的声音产品远远达不到的。

因此,专业的广播人必须面对这些新的需求市场,开始全新的产品开发,以满足未来的多元化市场需求。

很多广播电台尝试进行手机客户端的研发,除了将调频节目进行碎片化、圈子化的传播之外,也积极探索原创的内容生产。北京电台的"听听FM"首席执行官梁春元就表示,他们对未来广播市场的布局是:除了多套调频节目之外,还酝酿开发100套网络电台,而这些电台就是全新的移动收听场。其研发一方面来自现有专业团队的生产,更重要的是从UGC里发掘优质产品,这就是新媒体的独特人才挖掘渠道。上海东方广播旗下的"动感101"团队则直接投入生产"泡菜电台",一方面尝试运营网络电台,一方面以鲜明的日韩音乐定位,探索新的经营空间。浙江电台主频率浙江之声与音频客户端合作,研发手机端节目。浙江电台城市之声频道则在多年碎片化节目生产的基础上,进一步研发专供网络市场的栏目微单元,做了大量产品储备。

尽早介入网络电台、手机电台、车联网广播的节目研发,是内容生产产业化的基础,因而必须让生产团队尽早掌握新媒体终端受众市场的特点和规律,以占领未来音频生产的制高点。作为专业的声音生产者,这是必须立即开始的一项工程。谁能尽早摸透规律,谁就能在新的市场上占得先机。

二、多元经营上的产业布局

更长远的产业链这里暂不展开阐述,媒体的产业链是一个太大的话题。但是,一些在媒体融合中立刻可以展开的经营突破还是具备操作性的。在现有的机制体制内尝试新媒体的营销手段,也可以有所作为。

电商类的经营拓展目前已较为普遍。例如,福建广电的"广电天团"微信公众号就尝试了"微社区"电商开发,尝试为同一物流点的3000多个用户提供精准的电商销售,从2015年8月试运营,在没有推广的前提下,两个人的团队,两个月就实现了生鲜类产品近50万元的销售额。在此基础上,他们还尝试了"微社区"的高端车展,实现了6000万元的销售额。其"微社区"理念在逐步向外延展,前景可观。依托百万粉丝,浙江电台交通之声的官方微信平台启动"93商城",针对交通人群提供定制产品,2015年"双11"也推出了秒杀,1小时产生6万元成交额。不少电台的微信公众号与"微商城"合作开启"微小店",实现用户的初级开发。杭州西湖之声电台的微信号还与车语传媒的"Radiobuy"合作,利用"摇一摇"带动电台广告的后端开发。其方式是,听众在收听电台广告的同时,开启摇一摇就可以进入该广告品牌的专属页面,从而实现广告客户的多渠道推广和开发,提升经营的价值。

广播作为社会资源的聚合平台,其本身具备的价值远不止传播这一项,尤其在互动的开发上。实现资源整合的强互动会给经营带来崭新的前景。

三、新媒体端的产业研发

在媒体融合的过程中,有实力有条件的电台正在积极投入新媒体终端的开发;而暂无开发计划的电台也可以通过与这些新终端的合作,寻找产业化的手段。

在新媒体终端的生产方面,有以下几种尝试:一是从体系内原团队中剥离出团队去探索运营。如上海东方广播公司的"阿基米德"手机客户端,其运营团队剥离自原电台内部,吸引资本参与,进行企业化转型,运用市场机制来营运;二是引进互联网人员组建全新的团队,如北京电台的"听听 FM",它们引入互联网专业人才团队,新装上阵。还有中国国际广播电台和浙江、四川、内蒙古等地的广播,它们与互联网技术公司合作开发,在把控产权的同时,运营适度放开。这些模式,都使得传统的媒体生产团队实现了新媒体的运营尝试,也都获得了很好的经验和价值。

新媒体端的开发是传统电台目前面临的最大选择,要不要开发 App?相信很多传统广播人都在思考,其实,合作未尝不是一种很好的方式。

在这些产业经营的尝试中,简单总结一下,有三个意识,是传统广播人值得加强的。

1. 市场意识

真的面对产业开发了,也就意味着真正面对市场了。生产什么?生产多少?怎样生产?为谁生产?经济决策谁来做?以什么程序作经济决策?这些基础的经济学问题就会反复出现。回答不好这些问题,就无法产生市场价值。对传统广播人来说,市场意识是一个绕不过去的门槛。在这方面,加强学习和历练也是必经之路,没有取巧的捷径。

同时,站在市场的角度,还有一个迫切需要形成的体系:音频产品版权保护体系。如近些年来逐渐完善的视频产品版权保护,就确保了视频市场产业的迅猛发展,未来音频的版权保护也将进入快车道。相信一个覆盖广播全行业,甚至声音市场全行业的版权保护体系即将成型。在这方面,广播人要积极酝酿和做好配合。

2. 平台意识

调频广播在覆盖区域内,不但是内容的生产者和传播者,更是资源的采集汇聚者和整合者。不真正意识到这一点,就无法开发和挖掘产业的潜力。

首先要迅速让听众转化为用户,新媒体提供了各种可能性,从原先的听众俱乐部到基础的微信公众号,再到有条件的APP用户群,一个成熟的用户社区是产业开发的基础。其次还要形成社会资源整合体系,依托已有的合作机构、品牌客户,架构新形态的资源合作平台。此外,还要积极开发新的合作资源,如各种新媒体机构,跨界试水都是必须尝试的。

3. 品牌意识

认真梳理一下,调频广播现在基本上都具备几大品牌:频率品牌、节目品牌、主持人品牌、活动品牌等。在市场上,品牌就是价值,这些品牌都需要进行专业市场分析和深度市场开发,绝不可轻易放弃或过度开发。一个优质品牌会让产业开发事半功倍,广播人不能妄自菲薄。

传统广播的产业经营潜力远远不止以上这些,在发展的进程中,广播人最可贵的就是能始终跟上时代的步伐,与时俱进,调整思路,在媒体融合的过程中,广播人的智慧和勇气正在面临一次新的激发,想想都令人振奋!

(作者单位:浙江广电集团城市之声)

融媒展翼　贴地飞行

——以苏州台为例看城市广电的特色营销之路

潘文龙　马萃菁

当下,随着交互移动互联技术的普及,多屏时代已经来临,传统广电的生态环境因受众媒介接触方式的转变而发生了巨大变化。对于城市广电而言,无疑更是危机四伏,它们不仅要直面央视和卫视的高压,还必须迎接新媒体的挑战,传播渠道的多极化、经营市场的碎片化表征明显。在生存空间不断被挤压、蚕食的严峻形势下,城市台该如何应对?他们的出路与未来又在哪里?

十多年来,苏州广电作为城市台的探路者和领路人,以贴地飞行的姿态,坚守主流,坚持创新,探索出了一条以"贴近受众、贴近市场、贴近客户"为核心,以"整合营销、创新传播"为理念的特色经营发展之路,从而确保了自身在传媒竞争与裂变的大潮中能破浪前行、勇立一线。面对宏观经济和媒体格局新常态的困境,苏州广电也以创新的姿态,不断超越自我,与合作伙伴相濡以沫、守望相助,贴地飞行,展翼融媒。其中有些做法,或可供兄弟媒体咨鉴。

一、销售型媒体——以公信力为伙伴的公信背书

由于扎根地面,城市台有着央视和省台不可比拟的近地优势和区域影响,不仅能为客户提供媒体支持,协助通路建设,甚至能整合营销终端,实现最终售卖,为客户带来实实在在的销售业绩。

经过多年的探索实践,苏州广电充分利用地缘优势,发挥传统媒体的公信力、影响力优势,做足终端,以占据苏州大半壁收视山河的绝对垄断地位(据CSM统计,苏州台市场份额多年来固守在50%以上),把强大的传播力转化为强有力的销

售力,在节目营销、活动营销、分成合作、展会经济等多种营销领域多足发展,成绩斐然。苏州广电以最具影响力的销售型媒体姿态,携手合作伙伴傲立传媒江湖,谱写共赢传奇。

1. 借势传播,活动制胜,"节目、活动、广告"三位一体

随着媒体竞争的不断加剧,版面资源日益稀缺,加上限时、限播、限娱、限中插、限题材等一系列政策的累积效应,都对电视媒体内容创新、资源整合和广告开发提出了更高的要求。面对严峻的经营形势,苏州广电迎难而上,主动出击,利用地缘与资源优势,整合线上线下的传播产品,合力打出"节目、活动、广告"三位一体的组合拳,不断突破经营藩篱,打开了"活动制胜"的营销新局面。

近年来,苏州广电策划并成功执行的一系列大型营销活动如"伙伴计划"、广电传媒华语主持人(全国)选拔大赛、"舞动苏州"广电主持人舞蹈大赛、"寻找吴语新主播"、"小小苏州通"等,为客户提供了更丰富的活动搭载平台和更深度的节目植入服务,开辟了品牌宣传的新领域。广电通过活动营销让渡影响力、传播力和号召力,借势企业宣传,可以以最少的投入获得最大化的传播效果,迅速打开市场之门。

2. 公信背书,销售利器"TV 团购"系列常办常新

由苏州广电人首创的营销活动"TV 团购"自 2006 年启动以来,已成功举办了数百场,参与的粉丝团子上千万人次,创造了一个又一个市场热点和销售奇迹。这个成功的团购模式也被全国多家广电媒体效仿。

作为苏州广电的经典营销模式,TV 团购历经 10 年的发展依然生机勃发,并且顺应市场需求,衍生出了"工厂直购"、"联合团购"、"TV 刷价"等多项子类活动,涵盖家居、建材、装修、家电、家纺、汽车、电动车、数码等百姓生活的大部分领域。"TV 团购"系列活动将媒体资源、客户产品资源、渠道资源有机地整合,把握市场需求,应势而变,形成了以广电公信力为背书的系列品牌活动。尤其是在低迷的市场格局中,"TV 团购"这块苏州广电的金字招牌犹如暖市利器,在炒热氛围、提振信心、组织市场和达成销售上极富实效,受到追捧。

无论形式如何升级、领域如何拓展,"TV 团购"系列始终不变的是为企业创造实实在在的终端销售佳绩,它早已超越了单纯的媒体品牌活动而成为商家的重要营销节点、市民的集中消费盛会,助推了苏州整体消费市场的持续繁荣。

3. 传播变现，利益共享，品牌旅游活动合作分成

放眼全国，在本地景区的开发经营上取得如此辉煌成绩的，苏州是一个少有的特例。不仅是因为天堂苏州有着丰富的旅游资源，更是因为苏州广电人用创新思维和整合传播策略，为旅游部门及景区客户"量体裁衣"，打造了品牌节庆活动，提升了品牌形象和景区人气，尤其是通过合作分成的创新营销方式，实现了传播变现，最终共赢市场。

2005年白马涧开园之初，由于景区缺乏宣传卖点和推广经费，面临着发展困局。苏州广电改变以往常规的合作模式，用创新思维破解难题，为景区策划了"冰雪节"这一反季营销卖点，并且先行拿出媒体资源为活动密集造势，所有的广告成本通过活动期间最终的门票销售来分成结算。电视的介入托盘，不仅解决了景区的起步困境，更为白马涧的品牌提供了公信力背书。

新颖的创意让"白马涧冰雪节"迅速成为当年旅游市场的焦点，而这种创新合作，白马涧并非首家。之前"苏州乐园啤酒节"试水分账经验，之后又拓展到"天平山卡通节"、"摩天轮公园桃花节"等等，这些都成了苏州旅游市场响当当的品牌活动。2014年，苏州广电又与同程旅游网共同策划了"TV邮轮"大型传播计划，开了苏州广电高端定制旅游的先河。

正因为苏州广电与旅游行业的客户在合作方式上不断深化创新，个性定制兼整合传播，在全国开创了地方旅游深度开发的特殊媒体传播模式，才成就了荧屏上一道与众不同的风景。

4. 整合渠道，产业延伸，TV展会三驾马车四季连开

苏州广电作为区域优势媒体，不仅善于运用媒体资源整合传播，而且经过多年销售型媒体的实践，同样长于运作行业资源，上拓下延，其对行业的把控力、对上下游产业链的整合力，可谓独树一帜。近年兴起的苏州广电自办展会"三驾马车"——广电家博会、房博会、购车节便是又一实力明证。苏州广电借助广电媒体的影响力和号召力，实现线下销售力，三大TV展会自初创之日即人气爆棚，如今更是苏州地区家居、住宅地产和汽车三大行业的标杆性盛会。

不同于一般的交易会，苏州广电TV展会不仅集展览、销售、新品发布于一体，更极富媒体特色，将线上传播与线下展会、活动融为一体，充分发挥区域垄断性媒体的传播实力，做好现场活动，做足媒体宣传。其一站式消费体验深受苏州市民的

认可,也越来越成为苏州商家宣传自身品牌、抢占市场先机的不二之选。一年至少两季房博会、三季家博会、四届购车节,TV展会成功地实现了四季全覆盖的营销节点把控,引领了消费,撬动了市场。

踩准消费节点,控制市场节奏,TV展会的横空出世,为略显疲态的经济生态注入了新的活力。虽然三大TV展会根据行业的特性而风格各异,但是同样以其主流性和权威性赢得了上佳的市场表现。不断被打破的成交纪录再次证明,实力媒体的权威影响力——苏州广电是客户赢在苏州的坚实后盾和有力保障。

二、全媒体营销——融合性媒体深耕地面

以移动为基础的新媒体时代正在悄然引领新一轮的科技浪潮,眼下,手机、平板等智能终端逐渐成为电视的伴侣,观众的注意力不再集中于一块单一的屏幕,而是扩展到第二、第三乃至第四屏。

在2015年3月CTR对广告主的在线调研中,84%的广告主认为"电视依然是明年最重要的媒体",同时大多数广告主认为,与新媒体的联合营销是电视媒体未来的发展道路。

媒体转型期,传统电视向新媒体平台的融合、扩张已成为大势所趋。鉴于新旧媒体与生俱来的完全不同的传播属性和背书效应,当前的传媒市场并非零和博弈的关系。在跨媒体平台之间,合作比竞争显得更为重要。传统电视媒体如何化危机为契机,在坚守主流媒体平台的基础上整合新兴媒体,打破荧屏限制,实现多屏互动,成为今后收视角逐战的制胜关键。

1. 主动嫁接新媒体,建立全方位传播新格局

在电视媒体资源日趋饱和、新兴媒体迅速崛起的情况下,作为全国城市台领头羊的苏州广电早在几年前就已全面布局全媒体全平台发展的经营战略。

以苏州广电成功运作多年的营销活动"TV团购"为例,引入新媒体手段后,在团购宣传阶段,除电视荧屏以外,更有互联网、移动终端、微平台(微博、微信)、平面、云媒体等多媒体渠道辅助宣传,多平台密集发布,不放过任何一个将客户信息推送给用户的机会。在用户参与阶段,服务也从单一的网页延伸到手持终端,用户可以通过TV购—无线苏州手机客户端、微博、微信参与"TV团购"活动。从出发前到活动现场,用户无论身在何处,都能实时掌握团购进程。如今,苏州广电已融

合了网络终端、"无线苏州"移动客户端、云媒体电视三大终端手段,加上以微信、微博为主的互动微平台,形成了多元立体的传播格局。

在组织架构方面,苏州广电新闻口打破传统频道制的藩篱,新成立了全媒体新闻中心,整合全台的采编力量,建立了中央厨房式新闻编播系统,将信息传播覆盖至城市的各个角落、各类人群。广告经营中心则通过成立融媒体事业部,整合了旗下几十个微信号以及移动端 App"看苏州",形成了新媒体矩阵,为客户提供更多的增值回报。

苏州广电在坚守主流媒体平台的基础上,主动拥抱新兴媒体,整合应用多种资源,突破了传统媒体单向传播的局限,增加了即时互动的体验,极大地提升了传播效果。新老媒体的交融,为合作客户提供了多元手段传播和多层人群覆盖,让媒体价值紧随时代不断提升,以期在媒介角逐中永葆活力。

2. 搭建社群"生活圈",变观众为用户,提升经营实效

城市台凭借地缘优势,天然是最具贴近性的媒体,可以通过本地新闻和综艺、本地服务类栏目和营销活动,充分发挥贴近性优势。苏州广电组织的线上线下营销活动基本上都与市民的生活密切相关,所以构建贴近本地用户的"生活圈"融媒体尤为重要。

我们可以举两个实例来看传统媒体建立"生活圈"融媒的实效性。

2014 年 9 月,长发公司联手苏州广电在网络上发起"长发月饼工厂开放日"报名活动,活动中,广电特别定制开发了线上报名系统,PC 端与移动端页面互为补充,同时借助总台官方微信、TV 购微信以及相关微博的互动。在活动信息发布一小时内,移动端的报名量就达到 300 人,参与群体也如发起人所愿,从原先的"爷爷辈奶奶级"向购买力更强的中青年群体倾斜。

2015 年 9 月,"司机文化节"迎来第 10 个生日,适逢苏州广电广播、电视媒体经营业务实现全面融合之际,这一广播平台的明星活动额外得到了电视主要栏目的集中报道和宣传造势,再辅以手机微信、微博实时推送第一手的资讯。当它落地石路国际商城进行线下"粉丝见面会"时,收获了意想不到的人气巅峰,惊人的集客效果给商家带来了超值回报。

可见,电视媒体的传播价值链不再局限于电视平台,而是以电视为核心,辅以多种融媒体手段,构建覆盖受众生活圈的整个传播网络,以便粉丝群转化为用户群,为经营奠定基础。

3. 电视、手机双屏互动，打通荧屏内外"任督二脉"

新技术、新应用从来都不是新媒体集团的专利，传统媒体同样可以向新领域发力，插上新技术的翅膀，飞得更高，舞得更美。

苏州广电 2014 年上线的 APP 产品"摇摇看"（现已更名为"看苏州"）便是这样的有益尝试，通过"看电视、摇手机、得金币、换大奖"这一简单直接的参与方式，迅速打通了电视端与手机端连接的"任督二脉"，跨出了传统媒体融合新媒体最为关键的一步。

2015 年春天，苏州广电人配合旅游局发起了一场名为"寻找苏州最美踏青地"的全媒体行动，融媒体的立体传播优势展露无遗。主持人通过手机 APP 定位，记录分享最佳拍摄地，数十万新媒体用户打开手机"摇摇看"，即可在专属页面中轻松获取"最美踏青地"的信息，并随时随地进行互动。在新媒体的反哺下，活动相关电视节目平均收视率和市场份额分别达到了 7.2% 和 34.5% 的收视佳绩，合作方苏州市旅游局对这样的效果也十分满意。

2015 年夏天，雪花啤酒与苏州广电进行创新合作，依托广电多部门、多媒体的联动传播效应，以强势姿态推出"全城摇摇看，雪花开怀饮"活动。短短一个月时间就有近百万人次的观众摇动手机，抢购雪花啤酒。活动同时带动了全市 119 家零售终端的销售，参与度之高，市场之火爆，一时无双。

传统媒体采用"摇摇看"为代表的新技术，不仅能更好地锁定原有的忠实观众，增强用户黏度，还有望将热衷新媒体的年轻用户重新拉回电视机前，实现用户的回流，形成新的观众循环。

三、专业性服务——服务型媒体创造价值

在推动多媒体融合、做好影响力变现、打造销售型媒体的同时，苏州广电也一直致力于贴近客户，提高客户满意度，打造最具价值的服务型媒体。和央视、省台仅仅依靠高空轰炸的战术不同，紧贴地面的苏州广电不仅有垄断的市场份额和优质的传播平台，更有其他媒体罕有的整合传播、全案服务能力。

多年的实践让越来越多的企业认识到，紧跟苏州广电营造的活动节点和市场热点就能赢得市场先机。由此，广电与客户的合作方式已不再是简单的广告合作，而是在以市场为导向的基础上，与客户结成血脉相连的战略同盟，用贴身呵护的专业服务，成为客户掘金苏州的强大后盾。

1. 贴近地面,服务延伸,助推品牌深入终端

在激烈的媒体竞争环境下,苏州广电以更接地气、更贴终端的优势实现传播嫁接、影响力让渡,帮助品牌推广、市场扩张、深入目标人群,成为拉近品牌与本地消费者距离的一座最直接、最有效的桥梁。

曾经以天价拿下《中国好声音》冠名权并习惯高空投放的加多宝很少在地方台投放,但苏州广电人并没有放弃努力,而是通过实地市场调查访问,以及对第三方广告投放评估报告进行分析,最终说服其认识到与最为贴近市场终端的城市媒体合作的重要性,使其落子苏州台。随后,为了真实地了解广告投放效果,苏州广电人继续拿出品牌管家的服务精神,每周去超市及餐饮系统跟进了解终端铺货及线下营销活动的情况,将铺货优劣、促销跟进、渠道盲点等细节呈报客户。通过广告投放与渠道跟进的全方位配合,到当年9月,加多宝就已经在苏州完成了全年的销售目标并保持了近50%的增长速度。加多宝随后又加大了在苏州台的广告投放力度。

针对通过前期合作刚在苏州打开市场的立白洗衣液,苏州广电人为助其将市场做深做透,夯实销售基础,选择了更有效的传播平台——苏州王牌新闻栏目之一《社会传真》的经典推广活动"传真送福",结合亲民的"送福"概念,线上高频宣传,加上线下活动体验,使产品迅速有效地渗透进千家万户。CTR数据显示,2013年立白洗衣液在苏州市场实现金额增长率55.3%,远高于行业平均增幅。

类似的案例不胜枚举,苏州广电顺应市场需求,主动转换角色,以贴近受众、贴近市场的优势,深入营销渠道,营造销售节点,帮助企业做深做透市场,完成了央视和卫视难以企及的"终端助推"。

2. 量身定制,精准传播,扶植品牌成长壮大

多年来,苏州广电人凭借敏锐的市场眼光、精准的客户定位、全方位的传播攻势、精细化的专业服务,扶植了一批本土和外来品牌发展壮大。

太湖雪丝绸起初只是吴江民营丝绸企业中并不起眼的一员,直到企业慕名找到苏州广电后命运才开始改变。苏州广电人从专业营销角度对太湖雪的品牌、产品和传播重新进行定位,并成立了专案小组,为其制定了营销策划全案:全面赞助"伙伴计划",品牌形象一夜成名;以著名主持人为品牌代言,制作唯美广告片……随着市区旗舰店的开业,太湖雪在苏州一炮打响。除了量身打造全方位的传播方

案,苏州广电还大力协助其进入零售渠道,助其在极短的时间内坐稳了苏州真丝家纺行业的头把交椅。3年后,太湖雪的销售额已从原来的700多万元提高到1亿多元。

2015年,浙江昱铭作为外来红木家具品牌,迅速在红木重镇苏州打开了局面,短时间内便成为"家喻户晓"的品牌,以迅猛的势头实现了销售传奇。其幕后推手,同样是深谙本土营销之道的苏州广电。在挖掘到昱铭的独到优势后,苏州广电人为其量身打造了以"万元就能买套红木家具"为主要宣传点的全媒体宣传计划,并整合传播优势,以电视为主导平台,配合官方微信、"摇摇看"App、移动电视等多渠道资源,集中火力全面强攻市场,创造了10天破千万的销售奇迹。

正因为植根于本土、熟稔市场,苏州广电才能一次次不负众望,为企业量体裁衣,制定最优的传播策略,以最小的投入,获得最佳的投资回报,携手企业共谱品牌佳话!

3. 全程操盘,全案服务,战略合作做透市场

作为区域强势媒体,苏州广电围绕建设服务型媒体的目标,贴近客户,贴近市场,贴近观众,以优良的整合营销服务和全案合作服务与企业深度合作,帮助企业真正实现品牌的提升和市场的扩大。

时尚舞台商城因远离市区,品牌效应不突出,开业后一直人气不旺。苏州广电在认真调研、分析了客户特点和市场潜力后,决定前期介入培育市场,并创新合作模式,将客户的推广费全年打包安排投放,产品定位、营销活动、推广节奏也由苏州广电全程操盘。随后,一大波定制活动横空出世,横跨四季。因为策划连贯、传播到位,引得市民蜂拥而至,培养了一批黏性较高的消费群体。一年后,时尚舞台商城已成为苏州地区最具影响力的奢侈品销售地之一。

这种颠覆传统硬广告,全年打包、全案服务的媒体代理合作模式得到了很多客户的认同和响应,大到商业旗舰,小到一个月饼,均乐于携手广电。在长发公司与苏州广电签约结成战略合作伙伴、建立长期合作关系后,2014年中秋前夜,苏州长发总店门口出现了500米的排队长龙,号称"苏州第一长队";同时创下了单日销售43万个肉月饼的销售纪录,几乎每秒钟就卖出1个!这样的盛况离不开苏州广电的整合传播力量以及苏州广电人细致入微的全案策划服务。

正是在苏州广电"整合传播、创新传播"的帮助之下,众多品牌才在苏州市场站住了脚跟,稳定了人心,赢得了优势。

苏州广电以实践经验表明,城市台要在逆境中求生存谋发展,唯有发挥近地优势,扎根大地,做强核心,离受众更近,离市场更近,离客户更近,将自己的根须扎得更深更宽,才能立于不败之地。苏州广电正是通过巩固既有优势,提升创新能力,始终牢牢掌控本土的收视市场,才成为区域最强势的主流媒体平台;在营销产业链上突破单纯的传播平台,向前延伸参与客户的营销策划、向后拓展渗透到客户的销售环节,才将自己打造成了全产业链的销售型媒体。只有坚持以客户为中心,提高整合营销手段,增强全案服务能力,才能将自己建设成为本土最佳的服务型媒体。

(作者单位:苏州广播电视总台广告经营中心)

融入"互联网+" 拥抱"十三五"
——关于传统媒体创收创新的面对与应对

李武军

——有份"邀请函",很文艺、很霸气。请注意其中的"活动简介"是这样写的:(由浙江传媒学院等主办的)首届世界互联网音乐大赛"颁奖典礼定于2015年11月22日晚在'世界互联网大会'举办地·乌镇之边的桐乡举行……"(说好的行政区划应该是"桐乡市辖乌镇"吧?这是"互联网+"的"无边")。

——有张"订报卡",很煽情、很伤感。又到"订报季",《绍兴日报》《绍兴晚报》2016年征订手段用上了手机"淘"报,而广告词如此直白:父母操劳一辈子——现在让我们动动手指,给父母亲准备一份精神食粮吧!广电系统的广电报也艰难度日,绍兴的《生活周报》出版了"老爸老妈"报中报(主流的、生活的,都坦承不以年轻人为主打目标了,这是主流媒体的"无奈")。

——有个"网络视频",很民间、很技术。网友用无人机航拍违法建筑,007式大片聚焦"三改一拆"(原载《浙江在线》2015年6月4日:《我和我的小伙伴都惊呆了》)。视频内容为:有绍兴网友举报邻居未批先建,擅自占用基本农田,网友多次投诉未果,还几次"被协商";无人机航拍,卫星精准定位违建位置,估算违建面积,用街景地图等手段和技术还原违建地原有的面貌;列举省、市、区等不同层面关于"三改一拆"的政策和措施,配发《浙江日报》曾刊发的新闻评论《拆违不力,究竟谁的问题》——直指当地政府将本应该重视的违建问题忽略不管,本身就属于"拆违不力";电脑特效制作配上音效后上传省级网站并通过优酷转载;《浙江在线》反映到绍兴柯桥区,核实了举报的内容。随后,被投诉人自行拆除了违法建筑并妥当善后(而我们常规的舆论监督基本上是实拍+访谈,成本风险大且常被"和谐"或打折。这是自媒体的"无畏")。

——有串"数据",很好看、很令人羡慕。2015年11月18日举行的2016年央视黄金资源广告招标大会吸引了近200家企业参与,招标预售总额高于去年。特别值得一提的是,作为"TV+互联网"代表的央视新闻客户端及各种系列全媒体互动产品等新媒体广告资源备受众多企业青睐。加上此前单独招标的春晚互动项目,央视新一年新媒体广告产品招标预售总额将超6亿。在"强者更强"的法则下,地方台除了仰视,只有纠结。

一、传媒风向:广告都去哪儿了?

当下媒体生态,总体上貌似风起云涌,实则风紧浪急、乱云飞渡;喜新且恋旧之中,少家欢喜多家愁,而且"媒体"的定义和边界也越来越模糊。作为传统意义上的所谓区域性"主流媒体",却日显焦虑和不安:既有用户的流失和老化,也有话语权的分流和退化,更有经营拓展的乏力和弱化;既有思维上的困惑,也有定位上的迷茫,更有行动上的跟风。

就目前的情形看,一是传统媒体"一声叹息",跌跌不休;二是广电媒体"一米阳光",负重苟延;三是新兴媒体"一地鸡毛",雾里看花。

尤其是在"BAT"(百度、阿里、腾讯)几乎一统天下并"不二"的态势下,作为城市台的地方媒体,既没有"懂中国,看央视"之类国家级的大气以及"奔跑吧,兄弟"等省级卫视的底气,也缺少县市台的"接地气",还因为所谓的"新媒体矩阵"而"淘气起来"——也上了"二微一端"(微博、微信和客户端),但基本上是逼迫之下的无奈应景,大多无力应战,"标配"成为会议上、文件上的"标签",烧钱不见钱,犹如十多年前的一窝蜂建网站之举,至今也停留在"不能没有,盈利没有"的境地。

随着中国经济进入新常态和传播格局的巨变,传统媒体的生存压力不断加大,广告经营面临从未有过的考验,其状态、走势及原因,可概要如下:

第一,总体宏观经济减速换挡,我国GDP增速2015年三季度甚至破7,而企业经营面临成本上扬、市场萎缩、资金链紧张等困境,广告投放大幅度减少;第二,政府机关开支进一步紧缩,宣传费用大幅严控;第三,央视、卫视以及省级地面频道凭借平台优势,尤其是通过城市台无法抗衡的大制作、大明星现象类娱乐节目吸金,城市台广告资源特别是优质广告资源被大幅度蚕食;第四,越来越多的品牌广告加大了对网络等新媒体的营销力度,缩减投资甚至撤离城市台。如百度广告营收超过490亿元,不仅远远超过央视成为第一大广告媒体,而且这个单体数字也超过了全国报纸广告收入之和;第五,尤其引发"痛点"的是,互联网的崛起和数码全息等现代技术的普及,曾让饱受金融危机影响的广告行业看到了巨大的潜力和希望,如今却几乎成了压垮广告公司的最后一根稻草。现实是,互联网及其"众创空间"大大提高了个人的创意能力,所以不仅互联网广告大行其道,打破了包括媒体在内的专业广告公司的技术壁垒,更为众多的广告客户提供了越来越多绕过广告公司的渠道。至此,恶性"闭环"渐成,广告行业及其经营生态同时出现新情况和新问题。

二、问题导向:挑战"不可能"?

央视正在黄金强档力推《挑战不可能》大型节目,其实,即使作为"喉舌"的传统主流媒体,也正面临着前所未有的"挑战":无时不在的新媒体倒逼我们的"第一地位"(海量信息并滚动跟进,分化了独家垄断、权威话语的能力);无人不能的自媒体倒逼我们的"第一时间"(到2015年10月数据,9.5亿网民,尤其9.05亿手机上网用户,6亿多微信用户,抢滩"时度效"、形式及议程设置能力);无所不有的多媒体倒逼我们的"第一现场"(从卫星定位、无人机到各种监控、自拍等,阻碍了我们与用户的接触、亲和和黏合)。

大台的"不可能"我们难"挑战",而我们的"不可能"无不被"挑战"。就区域性地方媒体尤其是城市广电台而言,其主要的困难及困惑,集中体现在四个"象(像)"字上:

一是栏目节目缺"现象"。习惯于集中人财物,以一档晚间新闻为主打的地方台,几无综艺,少有访谈等自采、直播节目,仍然靠电视购物和非强档电视剧充荧屏、混日子。在拼"现象级"、"季播性"的时代,在资讯碎片化且大可替代的当下,要增强受众的忠诚和黏性谈何容易,地方台既无力赢得年轻观众的欢心,更难以支撑广告大户特别是外地品牌客户的"雄心"。

二是赢利模式缺"大象"。面对严峻趋紧的宏观形势和上压下挤的传媒生态,原有的难持续,新兴的难贴近,探索的难自立,地方台的经营拓展既缺支柱性的大象,也少有让人为之心动的新招和实招。都说思路决定出路,但"路"在哪儿——晚上想想千万条,早上做做老一条:"拉"广告;研讨时大谈"广电即集团,频道即平台,受众即用户,传播即服务,节目即产品",会后又走进"三三四四杀只牛,不如独自杀条狗"的"一亩三分地",缺少"一个婚恋节目冠名、一季好歌上街"就可以千万亿元数钱的土壤和载体。

三是体制机制缺"气象"。虽然全媒体、融媒体叫得欢,甚至成立了"集团",但具体运作上大多"挂牌不洗牌",恰似"两块牌子一套人马",人员及选用、考核及分配、生产及流程等也是"换汤不换药"。地方台既有团队协作和个人提升上的精神疲软,也缺少如"直播"、"脱口秀"等创新以及突破中的"容错"环境,万千气象尚处于纸上谈兵的状态。

四是队伍建设缺"偶像"。如今地方台少有真正有影响力的名记、名编,在"人人都有麦克风,处处都见自媒体"的时代,其实已难有一呼百应、令人信服的榜样了。而且受大气候尤其是央视、卫视等大腕离职和南都等媒体记者搞有偿新闻等事件的影响,地方台既要打好"保卫战",也要优化"生产线",还要构筑"防火墙",防止"创新本事少长进,以稿谋私手段多"的苗头。另外,不少地方台在"潜规则"下人才青黄不接,既有"人在心不在,身在技不强"的老现象,也有"招时一院子,考时一屋子,用时一桌子,不少只待一阵子"的新常态,更有"急需的招不到(如新媒体技术、复合型经营),新来的用不上(如消控室竟安排五名应届女大学生),没用的出不去,资深的不干了,紧缺的留不住"等代际性断层问题。

这些现象级问题需要我们积极应对、着力解决。

三、转型方向:"奔跑吧,兄弟"

除了敢于进行体制机制的创新和突破外,根据媒体的属性尤其地方区域性传媒的特点和优势,地方台主要应不断提升四种意识和能力:

一是机会发现能力,即增强敏感性。作为"机关化格局、事业化管理、企业化经营、半军事化操作"的主流媒体,审时度势不应只是局限在常规的"宣传"中,而要积极且善于从时政节点、大事要闻中"捕足"商机、抢抓机遇。比如在学习宣传十八届五中全会精神尤其是地方"十三五规划"的修订和实施时,要积极研读、思考和发现、渗入。

二是权力实现能力,即增强权威性。公信力是作为"喉舌"的传统媒体得天独有的政治资源,即俗称的"第四种权力"(隐性权),不能放弃或被边缘化。越是困难的时候,越要"依靠"党和组织,这是我们的国情及优良传统,始终适用,我们要努力用足它。

三是内容变现能力,即增强贴近性。区域广电本土化、多元式、立体型的资讯,包括舆论监督,是任何高大上的媒体和其他社会化媒体都不可替代的,其唱响主旋律的方式也是它们无法模仿的。

四是专业体现能力,即增强服务性。通过整合广电特有的资源和借力社会各种资源,发挥、放大、延伸相关集成和规模效应。

为此从顶层设计到基层操盘都要用心做到"三个转变",即转变思维方式,转变产品理念,转变作业模式,并且努力去做"三大拥抱":

一是拥抱"十三五"。要从国家和地方的"十三五规划"和重大发展战略中去研判、布局,发现热点,发掘潜能,主动融入。比如从文化发展繁荣政策到智慧城市项目建设,从"一带一路"的构建到"美丽乡村"建设,尤其是"特色小镇"和"民宿经济"的策划、包装推介等方面尝试"媒体+智库"的产品经营方式(新华网专业团队研究开发的"互联网小镇"特色项目);又比如资本运作(政府性理财产品等)、健康疗养、旅游修学、电子商务、书画艺术品鉴藏等。绍兴广电对此已有所探索或起步。

二是拥抱"互联网"。据《群邑山海今媒介趋势报告》,在"一剧两星"等政策的管控下,传统电视进一步衰弱,无论是在黏性还是在覆盖面上,互联网已经全面超过电视,尤其是90后使用网络视频的程度已接近电视。"碎片化到达顶峰,全媒介在互联网+下走向融合"。比如,"TV+新媒体"正在彻底改造CCTV,使其成为新型主流媒体的最强代表。2015年"双11",央视携手京东打造"惊喜夜"大型歌会,打通线上线下,电视、电脑、手机多屏互动,使京东的App下载量达到当晚第一,成为又一个典型案例。2015年,绍兴台也成立了新媒体拓展中心,并开发了网络销售平台"绍兴广电淘宝店"和"绍兴广电官方商城"微店,同时还尝试整合资源,与美团网、大众点评网等团购网站合作,搭建全方位多渠道的营销路径。有人为此提出,要大胆"围绕BAT找零食(如微博、微信)"。

互联网时代,广告经营必须强化互联网思维。那么,包括广电在内的传统媒体如何实施"互联网+"?可以突出以下几个层面:能"+"则"加"(如央视、浙江、湖南、东方台等,财大气粗的现象级);暂不能"+"则先"架"(做好架桥、框架等基础工作,如地市台);有条件可以"嫁"(嫁接、合作、组团——边思考边试水);至少也有可能的是"借"(借势、借力、借梯上楼,如长兴县传媒);最应反对和防止的是"假"(喊口号、贴标签,或欺上或叶公好龙)。

三是拥抱"兄弟连"。作为现代企业的广电传媒集团，从内容生产到经营拓展，加快整合的进度和力度，力防"灯下黑"，上下之间、各频之间、新旧媒体之间、采编与经营之间真正融合、抱团取暖，应当是最经济、最有效但也最复杂、最纠结的行动。

近年来，绍兴广电在具体的操作中，突出了几组"三"：

一是"三产业"：在发展思路上，唱响"稳固主导产业，拓展延伸产业，尝试关联产业"。绍兴台（集团）立足于广电品牌，7家公司已注册成立。绍兴广电贴近消费终端发掘增长点，实现赢利模式的多元化，其中教育培训项目与上市公司浙江美盛文化创意股份有限公司签约，2015年7月如期开班；云生活文化传播有限公司依托新推的《四季农家乐》栏目，线上线下互动，延伸、打造我市农副产品同城O2O网络销售综合平台；广电报业公司与民营资本合作，切入养老产业，成立老爸老妈养老服务有限公司，除了引进民营资本为大股东外，还首次尝试管理层持股，广电报社总编辑转变事业身份，个人出资成为公司第三大股东。

二是"三结合"：在经营模式上，尝试"在播、在线、在店"的多元路子，如绍兴商务电视有限公司正在打造一套图文播报、服务中介、门店直销的一体化、一条龙"云生活"。

三是"三大件"：在操作手段上，充分发挥、最大化利用广电"主持人、演播厅、直播车（无人机）"的比较优势和品牌化效能，这也是有别于报刊等其他媒体和民间性社会载体的"独门武器"。

四是"三制式"：在运作体制上，根据有利、有理、有礼的原则，独资（全资）、合资（参股合作等）或混合所有制（甚至合伙人）；在合作对象上，既有国有企业，也有民营企业甚至个人。此外，还可以关注和尝试"媒体型智库"的生产经营及产品模式。

显然，我们应当清醒地看到，辉煌了20多年包括广播电视在内的传统媒体，正在经历着一场前所未有的洗牌考验，面临着最为严峻的下行压力，而且还没找到令人眼前一亮的突围方舟——所谓的融合与转型、并购与重组，其实也从侧面反映出传统媒体行业萧条式微的现状及走势；而顺应互联网及其平台、滚滚而来的"二微一端"等新媒体、融媒体，貌似快速崛起且呈不可阻挡之势，但"烧钱不见钱"的跟风行为仍将持续。作为渐入"寒冬"行业的从业人员，虽然看到、听到、感受到各种焦虑、不安甚至游离、出走，但我们必须积极有为，整理思绪，抱团抢滩，继续探求应对之策、发展之路……

(作者单位：绍兴广电总台)

媒体发展新格局下市县级广电媒体发展初探

王 艳

风起云涌的互联网、移动多媒体等新媒体的迅猛发展,不断冲击着广电媒体的影响力优势和市场份额,尤其是2014年以来,从央视到各省级卫视,广告营收入大幅下降,作为我国四级广电媒体网络最底层的市县级广电媒体,面临着更加严峻的挑战,面对的困惑也越来越多。

媒体发展新格局下,市县级媒体究竟怎样才能突出重围,走出一条适合自己的发展之路?项城广播电视台通过不断创新途径积极寻求破解之举,进行了一系列探索实践。

一、频道功能化

传统媒体遭遇的危机本质上是服务能力的危机,是服务大局、服务用户、服务市场的能力跟不上社会的发展、技术的进步和用户的需求。为此,项城广播电视台积极进行战略布局,在频道功能化上下功夫,通过强化频道个性化特征,扩大自己的观众人群和社会影响,以此达到受众细分、精准传播、加速大数据收集的目标,从而更好地履行社会责任,服务社会需求,把市场做大、做强。

2015年年初,项城广播电视台在原有的两个频道——新闻频道和生活频道——的基础上,开辟了影视剧频道和房产频道。新闻频道以服务市委市政府大局、贴近民生为主导,做大做强新闻,进一步彰显市县级媒体的权威性;影视剧频道以全天八集连播剧场等强大的连续播出阵势,成为中老年群体热衷的高收视频道,以期赢得尽可能多的市场份额,扩大对观众的影响;生活频道涵盖了贴近老百姓生活的吃、购、游、娱、农等内容,为城乡受众提供服务;房产频道以繁荣项城房地产服务市场,满足目标用户需求为核心,为商家提供展示商品的机会,同时也帮助对"住"有需求的消费者选择质量有保证、口碑好的产品,实现高度匹配。

四个频道定位明确、特色鲜明,使内容和形式都具有了显而易见的不容置换的个性,并分别承担着不同的服务功能,培育了各自忠实的受众群体,收到了良好的社会效应和品牌效应。

二、新闻本土化

受众最关心的就是本地发生的新闻和发生在自己身边的新闻,在媒体发展新格局下,要争取受众就要努力做大做强新闻,实现新闻的本土化,使新闻更符合受众的需求。围绕着项城市委、市政府的中心工作,项城广播电视台立足于自己贴近受众、接地气的天然优势,在新闻频道打造了总容量 100 多分钟的新闻节目带——《项城新闻》《民生报道》《直通镇办》《民生直通车》,从党政宣传到社会民生,从职能部门到乡镇一线,既反映热点焦点,又贴近百姓生活,大大提升了新闻的广度、深度和温度,受到了民众的高度认可。《电视问政》栏目通过暗访调查,邀请相关部门走进演播厅,现场解决实际问题 1000 多件(次),充分发挥了疏导社会矛盾的作用。《帮女郎》等帮忙类节目则以为民众排忧解难为宗旨,关注社会热点,反映民众问题,获得了良好的口碑。

身在基层,脚在一线,只有将新闻触角延伸到百姓生活的最前沿,才能赢得受众。因此,做接地气的新闻,是市县级媒体拓展融合之路的根本。

三、栏目服务化

从"内容为王"向"服务为王"转变,重点突出服务功能,可以说是市县级媒体在新媒体环境下拓展产业的基础,因此栏目的服务化功能尤为重要。项城广播电视台以深植于本地的金牌栏目《乡里乡村》《第一消费》和《快乐时光》等栏目为发力点,积极转型,实现了从"拉赞助做节目"到"聚用户做服务"的根本性转变。

针对生活频道的功能定位,2015 年 6 月,项城广播电视台将原新闻频道的纯服务型栏目《第一消费》划归生活频道,使其真正成为一档商业服务型栏目。该栏目以"全城大放价"为特色,提供家具、家电、美食等优惠信息服务,并通过主持人带领观众实地体验消费,突出节目的参与性、互动性和服务性,使受众从看节目转为积极地参与到节目当中,在助推商家品牌同时,让消费者放心、实惠地消费。半年来,该栏目成功举办营销活动近 30 场,通过 App、微信公众平台为消费者提供权威推荐、优惠券申领等个性化服务,月访问量达到 10 多万人次,已成为项城百姓信赖、具有影响力的《第一消费》平台,月创收达 10 万元以上。与此同时,依托栏目入口,《乡里乡村》栏目成立了打工服务社,开展求职、招聘等业务;《快乐时光》栏目则成立了小记者团,开展小记者的各类线下活动并呈现出良好的势头。

四、活动线下化

线下活动是市县级媒体发挥贴近性优势的重要手段。线下活动既可以提供服务、带动口碑,又可以实现受众的参与和互动,还可以为商家提供线下推广平台。看准时机,把握商机,项城电视台以栏目与线下活动相结合,收到了线上线下互动的效果。新闻频道以其高权威性和影响力,打造了最美教师评选公益活动、创业英雄、暖冬行动等线下活动。这些活动大力弘扬正能量,动员全社会的力量,推进至善至真的城市理念,使本地文化与人文精神在新时代的基调下发扬光大。生活频道在往年团购节的基础上,不断吸纳品牌资源,联合厂家打造了净水机节和美食节等活动。影视剧频道依据中老年群体的特点打造的送健康活动暨系列孝文化评选活动开展得红红火火。房产频道联合知名房地产举办的购铺节、房产粉丝节,不仅吸引了众多的购房客户,同时还吸引了众多品牌建材商加入其中。2015 年 12 月 1 日,联合房地产粉丝节,以少儿栏目为依托,项城"春晚"海选正式拉开了序幕。与此同时,农资展、厨艺大赛、婚博会、家装节、年货节等一系列节日品牌将接连上演。

项城广播电视台以活动线下化,打造出了新的节日品牌,形成了新的经济增长点,由此也拉动了消费者巨大的消费潜能,在创收的同时,更有力地推进了市场的良性发展。

五、平台现代化

在现有传播渠道的基础上,项城广播电视台不断开辟新的传播阵地,加快融合的步伐,占领新媒体阵地,建立项城广播电视网,先后建成了掌上项城、微信公众平台、项城手机台等五大新媒体,并使之成为用户参与内容生产、互动传播和用户社群经营的为电视受众服务的平台。项城手机台上线以来,累积用户数据超过60万户,用户通过手机下载客户端即可获得项城市政府、社保、农业、交管、教育、社区服务等种种百姓关心的民生信息服务,使国内外的项城人得以随时随地关注家乡的变化,了解家乡的信息。

媒体发展新格局下,市县级广电媒体的发展任重而道远,这是前所未有的挑战,更是时代赋予市县级媒体的政治使命和社会责任。只要我们在政治上坚持主流价值,在实践中实现服务传播,在变革中充分利用新媒体,就一定可以在激烈的媒体竞争下赢得广阔的发展空间。

(作者单位:项城广播电视台)

盘点广播产业经营的好案例

崔忠芳

广播媒体的进化,与实业的发展结合得越发紧密,广播媒体不再是单纯的难以精确统计效果的传播平台,而是有了新的利益捆绑和价值捆绑,甚而与实业经营互相介入。从资源整合与品牌释放的角度而言,这是一种集约化的生产方式。

多元化产业发展是电台解决收入单一问题的必由之路,推动产业链延伸、价值链提升是全国各电台在 2015 年的工作重点。

广播产业的推进必须进一步健全公司法人治理结构,完善考核激励机制,提升企业经营管理水平;必须完成资源整合、业务调整等工作,积极发掘和扶持文化产业优质项目,切实提高投资收益水平,实现企业的良性发展;必须提升产业发展思路,全面搭建依托平台、面向市场、服务大众的现代化多元产业发展格局。

一、打造节目产业链

在广播经营中,目前主要还是依靠广告经营渠道,还没有形成复合型的产业支撑。在过去几十年的时间里,广播媒体积累了不少成功的经验,也储备了不少业务资源。加长节目产业链条是做大做强广播产业的一条必由之路。

北京电台在产业上一改过去和广告结合的传统模式,聚焦音频产业链,在上下游进行拓展。北京电台成立了三家公司,有主打广播购物的购物公司,主打旅游活动的营销公司,以及音频版权公司。此外,北京电台还成立了两个基金 PE 和合音投资,专注于文化产业,尤其是音频产业链。

济南电台广播产业链的布局也初显成效,济南广播传媒公司已经运行,"围绕主业,用足资源、拓宽渠道"已成为频率的共识。

《家住济南》《我要去旅游》等服务类节目已经和市场对接,正在深挖运营潜力;交通广播、Music88.7推出会员俱乐部式服务项目,实现了电台自身变听众为消费者的诉求,济南交通广播的第一家审车服务厅也已经开始营业;广播购物、节目销售、社会培训等多元化经营品种也已经全面铺开。

山东广播经济生活频道与山东省及各市的经信委联合推出了"生活智慧脱口秀"节目《身边有你大不同》,创立"名家、名企、名品"品牌宣传新模式,邀请多家著名企业负责人走进直播间。依托这一平台,节目尝试打造针对企业的线下活动品牌,目前已取得了良好的效果。

山东广播经济生活频道还与山东中西医节目学会合作开设《名医大讲堂》,并启动了"名医走基层,健康三下乡"活动,从线上赞助播出到线下活动推广,力图实现产业链条的价值。

二、构建产业平台

随着竞争的加剧,媒体为了自身的生存和发展,将吸收汇聚越来越多的产业要素、市场因素。这种卷入并不仅仅在于竞争规模的不断扩增,而且还包含了产业结构的整合与优化。

黑龙江人民广播电台走出了一条具有鲜明特色的产业发展之路,其产业发展主要由产业经营、产业管理两部分构成。产业经营方面包括传统的广告经营和新兴产业,两者构成了黑龙江人民广播电台产业的五大业务板块——以广电广告公司为主的传统广告经营板块,以龙脉影艺公司为主的声音产品与动漫生产配音板块,以黑龙江人民广播电台之声公司为主的旅游、会展、演艺板块,以瑞科数码公司为主的新媒体业务开发与应用板块,以云绿公司为主的绿色农产品销售与会员制配送板块。

黑龙江人民广播电台的经营领域现已拓展到广播剧、动漫配音、文化旅游、电子商务、绿色食品、教育培训、婚庆、演艺会展等新领域,产业内容多元化、立体化格局逐步形成,产业结构进一步优化。截至2014年年底,龙广广告收入实现4.3亿元,其他产业(不含广告)实现产值1.1亿元,传统广告产业与新兴产业配比调整为4∶1,产业发展布局更为科学,持续性和竞争力得到显著提升。

天津电台的产业项目——北方调频新传媒有限公司承揽了天津电台10套广

播节目的外销业务,同时进行跨区域经营合作。

北方调频新传媒有限公司整合天津电台各频道的名牌节目,涵盖了新闻、专题、音乐、文学、曲艺等内容,通过帮助合作方搭建网络传输和播出平台、提供节目而获得经济收益,目前已经在河北保定、涉县、甘肃岷县、临夏、敦煌、陕西宁强、略阳等地落地播出。

一城社区网站则设置了"买房帮你办""阿唐带你去买车"、"人人爱理财"、"缤纷购物秀"、"百医百顺"、"养生保健"、"乐活天津"、"家装世界"等板块,整合全台可经营性节目资源,建立网络广告发布系统。此外,各频率还依托节目开展活动营销,如经济广播的《枫叶正红》栏目联合中华遗嘱库天津分库举办讲座;音乐广播联合相关商家举办"父亲节'爸爸走起来'健走"活动,通过与合作者的营销分成拓展赢利空间。

2015年上半年,佛山电台推出高铁足迹移动互联网平台,它是结合当地旅游机构和优质旅游资源共同打造的一个O2O旅游平台。南广、贵广高铁线路开通后,由佛山电台发起,号召两条高铁线路沿线的城市电台一起构建"粤桂黔高铁广播联盟","高铁足迹"就基于此联盟而建立。

三、实现多元产业并进

互联网思维下广播的破局,可以活动为原点,充分整合跨界资源,拓展广告经营空间,实现广播与听众、广播与市场、广播与新媒体的勾连互动。未来,广播活动还会有不断扩容的可能,因此,广播更要聚合不同行业的客户,充分利用媒体的传播力,去探索广播的未来。

广播产业离不开制播分离,节目的制播分离催生了广播节目制作专业公司和广告传媒企业,频率或台在制作与经营上的分离,促使把广播产业从内容制作、经营延伸到了新闻出版、金融、房地产、旅游、汽车、演艺会展、酒店经营等更加宽广的领域。

在多元化经营方向,中央人民广播电台打造了一个传媒产业集群,既涵盖广告经营、节目产销、演艺经纪、音像出版等传统广播衍生业务,更全面布局新媒体、媒体零售、高速公路广播、投资等具有高成长性的新兴业务,其持续稳定的收入增长成为其事业发展的造血机。

湖北交通广播楚天交广信息传播有限公司2014年上半年以车展为契机,推广拥有自主产权的呼叫中心软硬件系统,并与长春台签署工程合同,开启了呼叫中心面向全国的商业推广之路。此外,该公司还提出了交广平安保险、汉口北汽车大世界、汽车快修保养连锁店等七大备选产业发展项目建议,为未来延伸产业发展提供了方向。

无锡广播在产业经营方面进行多元拓展、多维度发展,积极延伸广告产业链,先后举办了中国(无锡)国际汽车博览会、"全城大囍"无锡广电结婚产业博览会、车友嘉年华、无锡广播家居建材团购大会、汽车音乐节、车友家电节、广播新年音乐会、感恩购车节、家居建材万人团购大会等一系列大型品牌会展与活动,社会反响强烈,市场效益良好,从而进一步提升了无锡广播的品牌影响力和社会传播力。

天津电台依托交通广播成立了天津交广广播传媒有限责任公司,与相关行业合作,举办汽车模型展、汽车展、汽车俱乐部等活动。此外,天津电台还依托相声广播创办了"天津首届原创相声大赛",从2009年起全面运营相声演出,获得演出经纪收入,组织各种相声演出100多场;同时联合天津8家相声茶馆建立"津味相声连锁店",相声广播参与经营其中的两家特色店,通过此项尝试介入餐饮服务业。小说广播则邀请全台著名播音员、主持人录制了一系列小说,成为音像制品外销大户。

面对新媒体,传统媒体只有用"归零"的心态重新审视自己,才能找到突破口。广播人需摆正心态,在冷静接受传统媒体"呼风唤雨"时代终结的同时,保持乐观,坚定信念,沉下心来做好自己。不管新媒体市场如何风起云涌,广播媒体依然有其生存空间,只是竞争会更加激烈。广播机构只要与时俱进、转型升级,就不会被时代大潮抛弃,依然会拥有自己的广阔天地。

(作者单位:《中国广播影视》杂志社)

"两微一端"下我国传统广播的现状与发展[①]

曾凡斌　玉凤

一、引言

广播,以声为载体的媒介,也是最早的电子媒介,在诞生之初就获得了天然的发展活力,它打破了信息传播在时间与空间上的限制,给人类传播带来了巨大的变革。在我国,广播的发展历史可以分为六个部分:在旧中国,诞生之初的广播主要以播新闻为主,只是"新闻的有声形态",单纯作为媒介在使用;新中国成立后,广播开始自己采写新闻与评论,成为真正的媒体;20 世纪 80 年代,以"珠江模式"为代表的广播开始发展出自己的特色,并获得了快速的发展,因而"珠江模式"具有里程碑的意义;80 年代后期,广播受到来自电视媒体的冲击,迎来了它的第一个寒冬;90 年代后,随着汽车保有量的上升,广播探索出了为汽车保有者提供专业化信息服务的发展道路,重新焕发出生机,这一时期也是广播电台发展最为成功的时期。在新媒体快速发展的当下,广播媒体似乎将要迎来它的第二个寒冬。

与新媒体的融合是传统广播新的尝试,许多广播电台已经在微博、微信上开设了自己的微博号、公众号,也建立了自己的客户端。但是,早在 2012 年,就有学者指出网络广播存在着很多的缺陷:受众群体不成规模,赢利模式不够成熟,广播内容同质化,风格定位与受众定位差异小。[②] 与此同时,根据央视—索福瑞的全国中心城市收听率调查,2014 年上半年比上年同期人均收听时间下降了 4 分钟,这样的

---

① [基金项目]:教育部人文社会科学研究青年基金项目"互联网使用时间、使用方式对现实政治参与的影响"(项目批准号:12YJC860052)。
② 周小普、韩娜:《我国广播电视新媒体发展现状及未来趋势》,《国际新闻界》2012 年第 12 期。

下降态势在一天内各个时段都有所体现。对比近三年的数据,收听率的下降是全天候的,早高峰、午间、下午时段降幅明显①。一边是与新媒体融合的缓慢发展,一边是收听率的下降,广播媒体如何保持自身长久、持续的发展,是当前乃至未来几年需要探索的问题。

作为传统媒体,广播电台面临的新媒体的冲击相对于报纸与电视要小得多,但是不少业界人士已经开始对广播的发展忧心忡忡,如何在移动互联网时代焕发新活力成为当前广播行业的主要研究方向。在新媒体融合的问题上,广播媒体也做出了多方面的探索。2003年,我国手机广播业务开始出现,广播媒体与电信运营商合作,为用户提供语音服务;网络广播电台通过客户端向手机用户推广,利用移动通信网络实现收听与点播功能;甚至在手机中植入芯片,以移动多媒体广播网络为平台实现节目的传输。②除了传统的广播媒体,新媒体的发展更是带动了无数独立广播新媒体的成立,如蜻蜓 FM 电台、豆瓣电台、微电台等,广播行业的发展呈现出多样化的发展趋势。然而,广播的新媒体融合之路并不成功,其转型存在着较为严重的问题,如忽略用户群的转移和用户习惯的变化,受众市场细分不精确,机械的数字化媒体融合等。③

在转型失败的基础上,不少学者针对如何将广播媒体与新媒体成功地加以融合也进行了探索。有研究指出,广播应当发挥其音频内容制作上的优势,坚守补缺型的生态位置,以本地化和服务性内容的生产扩大作为其核心价值的伴随性与互动性。④有学者认为,广播必须朝着多元化、市场化的方向发展,以满足用户的多元需求,还要创新节目的内容与形式,发展出自己的品牌特色,同时体制机制的改革也必不可少。⑤也有学者提出要以用户为中心,提供个性化定制服务,以精准推送的营销手段并结合社交网络的用户使用依赖性,真正实现传统广播媒体的转型发展。⑥

在过去的研究中,学者们大多是针对新媒体与传播广播媒体的融合发展问题,主要针对新媒体与广播媒体本身。然而,移动互联网的发展带给广播媒体的影响

---

① 单文婷、刘佳:《新媒体时代的广播发展:追随者 or 引领者》,《视听界》2014 年第 9 期。
② 周小普、韩娜:《我国广播电视新媒体发展现状及未来趋势》,《国际新闻界》2012 年第 12 期。
③ 沈婷:《新媒体环境下广播媒体如何绝处逢生》,《中国报业》2015 年第 2 期。
④ 冉华、王凤仙:《从边缘突破:移动互联网环境下广播媒体的融合发展之路》,《新闻界》2015 年第 8 期。
⑤ 阙林福:《论新媒体时代广播的创新发展策略》,《现代传播》2014 年第 9 期。
⑥ 宫承波、田园:《融合传播时代广播媒体的角色更新路径探析》,《中国广播电视学刊》2014 年第 5 期。

不仅仅在于如何融入新媒体,更在于如何在移动社交网络中争得自己的生存之地。碎片化阅读是移动互联网时代带给传统媒体的巨大挑战,如何利用移动社交网络补足广播媒体自身的基因缺陷,走出广播媒体发展的困境,是一个更具有现实意义的研究问题。

因此,本研究将着眼于当前用户使用最多、影响最大的"两微一端"(即微博、微信、客户端),以此为基础,分析我国广播媒体在移动互联网时代的现状,探析其未来发展的可能性。

二、"两微一端"简介

2010年被称作中国的微博元年,此后,微博迅速在中国的社交网络上占据领先地位,并发展成为中国最有影响力的媒体之一。一种传播媒体普及到5000万人,收音机用了38年,电视用了13年,互联网用了4年,而微博(特指新浪微博)只用了15个月。① 此后微博持续快速发展,影响力与日俱增,根据中国互联网络信息中心(CNNIC)第36次中国互联网统计报告,截至2015年6月,我国微博用户规模为2.04亿,网民使用率为30.6%,微博的社交媒体属性逐步得到客户市场和用户市场的认可,并逐渐成长为社交媒体领域最具营销传播效果的社会化媒体平台。[1]

在2.04亿的微博用户中,手机端微博用户数为1.62亿,占总体的79.4%,比2014年年底上升了10.7%。微博用户逐渐向新浪微博迁移和集中,中国互联网络信息中心数据显示,微博用户中,使用新浪微博的用户占69.4%。根据艾瑞网微博博客排名数据显示,新浪微博的覆盖数UV为42500,浏览量PV为2500,远远高于其他微博博客。因此本文主要集中对新浪微博的广播媒体进行研究。

随着互联网的飞速发展和智能手机的普及,作为即时通讯的微信目前已经成为中国用户最多的社交类平台,它为智能手机移动终端提供了跨通信运营商、跨操作系统平台的语音短信、文字、视频及图片的服务。微信具有"既公开又封闭"的信息传播方式,让用户的信息有了介于私密和公开之间、更值得信赖的释放方式,②其服务插件"扫一扫"、"朋友圈"、"公众号"等搭建起了基于实际人际关系的网络关系平台,从而演变成了移动互联网发展中不可或缺的角色。

---

① 中国互联网络信息中心(CNNIC)第36次《中国互联网统计报告》。
② 白雪竹、郭青:《微信——从即时通讯工具到平台级生态系统》,《现代传播》2014年第2期。

随着人们越来越倾向于即时性、碎片化的新闻,传统的新闻获取渠道已经无法满足手机网民追求多样化新闻的需求,而手机新闻客户端凭借其快速便捷、可实时推送的阅读方式,得到了用户的认可,为传统媒体在非线性传播的环境中增加了新的传播力。一般而言,客户端本质上就是智能设备上的应用程序,是直接为用户完成某种特定功能所设计的程序,而新闻客户端就是新闻类的应用程序。[1] 据艾媒咨询(iiMedia Research)的数据显示,截至2015年上半年,中国手机新闻客户端用户规模已达到4.89亿,比2014年年底增长了9.2%,手机网民中的渗透率已达74.5%。由此可见,手机新闻客户端仍然是手机网民获取新闻的第一渠道。

三、我国传统广播创建微博、微信、新闻客户端的现状和典型应用

《中国广播电影电视发展报告(2015)》统计显示,截至2014年年底,中国网络视听产业规模为378.4亿元,同比增长48.8%。全国共有604家机构获准开展互联网视听节目服务,其中广电机构224家,占比37%。省级以上广电媒体一般都设有本台的新闻客户端,广电媒体的新闻报道也都会通过微博、微信等平台,吸引受众积极互动传播。[2] 目前,全国33个地区的500家电台已与微电台进行合作,拓展自己在网络电台上的渠道;同时,经过认证的1647家广播电台与栏目也在微博上开设了自己的官方微博;将近600个广播电台公众号每日活跃在微信上。[3]

以中央人民广播电台中国之声为例,从2010年开设微博至今,其已有粉丝1470.6万,发布微博6.7万条,每日平均发布微博37条。中国之声官微每日会根据"今天我值班"、"节目互动"、"看图"等话题推荐相关新闻与网友互动。中国之声官微在电台类新媒体势力榜上位居前列,在微信公众号方面,中国之声在新媒体指数中也位于前列。传统广播媒体的公众号发布量都不大,大部分每日仅发布1次,最高仅为3次。[4] 中国之声客户端更像一台网络收音机,目前下载量并不多,根据仅有的用户评论看,好评率不高。中国之声客户端实时更新新闻资讯,与新闻广

---

[1] 杨立、刘彧扬:《新闻客户端:网络新闻内容的整合与创新——以网易新闻客户端为例》,《新闻与写作》2013年第8期。
[2] 新浪传媒:《全国广播业媒体融合调查报告》2015年9月28日,http://news.sina.com.cn/m/gb/2015-09-28/doc-ifxie/mu0908253.shtml。
[3] 新媒体指数每日官方广播排行榜,参见 http://www.gsdata.cn/rank/detail?gid=0。
[4] 新媒体指数每日官方广播排行榜,参见 http://www.gsdata.cn/rank/detail?gid=0。

播同步,其内容包含中国之声的 5 个重点新闻节目板块:央广新闻、新闻纵横、央广晚高峰、央广夜新闻、全球华语广播网。在服务设置上,中国之声 App 并没有实现较好的用户体验。

曾经的北京交通广播电台创造了中国广播发展史上的奇迹:连续 3 年在全国广播单频率广告创收中名列第一,在流动人群中收听率达到 84.7%。[①] 作为交通广播,其听众必然是移动人群,在 2000 年左右,这些人群是整个广播行业的主要收听群体。北京交通电台的成功更多的还是因为其内容专业并提供特色的个性化定制服务,树立自己的频率品牌以及与社会建立的多元网络关系。如今,北京交通广播的官微已有 136 万左右的粉丝,每日平均发布微博 12 条,但是微博下方的评论转发与点赞数却十分少。其公众号基本每日发布 1 次,在广播类新媒体指数排行榜中位于 108 位,日平均阅读数 1229。"交通广播"是北京交通广播的官方客户端,拥有报路况、查违章、天气信息、限行信息、聊天、互动、听广播等功能,用户可以在线与其他听众一起参与讨论各类话题、与主持人互动、参与线下活动等。由此可见,"交通广播"在各方面的设置上比较完善,为用户带来了较好的体验。

上海交通广播也于 2010 年 6 月开通了微博,目前拥有粉丝 70 多万人,平均每日发布 9 条微博,其微博与网友互动的效果也并不乐观,大多数网友并没有对其信息给予反馈。微信公众号方面,上海交通广播平均每日发布 1 次,日平均阅读数 4471.7,在广播类新媒体指数排行榜中位列前 50。

同样在 2010 年开通新浪微博的珠江经济广播,已拥有粉丝 26 万左右,发布微博仅 3019 条,平均每日发布两条左右,其微信公众号每日发布 1—3 次,发布时间段不固定,较为随机。珠江经济广播与其所属的广东人民广播电台都没有创办客户端。广西交通台官方微博至今也有近 36 万粉丝,发布微博 61813 条;在微信公众号中大概每天发布 1 次,时间也较为随机,日平均阅读数 1421 次。2015 年 6 月,广西人民广播电台整合了各个电台频率,通过创办客户端"微路",弥补了广西交通台在客户端上的短板。

总的来看,传统广播媒体的单个电台频率大部分在客户端上都没有深入发展,而是依托整个电台的力量联合开发服务完善的客户端,正如中国之声所属的中央人民广播电台客户端、广西人民广播电台"微路";有的频率基于要建立自己的品

---

① 孙树凤:《北京交通广播的借鉴意义》,《中国广播电视学刊》2003 年第 10 期。

牌而创建了自己的客户端,注重用户体验,如北京交通广播;有的电台或电台频率完全没有推出自己的客户端,如上海交通广播与珠江经济广播,它们在节目形态上与内容服务上都比较拘泥于旧式的音频节目,更多的是满足收音机和车载设备前的听众,没有去深入了解移动端受众的多样化信息需求。

四、我国传统广播创建微博、微信、新闻客户端的问题与发展现状

彭兰教授认为,传统媒体天然缺乏新媒体的基因,比如不能将内容当做产品进行全面开发,对信息消费认识不充分。传统广播媒体同样也有这样的问题。正如传统广播媒体在微博、微信上创办的官微、公众号,虽然这些官微、公众号可以直接共享到微博与微信的庞大用户群,但正是由于数量庞大,广播电台的官微和公众号在如何脱颖而出、如何适应用户需求上才会遭遇新的难题。

微博作为一个弱关系社交平台,其活跃度相对于微信要低。中国之声官方微博虽然有1000多万的粉丝,但是在发布微博之后,网友、评论转发和点赞的数量并不大。其他传统广播的微博也同样如此,许多微博消息的下方并没有粉丝的回应。这些官方微博只是将传统电台上的内容进行了重复传播,因此在与微博网友互动时并没有调动起网友的积极性。

微信上的情况相对要好些,传统广播公众号推送的消息网友的阅读数与点赞数都比较乐观。微信公众号的定位是帮助媒体打造并推广自己的品牌,但广播媒体对微信公众号的运营力度仍有欠缺,大多数公众号每日发布的次数过少,对社交媒体的开发还不够深入,也没有依据用户的喜好进行更为精准的优质内容推送,这些都导致了微信用户的活跃度不高。

传统广播媒体的客户端仍然需要将内容深化成产品,提供更优质的服务,使之成为一个真正的客户端,而不只是一台网络收音机。艾媒咨询数据显示,用户在选择移动电台 App 时,最看重的是内容的丰富性,占比达72.9%;其次是操作的便捷性,占比54.2%;还有39.6%的用户关心应用的美观性,优质内容与使用体验是吸引用户的关键因素。传统广播媒体如果只是像之前那样将内容生搬硬套到微博、微信以及客户端上,并不能促进广播媒体的转型。

据艾媒咨询发布的《2015年中国移动电台市场研究报告》,预计到2015年年底,中国移动电台 App 用户总规模将达到1.8亿。虽然用移动电台收听广播的人

群规模如此之大,但是广播媒体的发展前景仍然不容乐观。因为传统广播媒体要面临的竞争不在于收听人群的下降,而在于收听人群的转移。从艾媒咨询的调查中可以看到,在2015年中国移动电台用户活跃度的分布上,位列前10的App几乎都是网络科技公司或传媒公司的产品,仅有一个凤凰FM来自传统媒体,传统广播媒体的客户端完全缺乏与之抗衡的能力。

传统广播媒体首先可以尝试用新广播媒体的思维进行媒体融合,甚至要思考得更为全面。以用户满意度最高的荔枝FM为例,荔枝FM最初并无独立的App,而是基于微信公众平台的H5网页,凭借着"微信收听电台"的卖点,借助于社交力量快速获得粉丝,这些用户成了后来荔枝FM的基础。①

在内容生产上,要UGC与PGC并重。草根主播虽然在原创性、多样性上占有独特优势,并且能带动用户参与的积极性,增加用户黏性,但与此同时,草根主播们在内容质量方面很难有保证。因此,传统广播应发挥自己的优势,以专业化的团队与思维开发出能满足用户需求的产品,如相关新闻评论、趣味资讯、行业信息等。同时要避免内容同质化的现象,立足于本土或创新开发出独具特色的节目。要将内容转化成产品,还应基于网友碎片化的信息需求对内容进行包装,包括语言、风格定位的包装,使之更富于趣味性、专业性、多样性。

提升用户使用体验,应将重点放在信息获取方面。互联网时代,信息过剩,用户要在海量的资讯中获取自己所需的信息变得更加困难。如中央人民广播电台重点打造的中国广播客户端,虽然该App设计了19种分类,但是这些分类比较宽泛,用户仍然需要在这些分类中再次筛选。目前,许多广播客户端都采用这样的点播形式。大的分类固然必不可少,但同时还需引入"标签"功能:标签选择更为细致化、年轻化,更符合年轻人的使用习惯。如荔枝FM就通过标签的选择更精确地满足了用户的需求,还可以基于标签反馈向用户推送更精准的内容。

传统广播媒体除了要重点打造客户端,还要依托微信、微博维护并扩大与用户之间的联系,拓宽自己的传播渠道,而不仅仅是将微博、微信作为一个食之无味、弃之可惜的补充媒体。通过中国之声官方微博粉丝互动的启示,传统广播媒体应该懂得如何在微博、微信上与网友进行线上线下的创新性互动,通过网友之间的影响产生"裂变"式的传播,单纯发布一个话题或新闻内容并不能吸引用户的注意,并

---

① 《移动网络电台下一个金矿在哪》,《南方日报》2015年3月9日。

使用户参与到互动中来。

　　传统广播媒体要了解用户在新媒体上的使用习惯,根据用户的日常程序安排推送时间。因此,要了解什么时候是用户的碎片时间,什么时候是较长的娱乐时间。时间的长短影响着用户的信息需求,可以增强用户的黏性。根据艾媒咨询数据显示,2015年48.3%的移动电台用户主要在搭乘交通工具或自驾时使用电台App;50%的用户在白天休息时使用移动电台;58.3%的用户每天在晚上睡觉前使用电台类App。以上三个场景均是用户较长的休闲时间,广播媒体可以针对时间的性质推送相关性较强、时间较长的内容。除了这三个场景之外,其余更多的是用户的碎片时间,广播媒体可以在微博、微信、客户端上推送一些时间短、阅读性强的资讯,方便用户吸收,填补用户的碎片时间,培养用户在碎片时间点开公众号、微博、客户端的习惯。

五、结语

　　在听众向用户转变的市场环境下,广播媒体需要重新建设与用户之间的联系。但是好的内容并不一定就能带来黏性,有时候,界面形式、用户体验、服务产品等变量的作用更为明显。[①] 实现媒体融合,首先要做好的就是内容,这是媒体的本质要求。其次是提供良好的用户服务,了解用户在什么时间需要什么样的信息,基于用户的阅读习惯与需求才能更好地将作为产品的内容传播出去。此外,传统广播媒体要走出原有的与用户互动的思维,更多地关注如何与用户进行新媒体互动,充分利用新媒体的特性吸引用户的关注。每个媒体都能制造好的新闻,但是站在这同一起跑线上,各大广播媒体要想跑入前段梯队就要增强自己的素质,不能只是照搬电台中的内容,而是要将内容看做一个产品,对它的包装、营销都必不可少。传统广播媒体也曾有过被边缘化的时期,但依赖于汽车保有量的上升又开辟出了自己的生存空间,但是互联网的发展改变了其本来的生存环境,使其未来变得更加难以预测。因此,适应时代的发展,找到自己的生存之道,才是传统广播媒体必须认清的现实。

(作者单位:暨南大学)

[①] 彭兰:《好内容不一定能带来用户黏性——新媒体时代服务思维的转变》,《新闻与写作》2013年第11期。

整合　转型　突破
——"互联网+"时代县(市)级媒体的发展之路

王志敏

"互联网+"已经成了当前最热门的词,渗透到了各个行业、各个领域,社会对大众传播手段的各类媒体融入互联网的要求更为迫切,党中央出台了推动传统媒体和新兴媒体融合发展的指导意见,中央和地方主要媒体积极探索,深化改革,不断推进传统媒体与新兴媒体在内容、渠道、平台、经营、管理等方面的深度融合,而对于县级媒体来说,挑战与考验更为严峻。如何在新形势下找准自己的发展之路,是一个亟待破解的难题。

一、改变观念,重构生态

随着新技术的出现,新的采编模式已经显现,自媒体时代,人人都是"记者",人人都可以随时发布信息,信息爆炸,信息良莠不齐;机器人也盯上了新闻业,美国西北大学开发的新闻写作机器人甚至可以写出具有个性化色彩的新闻故事,有人甚至预言若干年后,"记者"将是一个消失的职业。[1] 这绝不是危言耸听,"记者"这个职业是否会消失我们姑且不下定论,但跟不上时代脚步的记者会被媒体淘汰是肯定的。由此可见,新技术不止是冲击了传媒信息服务领域,还对整个社会组织结构和原有规制模式进行了重构。在这个重构中,县级媒体一定要颠覆性地转变观念,才能在这场大变革中实现新的突破。

县级媒体的特点是什么?和中央及省市媒体比,县级媒体层次低,设备落后,

---

[1] 黄典林:《"互联网+"如何重构传播》,《光明日报》2015年10月16日。

受众群少,信息面窄,报道水平差。不错,这些是县级媒体的不足,所以,经济实力强一些的县级媒体努力向上一级媒体靠拢,花钱购买高档设备,克隆了许多名牌节目,在某些方面也能和上一级媒体竞争。但在"互联网+"时代,这些差距好像都不甚明显了:设备都可以借助互联网,受众都可以面向世界,信息源也都可以取自全球,由此来看,"互联网+"对县级媒体而言倒是个机遇;经济条件的差异、地域的差异,不再那么重要了,在新媒体的冲击下,县级媒体应该如何顺势发展?这是一个值得深思的问题。

首先要真正尊重信息传播和新媒体发展的规律,深刻理解网络社会条件下新兴信息传播技术及其内容生产传播的基本规律,不回避信息传播生态已经发生重大变化的基本现实,推动行业的转型。在这个颠覆传统新闻传播理念的时代,所有人面对的形势都是一样的,中央级媒体要转型,省级媒体要转型,县级媒体也要转型。从这个意义上讲,各级不同的媒体都站在了同一条起跑线上,这对县级媒体来说正是一个弯道追赶超越的好机会。船小好调头,或许县级媒体还可能跑得更快。

各大媒体积极转变观念并已采取了各种举措,香港凤凰资讯台对热门话题引入"网友发言",央视多档节目在播出的同时都会在屏幕上显示二维码,受众可以随时"扫一扫"、"摇一摇",参与节目互动;《人民日报》加速推进全媒体新闻平台。[1] 在这样的大背景下,县级媒体应该把握发展的机遇,及时转变观念,积极采取应对措施,否则在新一轮的媒体洗牌中便会再次处于不利之地。

长兴媒体的重构经验就值得借鉴。早在2011年4月,长兴县委县政府就对原长兴广播电视台、长兴县宣传信息中心、长兴县委报道组、长兴政府网等媒体资源进行合并,组建了长兴传媒集团,在管理体制和运行机制上实行"三层管理"的构架和运行模式:一是党委、董事会决策管理层;二是编辑委员会、经营管理委员会业务指导层;三是根据上述领导管理体制和运行机制设置的相应职能部门操作层。长兴传媒集团创造了一个大媒体的模式。重构以后,信息源集中了,人才集中了,所有媒体资源都可以统一调配了。集团现已运作四年,效果良好。

---

[1] 光明日报媒体融合发展专题调研组:《打造强大有竞争力的新型主流媒体》,《光明日报》2015年6月6日。

二、高度整合，集聚贤才

媒体传播都由内容和手段两部分组成，新媒体冲击的是手段，而受众对内容的需求是不变的，"内容为王"的法则任何时候都不过时。但是在自媒体传播时代，信息传播的频率加快了，有时新闻发生，尚未见诸正式渠道，自媒体的各种信息已纷至沓来，各种声音都有，所以追求"时效"已经越来越困难。那么，媒体主要的传播重点在哪里呢？就是自媒体很难达到的深度和广度。具体表现在：一是要承担社会舆论的引导作用，去伪存真，决不能被网络绑架，要能发出自己的声音；二是要善于分析，做出深度，自媒体的传播者囿于自身各种各样的局限，不可能对事件的分析做到全面透彻而深刻，而专业的媒体人就应该具备这个能力，当好受众的思想引领者；三是全面辐射，做出广度。一个新闻事实，无论是亲历者还是目击者，看到的都只能是事情的表现，发布消息也只能是亲眼所见的东西，内容和视角都非常有限，但新闻报道要求的是本质的真实，眼见未必为实，所以媒体人应担负起横向、纵向拓展、开掘的责任，使受众的认识更加接近新闻的本质。如看到一起火灾，现场看到的只是火势的大小、有无人员伤亡，而起火原因、后续影响、历史同类事件对比等一些深层次的内容就需要新闻媒体人的专业能力去挖掘和分析了。

从这三个要求来看，人员素质的提升十分重要，而在县级媒体中，人员素质恰恰是一块短板（其实大的媒体也存在这个问题），尤其是分析能力高，能够整合各种信息资源做出分析判断的高素质人才奇缺，人才成了县级媒体发展的瓶颈。

人才培养不是一日之功，难以一蹴而就，善于利用当地现有人才算是可行之路。杭州文广《连线快评》栏目连年在全省全国获奖，取胜的关键就是善于发掘现有人才。他们组织了近90人的评论员智库，他们分别来自媒体、大学、政府机关、法律、医疗等领域，有"本台"的，有"本土"的，有"外援"，有"大腕"，使得不同的新闻事件都能有针对性地约请评论员，发出最权威的声音，让评论更有说服力、更容易为受众所"吸收"。其实，高手在民间，任何地方都会有一批有思想、爱思考、热心公益事业的人才，只是媒体善不善于利用这批资源，让他们去发表高论，让自己贴近受众而又可信度高。

此外，现有的媒体人一定要加快思想观念转型的步伐，在"互联网+"时代，许多媒体常见的人才构架是：传统媒体一批人，新媒体一批人，往往是"两张皮"，很难融合。要真正拥抱"互联网+",两批人都存在转型升级的问题,哪条腿短补哪条,应该人人都具有"一专多能"的基本素质。

当然,从外部招聘的举措也不是不可行,但弊端显而易见。一是当下各个媒体都在挖掘人才,县级媒体要引进高层次的人才很难(贫困地区更难);二是哪个媒体也不可能大换血,主要还得依靠自己的力量;三要防止"引来女婿气走儿子",即高薪聘来外援,和原有的人才在收入上反差太大(但没有高薪又很难引进高素质的人才),从而造成内部的不平衡。

三、两个效益齐头并进

社会效益和经济效益历来是衡量媒体的重要指标,前者是媒体存在的价值,后者是媒体存在的条件,关键是怎样把握两者之间的平衡。媒体如果没有了存在的价值,条件再好也没有意义。据了解,2014年绝大多数媒体的广告收入都大幅度下滑,就连浙江这个经济发达、广告收入在全国历来名列前茅的省份,2014年广播电视的广告总额下降幅度都很大,县级电视台的状况就可想而知了。面对新媒体和新经济的双重压力,县级媒体寻找新的发展之路更是刻不容缓。

2012年起步于温岭广播的"凡音模式"不能不说是一个成功的尝试。"凡音模式"指的是以总策划和广告总代理凡音(朱永红)为领头人的一个体制外的广播商业运营团队所创造的一种经验和模式的总称①,这种模式实际就是更高层次的制播分离新模式,其精髓可以概括为三个理念:传播方式的贴地化,传播对象的精确化,运作手段的市场化。这种模式于2012年引入温岭1036频率的实践后,获得了巨大的成功,并在三年后逐步向浙江、江苏、安徽、福建、重庆扩展。其精髓的三个理念正是社会效益和经济效益并重的关键所在。

传播方式的贴地化是县(市)级媒体应该秉承的理念,最基层的媒体拼什么?是拼高端、拼创意,还是拼高科技?你的信息源、人才力量、设备技术根本达不到,剩下来的是什么?就是拼贴近。全国媒体也好,省级媒体也好,它们的受众毕竟人多面广,因而它们很难做到处处到位贴切,而县(市)级媒体的受众地域集中,风土民情基本一致,采编人员都生活在群众中,很容易第一时间抓取到第一现场的信

---

① 徐洲赤:《"凡音模式"下的广播载体:控制的尺度》,转引自《中国广播新力量》,中国广播影视出版社2015年版。

息。当地最及时、最权威的新闻当然应该出自县(市)级媒体,这就是最容易做到的"贴近"。

　　传播对象的精确化是媒体对受众的精准定位。县(市)级媒体受众人数少,还要不要受众定位呢?当然要,因为每一个受众都是有不同需求的,如果让受众从纷繁复杂的信息中去过滤自己需要的内容,便会大大降低信息的传播效率。媒体将内容定位准确了,就好像图书的分类,受众便可以清晰地了解自己需要的内容在哪里,从而大大提升传播的社会效益。凡音团队的成功也正是基于这一点。他们一进入温岭就精准定位在交通广播上,并严格规范了自律和他律,很快便具有了较高的收听率。

　　运作手段的市场化是运作的支撑。今天,商业价值已成为衡量媒体价值的一个重要标尺,没有商业价值,政治价值便难以体现。凡音团队把经济效益放在了三足鼎立的支撑点上,承包节目后,通过社会资金和广告的注入,对整个频率进行改造、整合,在此基础上实现了频率的专业化。"凡音模式"的关键在于形成良性循环,即节目质量越高,定位越准确,吸引广告的能力越强;反之,则相互抵损。但是,由于播出风险仍在媒体,所以媒体还应有监督和制约的权力,以免顾此失彼。

(作者单位:浙江传媒学院)

论区域广播电视的协作融合与产业发展

曾静平

进入"互联网+"时代以来,传统广播电视尤其是区域广播电视的产业发展受到各方挤压。一方面,中央级广播电视台、省市级卫视的大范围覆盖强占着传统广播电视领域的大量市场份额;另一方面,以互联网(包括移动互联网)为主要形式的各类新媒体"巧取豪夺"各个受众人群,强力挤占传统广播电视等媒介的产业市场空间。

为了错位发展,区域广播电视产业需要打破既有思维范式,谋求广播电视台之间的协作融合,组建"互联网+"时代的产业突进品牌,以品牌联盟和品牌延伸为依托,创建既具有区域特色又可以时刻相互呼应的广播电视网站,适应时代需求,发力突进媒体购物产业,延展、壮大广播电视产业链条,为我国区域广播电视产业的发展杀开一条血路。

一、区域协作

20世纪90年代中期,以中国足球为主题的地方电视联盟制作的节目《中国足球报道》(后改为《足球报道》),充分利用了北京、上海、广东、辽宁、山东等拥有甲A足球队的电视台的地域优势,播出时间在每周日和周四晚上甲A足球赛事之后,与中央电视台体育频道同一档期的王牌栏目《足球之夜》分庭抗礼。光线传媒的《中国娱乐报道》(后改为《娱乐现场》)也整合了全国各地的区域性广播电视节目资源,做得有声有色。

进入21世纪以来,各种类型的区域广播电视联盟(或称为"协作体")呈雨后春笋之势纷纷出现。北京市顺义区广播电视中心发起,联合北京市昌平、通州、石景山、大兴、平谷、怀柔、密云等区县,天津武清、宝坻、蓟县等县以及河北三河、廊坊、承德等市成立了"京东广播电视联盟",在节目创作和产业联动协作层面收到了一定成效。2009年6月,"赣粤闽湘四省九市区域广播电视协作体"在江西省赣州市成立,标志着由协作体各方共同搭建的广播电视节目与产业发展平台进入到实质性操作阶段。

无论是哪种类型的联盟或者协作体,都是为了壮大自身实力,提高广播电视品牌的核心竞争力。那么,广播电视协作体的核心、竞争力究竟体现在哪些方面呢?

一是相邻相近的人文背景。大多数广播电视联盟都是相同地域(区域)的行业协作。这些广播电视台平日彼此往来频繁,业务安排上有着诸多相似之处,加上方言、饮食习惯、服饰穿戴、民俗起居等基本一致,地域文化一脉相承,这些,无疑为它们之间的深度合作打下了良好基础。

二是急迫的扩张需求。从当前中国广播电视产业的发展现状与竞争格局考察,广播媒介市场基本上是省级电台的天下,而电视媒介市场则可谓"三家分晋",即中央电视台长期占据着三分之一左右的市场份额,30多家省级卫视分割着三分之一左右的市场份额,其余三分之一左右的市场份额则由2000多个地面频道弱肉强食。无疑,区域广播电视的产业发展面临着"双重压力",必须通过建立区域广播电视协作体来抱团取暖、壮大实力。

张振华教授认为,当下的区域广播电视联盟,是一种"自由恋爱",有着自发、自愿、自主的特点,其目的与着眼点都在于解放和提升生产力,在某种意义上带有调整广电生产关系的色彩,代表着我国广播电视产业拓展的发展方向,有着强大的生命力。

二、电视购物

自1982年全球第一个电视购物机构在美国佛罗里达州诞生以来,电视购物这种新型的购物形式便在美国大陆迅速推广,并陆续在欧洲、日韩、中国大陆及台湾地区等地成功繁衍。

作为最近30多年来出现的一种全新购物方式,电视购物不仅让人们感受到了前所未有的消费模式,也引起了经济界、管理界、物流界、广播电视界、互联网等社会各界的极大重视。我国电视购物市场发展迅速,为活跃市场、扩大内需和调整经济结构、壮大广播电视产业发挥了积极作用。2008年,中国电视购物市场规模约为100亿元人民币,2009年,这一统计数据增长到了230多亿元。2015年,中国电视购物销售总额将超过3000亿元人民币。2010年,中国诞生了两家营业额超百亿的地方广播电视集团——上海文广新闻集团和湖南电广传媒集团。毋庸置疑,这两家电视购物公司的杰出业绩贡献了相当大的营业份额。

这几年,各类资本和境外管理者纷纷进入中国电视购物市场。韩国和我国台湾的电视购物管理者被很多中国公司奉为上宾,进入了核心管理层。韩国CJ、GS在中国大陆不断开辟市场,美国QVC也表现出浓厚兴趣,日本和欧洲的一些国际化集团公司也在寻求或已经开始与中国电视购物企业进行合作。除了既往的两家上市公司——橡果国际和七星购物,还有好几家电视购物公司也在谋求上市,以争取更多的资本注入。

2011年,全国广播电视台都在争先恐后申报国家广电总局的电视购物经营许可证。迄今为止,已经有中央电视台、中央人民广播电台、中国国际广播电台等三家中央级机构和北京、上海、重庆、广东、湖南等34家省市级机构获准经办居家购物频道。

这些居家购物频道遵循市场规律,有着严格的商审制度。它们将电视购物作为广播电视的品牌加以延伸,规范服务,健康经营,有序发展,坚决打击和杜绝假冒伪劣产品,逐渐成了消费者最为放心的生活伙伴。

纵观全球电视购物市场,无不以产品研发、技术创新为要义,顶级电视购物企业的研发投入一般为其年利润的15%左右。美国电视购物商品种类繁多,从几美元一件的背心到两三千美元一套的电脑、音响,从十几美元一袋的狗粮到几百美元一架的健身设备,几乎无所不有。这些产品绝大多数由供货商按照电视购物公司的要求专门设计和制作,独特新颖。世界上最大的电视购物运营商——美国克维思电视购物公司(QVC)由专业设计师平均每星期推出250种新产品款型,再由世界各国的"精品"制造商精心制造。在中国,美国克维思电视购物公司最早便在香港设立了办事处,后来又在深圳和上海安营扎寨,将其设计的样品交给中国企业去"贴牌"生产,每年从中国采购的产品价值超过10亿美元。

韩国CJ电视购物大本营有将近500人的研发团队,还在北京和上海建立了研发中心,密切关注哪些中国企业适合韩国的电视购物,再多层次地寻求与中国企业的合作。世界排名第三的韩国LG电视购物(现改名为GS电视购物)有一个专门的研究开发团队,全心全意服务于电视购物产品的设计与开发制作,这类产品只面向电视购物市场,与LG集团的传统销售渠道无关。

我国电视购物的产品研发几乎处于空白状态,只有橡果国际、七星购物和安比信家庭购物等少数几家企业有专业研发团队。2006年扫荡"黑五类"大行动时,很多电视购物机构惊慌失措,而重视自有品牌研发、追求技术创新的橡果国际却处乱不惊,不仅丝毫未受影响,反而逆势上扬,凭借的就是自有产品的核心竞争力。橡果国际公司成立10多年来,先后研发出背背佳、好记星、氧立得、安耐驰、紫环等8款令消费者经年爱不释手的产品。

我国电视购物要谋求质的跃升,首先要提高产品创新的意识,勇于投入,明白"大投入方有大产出"的硬道理。Jupiter是日本电视购物的头号大牌,其立足的秘诀就在于重视产品创新,从而掌握了日本零售市场的脉搏。日本女性是全世界最精明、最挑剔的消费族群,她们崇尚跨国名牌,在她们中间时尚周期很难维持到6个星期。针对日本风尚转变迅速的特点,Jupiter每周推销700件左右的商品,其中有半数是拥有自主知识产权的新品。在当前我国电视购物研发空白的背景下,大名鼎鼎的中视购物、湖南快乐购物、上海东方购物等应该做市场调研与自主产品开发研制的表率,加大自有产品、专利产品的研发力度,避免中国整个电视购物市场忽而手机大世界、忽而手表大卖场,时而内衣性感大展示、时而丰胸美乳大比拼等千篇一律、全国雷同的局面。[1]

综合剖析我国电视购物的发展进程与运营特点可以看出,电视购物实际上是广播电视媒体实施品牌战略、拓展产业渠道的体现。如果电视购物的经营主体本身隶属于电视台,像中视购物、湖南快乐购物、上海东方购物等由下属产业开发公司来运作项目,那么,这种购物方式便是消费者在充分信任电视品牌的基础上,对电视媒体品牌延伸经营的认同。此时的电视购物,是品牌扩张的产物,是电视媒体品牌的副品牌。如果电视购物的经营属于专业电视购物公司或者直销公司,就需要从品牌联盟的角度来考察。品牌联盟是指企业之间为了品牌以及更长远的发展和进一步拓宽市场,而与其他恰当的品牌建立的互利互惠的伙伴关系,以提升企业品牌资产,并利用杠杆作用使品牌资产最大化。[2] 电视媒介的品牌联盟就似麦当

---

[1] 参见曾静平:《中国电视购物版图重构与发展畅想》,《媒介》2014年第1期。
[2] 宿春礼:《全球顶级企业通用的10种品牌管理方法》,光明日报出版社2003年版,第174页。

劳和可口可乐的联盟、固特异和奔驰的联盟等范式，讲求的是强强联手、共赢壮大。①

三、广电网站

随着"三网融合"的推进和"4G"时代的到来，我国区域广播电视产业亟须借此机会壮大自身实力，在"三网融合"中谋求主动、突出重围，利用"4G"技术推广的绝佳机遇，大力发展广播电视网站，适时增强对广播购物、电视购物、网络购物和新媒体购物等"大媒体购物"的开发与管理，使之成为区域广播电视产业强势勃兴的突破口。

1. 我国广播电视网站蕴藏着莫大机遇

我国的广播电视网站起步较晚，在1994年中国接入互联网两年之后，1996年12月中央电视台创建了央视国际网络的前身——中央电视台国际互联网站（2008年4月更名为"央视网"），成为我国最早发布中文信息的网络媒体之一，并于一年之后列入中央重点新闻网站，成为新闻媒体网站的国家队。1998年8月，中央人民广播电台网站注册开通，2002年1月1日正式更名为"中国广播网"。1998年12月26日，由中国国际广播电台主办的"国际在线"正式亮旗树帜。进入21世纪之后，全国各地的广播电视台逐渐意识到媒体网站的特殊价值，开始陆续建立自己的网站，拓展业务经营空间。

2007年年底，国家广播电影电视总局和国家信息产业部联合发布了第56号令《互联网视听节目服务管理规定》，从此明确了视频网站的管理归位，为视频网站的健康有序发展、实现行业自身的优胜劣汰，创造了条件。这也是媒体网站特别是广播电视网站取得突破性、跃进性和集约化发展的绝佳机遇。

央视网自2006年4月底全新改版后快速发展，对北京奥运会、伦敦奥运会的新媒体转播更是名利双收，为我国广播电视网站的建设与发展起到了示范作用。央视网大步跃进的根本就是在充分调研的基础上，收回了全台各个频道和栏目与其他网站的合作，"召回"名记、名编、名导、名主持的"博客播客"专栏等资源，最大限度地实现了电视台与网站的"珠联璧合"。在国家有关方面的关心和支持下，以央视网为基础的国家网络电视台呼之欲出。

---

① 参见曾静平：《论区域广播电视协作体电视购物运营模式》，《南方电视学刊》2009年第4期。

2. 电视购物将为区域广播电视产业带来后发优势

电视购物是一个动态、宽泛的概念,目录购物、电话购物、广播购物、网络购物以及新媒体购物都属于其研究范畴。确切地说,"三网融合"后,电视购物是名副其实的"大媒体购物"。

据统计,目前我国电视购物所占零售市场的份额还不到0.1%,而韩国约为4%,美国接近8%。中国电视购物蕴藏着5000亿以上的市场空间,并且有着巨大的增长潜力。若将网络购物、广播购物、报纸杂志购物和新媒体购物统计在内,我国的"大媒体购物"市场将在可期的时间内超过1万亿的规模。

我国区域广播电视产业若以广播电视网站和"大媒体购物"为突破口,前景将一片光明。如果广播电视网站建设达到一个新的境界,协助与配合电视购物,有关管理机构能够针对电视购物进行"制度创新"(中国广播电视协会正在积极制订与推进的电视购物节目标准,就是很好的尝试),积极引导,科学监控,做到电视购物频道与购物企业"品牌创新",改进节目形式,增大产品研发力度,那么,电视购物必将成为我国广播电视产业腾飞的"金翅膀"。[①]

四、发展模式

在大媒体竞合环境中,准确把握大媒体的内涵与外延,积极直面新媒体的发展状况特别是音视频新媒体的快速发展状况,从政策法规的制定、技术融合、内容整合、节目栏目创新等方面适应新形势,构建区域广播电视协作融合发展的全新品牌,形成集群品牌效应,是目前我国区域广播电视杀出重围的当务之急。具体而言,可以采取以下措施:

第一,创建特色鲜明的区域广播电视协作融合品牌网站,在"台台呼应"、"台网互动"和"台—网—台联动"的基础上,打破传统广播电视依赖单一硬广告的局限,开展报纸购物、广播购物、电视购物、网络购物等"大媒体购物",实现广播电视产业的品牌突围。

第二,我国区域广播电视协作融合创建品牌网站,开展电视购物,可以有多种多样的经营模式:既可以共同出资统一组建电视购物公司,由该公司在深度调研的

---

① 参见曾静平:《广播电视产业的突围与突破》,《中国广播电视学刊》2009年第4期。

基础上作出统一部署和整体运营方略,独立经营独立预算,风险共担利益共享;也可以选择国内外某家大牌电视购物公司进行合作,每家单位拿出一个频道或一个时间段用于经营电视购物,同一时间播出同一品牌,形成整体效应和集团攻势;还可以潜心于电视购物的某一领域如产品研发、节目制作、物流配送、呼叫中心等展开业务。

(1)公司按照国内外最先进的电视购物经营管理方式与经验,结合区域经济发展状况,组建电视购物公司,由各家单位组成董事会,董事会主席经推选产生。公司的股权依据各家广播电视台的品牌价值、资金投入、人力资源、相关网络运行、广播电视栏目节目时间投入、平面媒体以及所在地区的销售状况等进行分配。

公司将设计具有地域文化特征的标识,规划创造出响亮大气的广告语,所有的包装袋、信纸信封、公文函件都要使用整齐一致的标识和广告语,以彰显品牌价值。在具有一定品牌影响力的情况下,公司将进行资本运作,吸引社会资金的参与,聚合更多的国内外大品牌加盟公司的营销体系,强强联手,以进一步提升区域广播电视协作体的品牌形象,提高传统广播电视产业栏目、节目目标观众的忠诚度。

(2)与高等院校、科研院所等共同筹建电视购物研发中心,借鉴美国克维思、韩国CJ电视购物的成功经验,改变当前研发水平偏低、缺少技术创新、产品参差不齐的怪局与乱象,努力成为电视购物供货商的中坚力量,即时洞察观众需求,紧跟市场脉动,抢得先机,征战当下中国电视购物与网络购物的产品供货市场。

(3)接轨现代服务产业,构建"大媒体购物"平台。电视购物是一个动态、宽泛的概念,在"三网融合"完全实现之后,电视购物是名副其实的"大媒体购物"。因此,区域广播电视协作融合发展占有得天独厚的优势,尽享近水楼台之便。我国区域广播电视产业应充分利用广播电视频率、频道为主渠道,开发电视购物业务,辅之以广播电视报纸杂志、广播电视网站以及各种形式的新型媒体资源,拓展自己的产业链,开辟新的经济增长点,使之成为广播电视产业的重要支柱。

(作者单位:浙江传媒学院)

新媒体产业转型发展中的问题及对策

陈 兵

新媒体不仅在传播手段上发生了质的变化,更重要的是,它的传播形式发生了根本性的改变,从内容生产、发行到用户消费的方式都发生了巨变。新媒体作为一个新兴产业,中国与世界上的发达国家几乎站在了同一起点上,这意味着我们有机会在这一领域取得领先地位。不过,要实现这一目标,中国的新媒体产业在转型发展中还需要有全面的战略计划和切实可行的对策。

一、我国新媒体产业发展现状

当广告主争先恐后地皈依互联网这个被炒得"无所不能"的经济危机"救世主"时,3G、4G 移动互联网戴着"覆盖全球 70% 人口"的受众光环降临在我们面前,就连苹果、谷歌、阿里巴巴这些 IT 新霸主都不得不加紧对移动互联网产品的开发,于是 iPhone 新一代智能手机出现了,Andriod 新一代智能手机操作系统出现了,手机支付、微营销、App、OTO 等也粉墨登场了。我国新媒体产业近年来保持了快速增长的态势。据中国互联网络信息中心(CNNIC)2015 年 7 月 23 日发布的《第 36 次中国互联网络发展状况统计报告》:截至 2015 年 6 月底,我国网民规模达 6.68 亿,互联网普及率为 48.8%,半年共计新增网民 1894 万人,手机网民规模达 5.94 亿,较 2014 年 12 月增加 3679 万人。随着手机终端的大屏化和手机应用体验的不断提升,手机作为网民主要上网终端的趋势进一步明显。随着新媒体对个人生活方式的影响进一步深化,已从基于信息获取和沟通娱乐需求的个性化应用,发展到与医疗、教育、交通等公用服务深度融合的民生服务。未来,在云计算、物联网及大数据等应用的带动下,互联网将推动现代制造业、生产服务业和文化创意产业的转型升级。

由于移动端即时、便捷的特性更好地契合了网民的商务类消费需求,因而伴随着手机网民的快速增长,移动商务类应用成为拉动网络经济增长的新引擎。2015年上半年,手机支付、手机网购、手机旅行预订用户规模分别达到2.76亿、2.70亿和1.68亿,半年度增长率分别为26.9%、14.5%和25.0%。与此同时,搜索引擎、网络新闻作为互联网的基础应用,使用率均在80%以上,提升空间很有限。但随着搜索引擎和网络新闻在技术融合、产品创新、个性化服务方面的不断探索,未来几年内在使用深度和用户体验上会有较大突破。新媒体产业在高速增长的同时,不同种类的新媒体产业呈现出非均衡发展的局面:互联网业的发展历史相对于数字电视、IPTV等要长,所以市场运营较为成熟,占据了较大的市场份额。

总体上看,新媒体产业的发展呈现出下列特点:(1)总体市场规模快速增长。我国新媒体产业的市场平均增速超过35%,预计未来3—5年,产业总体规模将超过5000亿元。(2)新媒体企业稳步发展并日益规范。在新媒体产业发展的过程中,涌现出了一批传媒市场新宠,分众传媒、阿里巴巴、腾讯、盛大网络、土豆网等一批企业成为主要力量。(3)各类新媒体业务之间更多地进行跨平台融合发展,通过相互渗透实现市场的共同增长,取得多赢效果。中国的互联网业务竞争格局正处在深化之中。运营商在这一过程中将实现角色的转变——从网络基础服务提供商转变成为综合服务运营商。(4)移动互联网业务成为新媒体发展的一个焦点。4G时代,面向个人用户、以流媒体业务为核心的增值服务获得了更广阔的发展空间,如移动网络下载(音乐、图片、视频、游戏等)、可视电话、视频点播以及其他一切可资提供的业务。(5)新媒体产业的政策环境进一步放宽,市场化运作成为主流。对各类新媒体的标准、市场准入、融资、税收等方面的政策将日趋明朗,国家的支持态度也奠定了我国新媒体产业发展的基调。

二、新媒体产业转型中出现的问题

1. 同质化现象遭质疑

新媒体携"信息爆炸"时代的威风粉墨登场,但却没能避免信息泛滥和严重同质化的问题。内容提供本应是新媒体的基本属性与基本职责,但在目前普遍缺乏原创和新闻整合经验的新媒体中,还很难出现凭借独立采编制作而脱颖而出者。跟风模仿是同质化的另一种表现。以楼宇电视为例,在分众传媒取得了盈利神话之后,众多"杂牌军"纷纷跟进,把写字楼、卖场、超市、地铁、医院、车库等一切能够接入楼宇电视的设施视为淘金宝藏,这些盲目的投资者以为只要在有人的建筑物中放上一块液晶屏,就能在新媒体的浪潮中分得一杯羹。如此一来,楼宇电视媒体的品牌识别度和区分度便受到了极大的影响,致使大多数新媒体无法实现盈利,而频频进行再融资,又使新媒体的经营陷入困境。

2. 赢利模式尚不成熟

集中精力将新媒体打造成信息平台,通过内容聚集人气招揽广告的赢利模式的确是一种捷径。然而,低俗化问题更加凸显出新媒体迫切希望盈利的心态,为了更快地崭露头角、博取点击率,一些新媒体平台不惜违背社会公德从事传播低俗内容的活动。如果说当年《一个馒头引发的血案》在网络上的火爆只是网友一时兴起的恶搞,那么近年来走红的"屌丝"、"然并卵"等词就不得不引发我们的思考了。澳大利亚学者露丝·韦津利在《脏话文化史》中指出,脏话的功能主要有三个:一是"清涤",二是"攻击",三是"社交"。"攻击"容易理解;"社交"指人们久别重逢时可能说一些脏话以示亲密;"清涤"则是发泄情绪、释放不满,比如一个人无缘无故被责备了一通,可能就会破口大骂,发泄怒火。新媒体时代"屌丝"、"然并卵"等词的流行,或许只能用"清涤"来解释。面对高速发展的经济社会、节奏飞快的日常生活、日趋激烈的生存竞争,有的人容易焦虑、不安、浮躁、压抑,同时又深感无力与无奈,只好把身份贬低到"屌丝"的卑微层面,把任何付出和努力的结果都悲观地归结为"然并卵",以寻求心理上一点点脆弱的自我解脱和安慰。这种心态,当然是消极、负面甚至危险的。一种无政府主义、民粹主义、打色情擦边球的低俗之风正在新媒体中蔓延:手机网站上充斥着大量诱骗点击率的色情图片视频、以散布病毒为目的的彩信快速传播以及格调低下妖言惑众的短信。这实际上也反映出了一个现实问题:一些知名的新媒体出于利益的考虑,纵容了平台上不良行为的泛滥。

3. 技术瓶颈尚有制约

技术的瓶颈在一定程度上成了制约新媒体进一步发展的短板。在数字电视方面,传统用户特别是文化素质较低的用户不习惯当前复杂的数字电视操作系统;在户外新媒体方面,解决好信号稳定问题是首要任务,否则用户对信号不良的抱怨将与日俱增;在网络媒体方面,滞后于国际平均水平的宽带接入技术还没有做好迎接高清视频的准备;在用户数量最为庞大的手机及移动互联网媒体方面,屏幕尺寸和上网速度都是相当棘手的难题,前者不仅关乎使用者进入这一新媒体的成本,更直接影响到传播内容能否有效地向用户呈现,解决不好屏幕尺寸问题,移动互联网要想复制当年互联网的神话则是不可能的。

4. 广泛认同尚需时日

新媒体面临的困境还有价值认同度的问题。正是因为赢利模式模糊,自身发展不成熟,技术支持不强大,新媒体才难以获得广泛的用户认同和推广支持。对于一株刚刚出土不久的新芽而言,残酷的现实深刻地考验着它的生命力。站在用户的角度来看,新媒体还不能给他们的媒介生活带来太大的便捷和好处,反而像是开启了信息过剩的"潘多拉之盒",互联网上不断弹出的广告窗口、满目的低俗内容、手机上防不胜防的垃圾短信、无孔不入的户外广告,令越来越多的人开始反感新媒体的存在。站在内容生产者的角度来看,在版权保护尚不健全的条件下,新媒体成了盗版的天堂和捷径,创作者的创作热情被扼杀。站在广告主的角度来看,新媒体众多的不成熟令他们望而却步,甚至被认为最具冒险精神的激进风险投资家们也开始捂紧口袋。许多打车软件、创业公司的快速消失,将新媒体行业推向了经济危机的风口浪尖。一时间,一直最为炙手可热的投资行业出现了降温的迹象。原本被视作企业发展驱动力的投资资本,却由于上市阻滞导致退出无门,反而成为新媒体企业面临的巨大压力。

三、新媒体产业如何转型发展

对于仍处于艰苦探索阶段的新媒体产业而言,内有未脱稚气,外有强敌环伺,因而其发展对策必须同其形态一样充满新的创意。新媒体产业应该重点通过以下三个方面实现转型升级。

1. 建构复合赢利模式

对于一个新兴产业来说,赢利模式的不确定是阻碍其发展的最大问题。在新媒体产业中,除了户外电视传播平台具有清晰的赢利模式外,其他新媒体都还在摸索之中。理清新媒体的赢利源有助于找到经营的重点。新媒体最主要的赢利源有四个:(1)广告。新媒体一般都将广告作为一个重要的收入来源,网站通常是在播放视频内容之前或之中插播广告,即贴片广告,或者在影片下载期间播放缓存广告。移动电视、车载电视、地铁电视等主要通过节目的包装设计来提高受众黏性,从而吸引广告主的投放。手机媒体则利用自己的普及性、快捷性、方便性和具有一定强制性的平台来吸引广告。(2)内容付费。国内互联网培养起来的网民享受免费资源的习惯给网络服务提供商造成了很大的收费压力。在国外,有些互联网已经在建立自动收费系统,允许报纸和杂志对付费内容收费。不过,实际情况在一点点地改变,已经有用户愿意通过付费获取网络内容服务,尤其是订阅独家新闻、体育、娱乐等信息。Jupiter调研公司公布的一项报告中乐观地估计,付费内容的收入将以20%的比率增长。(3)提供无线增值服务。与习惯享受免费的网络资源不同,消费者们比较认可付费购买增值服务,因此内容提供商们可以将各类网络资源的内容制作成音乐电视、电视剪辑、新闻、手机电影或手机杂志供用户付费下载,最终与无线增值服务提供商实现利润分成。(4)异业合作,实现利润分成。以资源互换、整合、捆绑为主要模式的异业合作不仅是赢利模式上的突破,更是一种经营思想的创新。

在新媒体时代,传统单一的赢利模式已经发生变化,获取利润的方法和途径也随之改变,正逐渐发展形成多元复合的赢利模式。新媒体将上述四个赢利源泉整合起来,可以改变以广告收入为主的单一赢利模式,整合多种赢利源,从而实现多渠道创收。新媒体复合赢利模式还可以减少单纯依赖广告收入的压力,从而使受广告投放波动影响的风险大大降低,拥有更大的经营独立性和主动性。

2. 与传统媒体融合发展

新媒体无论是在用户数量还是在深层次应用上都进入了大规模的提速时期。随着"互联网+"时代的到来,中国基于流媒体的网络视频、网络游戏、手机游戏等基于移动互联网的新媒体市场将进入快速发展期。那么,新媒体和传统媒体一起是做大这块受众蛋糕、开辟新的蓝海,还是互相厮杀、抢夺地盘,在红海里动真格?

新媒体与传统媒体是相对而言的,但就现状而言,新媒体在受众广度与深度的开辟上显然比传统媒体更具优势。也正是因为其最大的特点是"新",所以新媒体才有可能取得更大的发展。这一点在细分市场的挖掘、在受众社会属性的分类上体现得最为明显。新媒体的内容发布者跟传统媒体的有很大的不同,除了以往的官方具有权威法定消息公布公信力外,在大量民生娱乐范畴,广大的受众均可以利用新媒体强大的互动性、广阔的交流平台、迅捷的传播速度来实行民间信息材料的共享发布。这种革命性的转变,让大众也成了内容的制造者,使媒体平台的信息量得以以几何级别的数量增长,也使得媒介监管的力度难度大大增加。不过,新媒体纵然有再多的优点,在信赖度方面还是略输传统媒体一筹。传统媒体是"主导受众型",而新媒体是"受众主导型"。在新媒体与传统媒体的博弈中,业界逐渐探索出了一条新的道路,即新媒体与传统媒体的交叉产物——融合型媒体,通过将传统媒体(电视、报纸、杂志、广播等)和新媒体(互联网、手机、户外广告、楼宇电视等)进行资本融合、信息融合、技术融合、媒体终端融合,实现资源共享和风险控制,最终实现降低成本、增加利润的目标。

3. 凸显差异,精准营销

新媒体在互动、及时、便捷等特征上优势非常突出,在人类社会由服务经济向体验经济转型的今天,新媒体带给受众的尖端体验和便捷享受是无与伦比的。新旧媒体各有所长,复制对方的模式,即使不是死路一条,至少也会走得很艰辛。只有专注于构建自己的差异特色,才是最终的出路。"读览天下"网站联合国内上百家平面杂志,推出了优惠订阅、一元限时租阅以及包年订阅等创新购买、支付方式,以当代互联网人熟悉的在线阅读习惯呈现精品的线下杂志内容,在给受众带来便捷与实惠的同时,极大地提升了传统杂志的销量与影响力。新媒体通过凸显自己不可替代的差异性,有助于找到最适合自身特色的传播模式和赢利模式。

破解新媒体市场发展的关键还在于精准营销,这可以说是新媒体的杀手锏。在互联网精准营销应用方面,网站运营者可以记录下使用者浏览页面的主题、次数,了解使用者关注的文章、产品和他们发表的体验感受,在使用者下一次利用搜索引擎定位时,网站便可向其推送与其浏览习惯、兴趣爱好相匹配的广告内容,从而锁定目标受众。如此精准的营销,在让受众免遭"信息轰炸"、提高访问体验的同时,也为广告主们减少了广告投送的成本与时耗。在手机精准营销应用方面,网站、手机软件商、电信运营商甚至手机持有者所经过的商场店铺,都可以通过各种大数据和云计算技术获取用户的相关信息,进行富有针对性的营销。

总之,新媒体产业的迅猛发展,吸引了资本的大规模流入,市场影响力日益凸显,但市场竞争也同时开始加剧,整个产业开始向纵深挺进,它的未来发展值得我们期待。

(作者单位:浙江传媒学院)

媒体融合发展与调频文化市场开拓[①]

——以杭州调频文化创意有限公司创新发展为例

刘茂华　周笑莹

"媒体融合"这个话题在当下已经不是什么新鲜事,早在2011年就有人将媒体融合的观念融入自己的事业之中,运用"互联网+"的模式创新发展传媒事业,拓展调频文化市场,经过了4年的发展,一家拥有骨干员工112名、12家调频、多家新媒体、年产值过亿、为地方文化事业做出了突出贡献的传媒创意公司——杭州调频文化创意有限公司展现在众人的面前,这就不得不令人称奇了。是什么样"看不见的手"让这家传媒创意公司在这么短的时间内就创造出如此辉煌的业绩?

一、互联网+广播:用移动互联网思维打造频率文化

2011年出现的两件事情注定会改变很多人的日常生活习惯:一是联通定制苹果4,加速推进智能手机的普及;二是腾讯推出微信,社交媒体迅速在中国大地上铺开。当年看似极为普通的事件却蕴含着巨大的创业空间,当然,机遇总是给了那些有准备的人——很多年前从广播电台"转业"下海经商并取得佳绩的凡音就是其中的代表。在商界转了一大圈之后,他还是希望投资广播领域。一方面,他想重操旧业;另一方面,他敏锐地捕捉到了一个重要信息——移动互联网一定会给传统媒体带来新的机遇。也就是在这一年,凡音以高出原定标价近3倍的价格接手温岭电台。

接手之后,凡音团队并未像其他媒体那样搭建微博平台,而是把精力完全放

[①] 原文刊发于《新闻前哨》2015年第8期,收录时有修改。

在搭建微信公众平台上。温岭103.6在2012年对温岭市民使用微信的状况进行了调查,在了解到微信已经在温岭市民中得到普及后,果断出手,推出微信公众平台,并且取了一个很容易记的名字"1036541036"(谐音:1036我是1036)。温岭103.6微信公众平台拥有微信网友4万人,其中车友7000余人。传统电台与微博、微信等新媒体的结合,打破了电台收听的地域限制和终端限制,使节目的互动性增强,听众忠诚度也日益提高。温岭103.6微信公众平台每天收到的微信信息都在1000条以上,很多时候在2000条以上,基本能够满足日常的采编和节目播出之需。

  在利用微信公众平台优势上,温岭103.6可谓顺势而动。2013年,贵州籍的郑馨怡随在温岭城北鞋厂打工的爸爸妈妈一起生活,不料年仅3岁的她患上了嗜血细胞综合症,家庭本来就困难,靠打工过紧日子的她的父母把平时积蓄下来的万余元钱用光后走投无路,再无钱医治3岁的郑馨怡,女孩生命垂危。温岭103.6得知此事后,先将这一新闻在广播中连续报道,将新闻逐步"炒热",只字不提"捐款"或者"捐献爱心"一事。当小馨怡成为温岭大街小巷的小名人时,从11月13日起,温岭103.6在微信公众平台上向4万多微友和7217名车友发出"我们一起让爱心涌动全城"的号召。当天,温岭103.6电台会同箬横、太平、大溪、松门、泽国等7个镇的街道志愿者和义工在全市各地开展民间捐款献爱心活动。全市各地市民纷纷赶到捐资点伸出援助之手,一个下午便募得善款256098.9元,最终募到300701.6元。

  针对"互联网思维",360公司董事长周鸿祎总结了4个关键词:用户至上,体验为王,免费的商业模式,颠覆式创新。[①] 概而言之,互联网思维的核心是"思维",互联网只是媒介和平台,我们只是在自觉或不自觉地运用这种思维方式来与社会进行对话。而在凡音看来,这样的互联网思维还缺一个定语,那就是"移动",即"移动互联网思维",广播针对的受众就是有车一族和喜欢使用移动接收终端的群体。于是,温岭103.6运用"互联网+广播"的思维模式与听众、市民、网友、政府职能部门密切互动,积极拓展"广播圈子",尽可能地发挥温岭103.6的巨大号召力和影响力,从而创造了县域广播的创新样本——温岭103.6模式。2013年12月,由学界和业界共同举办的"中国广播创新样本——温岭103.6研讨会"在浙江传媒学

---

① 白雪:《周鸿祎:互联网思维是常识的回归》,《中国青年报》2014年10月8日。

院召开,对县级广播发展的"温岭模式"进行研究,力争开创中国广播的创新模式。如今,杭州调频文化创意有限公司已经拥有了嘉兴嘉善99.3、金华浦105.8、台州104.6、重庆南川107、福建沙县沙溪之声99.5、安徽宣城106.1等12家广播,已经拥有了一大批优秀的管理人员、主播、采编人员、技术人员和营销人员,并为下一步更大范围地在全国推广"温岭模式"奠定了坚实的基础。

二、互联网+品牌推广:用再创业的激情经营新媒体

温岭103.6取得成功后,"温岭模式"得到了全国广播业界的广泛关注,因战略布局的需要,以凡音为首的团队决定退出温岭103.6。但退出并不意味着丢掉过去赢得的品牌和市场,他们利用3年来温岭103.6所聚集的资源另起炉灶,推出了微信公众号"最温岭",而原来温岭103.6团队中的3名优秀成员则担纲温岭市的品牌推广重任。"最温岭"拥有26万名粉丝,成了有120万人口的温岭市名副其实的"第一媒体"。

一个微信公众号怎样在一座拥有多个媒体的城市立稳扎根?有研究者这样来论述新媒体与转型中的媒体如何面对市场:跨界经营存在壁垒,报纸和广播电视的传统内容优势很难直接延伸到新媒体中,因此传统的媒体行业可以在数字化的背景下寻求与新媒体的共存,也可以重新评价自己的优势与劣势,以投资者的眼光和心态进入新媒体市场。① 当然,这段论述针对的对象主要是传统媒体。凡音团队依靠广播赢得了市场,他们现在就是这种心态——以投资者的心态进入新媒体市场。更准确地说,他们是放下了温岭的传统媒体,在这座城市再次创业。

如果用简单的方式概括"最温岭"的营运模式,可以这么描述:互联网+广播+品牌推广+产业=新型文化产业公司。比如,"最温岭"微信公众号开设了一个服务栏目叫做"便民服务",其中有两个板块是关于婚庆业务的:一个板块叫"相亲报名",另一个板块叫"男女嘉宾资料",微信粉丝可以通过这两个板块交友和婚恋。"最温岭"与众不同的地方在于,它们充分利用广播的资源优势,主要做"交友"、"婚恋"、"婚庆"方面的策划。凡音团队虽然退出了温岭的广播市场,但其传统媒体的资源优势依然存在。比如,他们利用过去积累的市场资源和对温岭市场的熟

---

① 支庭荣:《新媒体不是传统媒体的延伸——融合背景下"转型媒体"的跨界壁垒与策略选择》,《国际新闻界》2011年第12期。

悉做品牌推广,其主要任务就是帮助企业和个人进行策划、设计和推广,成为温岭婚庆、酒店、旅游等行业最重要的品牌代理商之一。

许多有战略眼光的人早就看到了这样一种发展趋势:未来的传媒会是以内容为中心的,加入越来越多非内容的服务、非内容的价值创造的传播与服务,而且它的非内容的价值创造远比内容带来的市场价值大得多。① "最温岭"的成功就是利用这种"非内容"和互联网的平台功能打造出一家优秀的文化品牌推广公司。

三、互联网+跨界融合:用文化创新的精神创造"好声音"产品

媒体融合发展的"融"字含义非常丰富,它不仅仅指媒体的跨界融合,还应当指跨产业的融合。因此,有研究者提出,媒体融合发展首先是互联网技术"打破了原有产业之间的界线,产业之间的融合得以实现",再就是"融合的本质是产业融合。产业界线被打破之后,不同的产业开始高速融合成新的产业蓝海,形成新的商业模式"。②

上述观念理解起来并不难,但在现实中如何操作就是一个难题了。杭州调频文化创意有限公司的凡音一直关注于用网络做好"声音产品"、传播好声音。比如,很多网友通过网络阅读网络小说,其中很大一部分人已经对网络小说产生了"视觉疲劳",那么,制作声音版的网络小说一定能够满足很多网友的需求。于是,杭州调频文化创意有限公司与腾讯公司合作,在获得授权的前提条件下,将网络小说转化为"声音版本"。我们常说的文化创新,从某种意义上来讲也应该是针对文化市场的新需求积极提供服务,是借用现代科技手段创造新的文化产品。杭州调频文化创意有限公司利用自己已经拥有各种类型风格的电台主播的优势,大胆使用各种文案策划,将武新武侠、凡人修仙、穿越小说、校园小说等搬上声音的舞台,并由此生产"好声音",借机打造"声音梦工厂"。

互联网是社会资源的组织方式和组织原则,应该是在我的资源与别人的资源的对接中实现1+1>2的协同效应。找到价值的叠加,从这个角度去理解互联网的价值,才是把握互联网逻辑的关键所在。③ 以凡音为首的杭州调频文化创意有

---

① 喻国明:《未来传媒业转型发展的关键与进路》,《南方传媒研究》2014年第49期。
② 郭全中:《融合的主体应是互联网》,《南方传媒研究》2014年第49期。
③ 喻国明:《未来传媒业转型发展的关键与进路》,《南方传媒研究》2014年第49期。

限公司就是利用1+1＞2的协同作战效应创造了新的产业模式——好声音加工厂,即互联网+跨界融合=声音梦工厂。

四、用先行者的勇气践行文化体制创新

不管是媒体融合发展的先行者还是后来者,大家都有一个共同的感受:媒体融合涉及技术、艺术、不同产业、不同行业之间的协同合作,因而文化体制机制创新在媒体融合发展的道路上就显得尤为重要了。

十八届三中全会提出的"推进文化体制机制创新",是对十八大报告提出的"扎实推进社会主义文化强国建设"的深化、细化与实化。文化强国不仅是"全面建成小康社会"在文化上更高、更完善的表现,也将是未来文化时代一个国家综合国力强大的最终态势。那么,在建设社会主义文化强国的过程中,我们如何理解推进文化体制机制创新?

文化体制改革要从原来体制内封闭式的改革转向打通体制内外的改革,但迄今为止,我们的文化体制改革在很大程度上还是封闭式的改革,除了少部分上市公司,文化体制改革大多还是在体制内进行的,还是局限于国有资产。十八大三中全会的一个重要指导精神就是要在更大的范围里吸收社会资本进入文化领域。杭州调频文化创意有限公司走在了前面,较早地以民营资本的运营方式进入了文化领域,而且进入的是由国家管理和经营的电台。在做大广播的基础上,杭州调频文化创意有限公司用"互联网+"的思维模式创办各类形式的文化产品,做大做强文化产业。

在完善文化管理体制方面,十八大三中全会的精神是鼓励非公有制文化企业发展,政府的行政职能要实现从主办媒体向管理媒体的转变。在坚持出版权、播出权特许经营的前提下,十八大三中全会提出,允许制作和出版、制作和播出分开。杭州调频文化创意有限公司在全国范围内管理和经营县级广播,就是制播分离的一个典范。当然,制播分离与坚持主流意识形态、党性原则并不矛盾,凡音和他的团队就"时刻牢记新闻禁区",始终站在党和人民的立场,而其价值观表现也继续遵循党和人民的意愿,即事实上仍然具有喉舌性质。

如今,杭州调频文化创意有限公司在自己的公司网页上和各种品牌推销广告中给自己划了四大运营范围:一是地方广播电台全频运营,包括节目和营销;二是

声音工厂,通过与腾讯盛大文学合作,制作有声读物,签约好声音;三是手游,设计并发布本地性较强的手机游戏APP;四是电台商务,通过广播电台联盟和新媒体技术,线上销售各地特产,以产品盛产地以及直接货源优势,一对一地送到买家手中。

很明显,杭州调频文化创意有限公司已经在建构新的产业价值链。赢利模式由单一化向多元化发展是大势所趋,走媒体融合之路是传统媒体的必然选择,而在经营上的产业融合、跨界发展则是转变传媒发展方向,形成多点支撑经营格局的重要内容。所谓"传媒+X"的模式,是传媒在媒体融合背景之下跨界发展中涌现的一种模式或者方式,我们无法去准确地定义,也无法完全照搬某种模式,但有一点必须肯定的是,我们不能故步自封。希望杭州调频文化创意有限公司的创新发展经验能给我们带来些许借鉴。

(作者单位:浙江传媒学院)

IP 全版权经营:广电媒体价值链创新的新方向[①]

史 征

"互联网+"行动计划不断推动着移动互联网、云计算、大数据、物联网等与现代制造业结合,互联网正在渗入经济、文化、社会的各领域。互联网发展日新月异,传统媒体和新兴媒体的融合发展势在必行。顺应互联网传播移动化、社交化、视频化的趋势,传统媒体和新兴媒体在内容、渠道、平台、经营、管理等方面加速融合,新兴媒体正在崛起并影响着传媒业发展的格局。互联网冲击着中国广电媒体,传统媒体的生存环境日益严峻,广电产业化运营的成败决定着广电媒体未来在传媒市场上的地位和份额,而依赖广告的单一赢利模式已严重束缚了传统电视产业的发展,价值链创新成为一个现实而又重要的命题。

一、国内广电媒体价值链的变革

1985 年,哈佛大学商学院教授迈克尔·波特提出了"价值链"的概念,他认为每一个企业都是在设计、生产、销售、发送和辅助其产品的过程中进行种种活动的集合体,所有这些活动可以用一个价值链来表明。企业的价值创造是通过一系列活动构成的,这些活动可以分为基本活动和辅助活动两类。基本活动包括内部后勤、生产作业、外部后勤、市场和销售、服务等;辅助活动则包括采购、技术开发、人力资源管理和企业基础设施等。这些互不相同但又相互关联的生产经营活动,构成了一个创造价值的动态过程,即"价值链"(图1)。

[①] [基金项目]2015 年度国家社科基金艺术学重大项目"'中国梦'影视创作与传播策略研究"(15ZD01)阶段性成果。

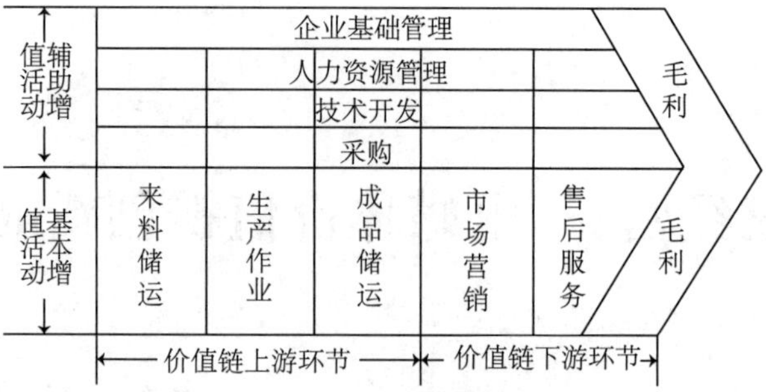

图1 迈克尔·波特的企业价值链

中国广电媒体的价值链构成长期以来一直较为单一和固定,以内容为王作为媒体赢利的主要竞争手段,表现为主要依赖广告实现盈利,而且这种模式持续多年,是大多数广电媒体比较稳固的价值链模式和运营模式。从价值链的演进来看,这种模式既在一定的历史时期成就了广电媒体的辉煌,也成了当下广电媒体发展的桎梏之一(图2)。

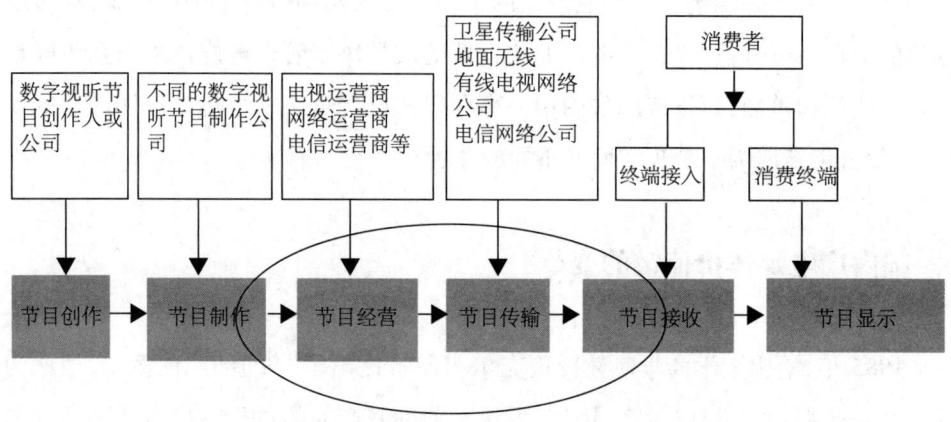

图2 国内广电价值链模式

从2005年开始,中国的电视节目运营受到《超级女声》的启发,开始探索多种形式的产业增值形态,依托节目内容产生的受众价值,以节目流通为渠道进行多轮销售。电视台不但销售电视节目的播映版权,还围绕内容产品进行延伸拓展,形成了包含节目生产市场、流通市场、消费市场行等多个市场的价值链,丰富了电视节目的赢利来源,增强了广电媒体的赢利能力。

这些价值链创新经营的主要方式有①：一是节目发行。具有传播发行价值的节目除在本台播出外,还卖给其他频道或者播出平台。比如《鲁豫有约》在全国许多地面频道都有播出。二是售卖版权。类似于《美国偶像》这样的节目模式就出售到了全世界各地的电视台。三是音像制品、图书。上海电视台《文化中国》衍生的《孔子的智慧生活》《说康熙》《说雍正》等"文化中国书系"已在全国发行了十几万册,为节目创造了很大的利润。四是新媒体业务,包括短信投票、短信增值服务、新媒体互动等。《超级女声》就利用短信投票、网络营销等方式形成了"超女产业"。五是艺人经纪。在下游品牌运营及艺人经纪业务上开发出衍生产品,是电视台赢利的另一法宝。六是商业演出。演唱会收入是《中国好声音》衍生商业链上不可或缺的一环。七是网络游戏开发。比如湖南卫视的《爸爸去哪儿》后续就被开发成了一个电子游戏,供网民下载和选择,湖南卫视甚至还开发了相关玩偶进行销售。

这些基于受众价值进行的电视节目活动创收、演艺经纪、娱乐产业衍生品开发等,为电视节目的增值开辟了新的渠道,成为除广告之外电视台赢利的重要手段,也为广电媒体价值链经营的创新突破提供了方向(图3)。

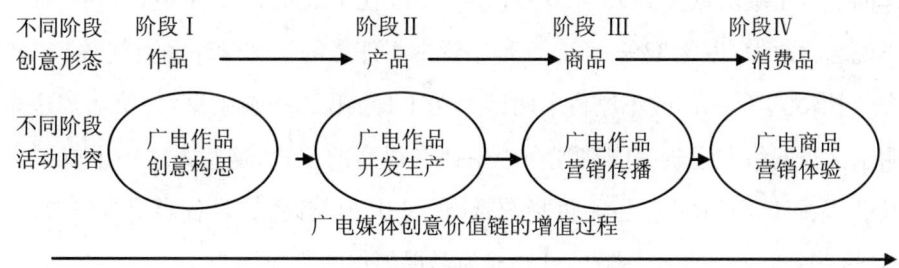

图3 新型的广电媒体创意价值链

二、IP全版权经营：广电媒体价值链的革命性举措

1. 网络小说IP的价值挖掘

近年来,IP(Intellectual Property,意为"知识产权")这一概念被不断炒热,随着

---

① 王小娟：《电视产业转型：从"产业链"到"生态圈"》,《中国广播影视》2014年第22期。

由网络小说《小时代》《致青春》等改编的电影在院线热映,《步步惊心》《后宫·甄嬛传》改编的电视剧热播,以及游戏界对《仙侠世界》《择天记》的热捧,网络文学的 IP 价值进一步凸显①。网络文学走过了创业的历程,已然迎来了属于自己的黄金时代。

2011 年,网络小说改编影视剧的做法渐成气候,这一年,《步步惊心》《甄嬛传》《失恋 33 天》等一大批网络小说被改编成影视剧,并获得了良好收益,引来了各方的关注。

2013 年,电影《致我们终将逝去的青春》上映,更是为这股热潮推波助澜,招来国外电影"大鳄""哄抢"中国小说,《藏地密码》《鬼吹灯》等畅销小说的影视版权就被好莱坞买下。

2014 年,《古剑奇谭》《杉杉来了》《匆匆那年》等在网络、电视、影院各处吃香、全面开花,一些互联网媒体开始集中资源抢占这一新兴市场高点,争夺粉丝注意力。资本的力量与互联网视频媒体的合力助推,加上电影、电视的积极参与,网络小说的 IP 价值全面爆发。

2015 年,电视剧《何以笙箫默》《花千骨》热播,进一步推动网络小说成了影视创作的肥沃土壤。截至 2015 年 8 月,2015 年收视率最高的 15 部电视剧中,有 5 部由小说题材改编,占比 33%,而这 5 部小说中 4 部是网络文学作品;在收视率前 10 名中,网络文学作品的改编剧占了两部,《花千骨》第二,《旋风少女》第七。这充分证明了优秀网络文学改编剧在观众心中拥有很高的位置,这些人气小说成了当下粉丝经济、眼球经济的宠儿,百度指数越高,则 IP 值越高,也是各影视机构的目标。显然,这些互联网上的指标数值已经成为影视创作的风向标。

2. 广电媒体的全版权 IP 价值链经营

"IP"这个兴起于互联网的"新贵"概念不再局限于网络文学,而开始以惊人的魔力引发一场影视界的疯狂革命。在影视投资人、经营者的眼中,"IP"的价值如同一座富矿,值得大家去竞相开掘。无论是传统媒体还是新媒体,都纷纷抢滩"IP",围绕电视剧、综艺节目、电影等核心 IP 向价值链上下游纵深开发,而身处竞争核心的广电媒体自然也不能漠然视之。将创意内容与市场完美地对接,打造现象级节

---

① 《独家:被中国影视圈炒热的"IP"到底是什么鬼》,2015 年 6 月 25 日,http://cul.sohu.com/20150625/n415609856.shtml。

目,实现从版权到 IP 值的变现,已成为各大广电媒体经营的新策略。

2015 年 5 月,电视剧版《花千骨》通过官方微博正式宣布湖南卫视已购得该剧首轮播映权,二轮、三轮播出权也已经被其他平台"抢购";随后,爱奇艺宣布获得该剧独家网络演播权,并将携手慈文传媒集团制作该剧番外篇;与此同时,《花千骨》同名手游也同步上线。围绕着版权,《花千骨》进一步打通了漫画、电商、舞台剧等领域,掀起一股强劲的仙侠风。短短几年时间,《花千骨》从一部单纯的网络小说,逐渐拓展到出版、影视、游戏产业。可以想象,如果再通过对版权进行多样化的系列开发,《花千骨》还将被挖掘出更多有价值的周边产品,形成一条完整的跨领域发展的泛娱乐 IP 价值链①。这表明,立体化、多样化的版权开发与跨领域的、广泛的商业合作,完全可以让《花千骨》这样的创意产品、人气小说由单一的线上网络小说,逐渐延伸到全球范围的数字出版、图书、影视、游戏、舞台剧,以及玩偶、同款服饰等周边产品生产,每一领域衍生品的火热又可以重新带动其他领域产品的销售。显然,围绕着一个网络小说版权,我们完全可以不仅仅停留在一次性的版权交易上,还可以通过衍生出的丰富的商业模式,将其逐渐打造成一个多元化、可持续发展的文化品牌,为原作者及投资方提供源源不断的丰厚回报。这种价值链发展模式的革命已日趋成熟,这样的价值链经营理念也必须深入广电媒体人的心中(图 4)。

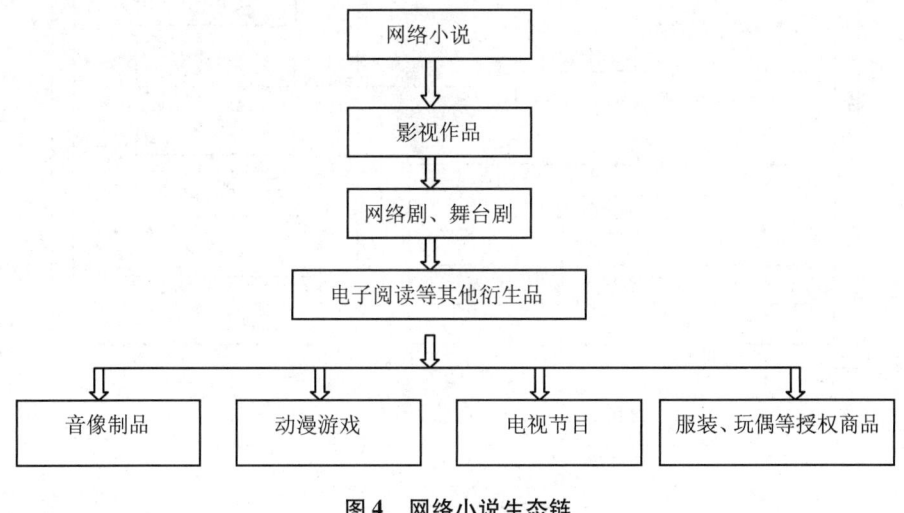

图 4 网络小说生态链

---

① 《电视版〈花千骨〉花落湖南卫视,版权开发打造泛娱乐产业链》,2015 年 5 月 28 日,http://blog.sina.com.cn/s/blog_6a0500f10102vnt1.html。

目前,广电媒体和互联网媒体融合,携手网络文学 IP 做影视剧版权,同时开发网游、手游、系列电影、纪录片、综艺节目、形象等衍生产品,这种 IP 全版权经营的模式已趋于稳定。其基本流程是:第一,选择故事的依据是其拥有数以千万级以上的点击阅读量,然后依据文学网站(主站)的点击量排名是否靠前,话题热度在百度贴吧的发帖量是否靠前,再结合其在百度贴吧的优势数据,评估内容被受众熟知的程度;此外,故事最好能与历史史实有效地结合,人物众多,故事丰富,节奏、人物、故事、悬念、戏剧冲突等非常适合改编成影视项目,同时后续开发空间巨大。第二,在宣传推广上,互联网视频媒体和传统电视媒体要强强联合、优势互补,从开拍到播出再到衍生品开发收益的全过程,都要有媒体保驾护航,要有海陆空立体宣传攻势保障项目的影响力、收益性。第三,在主创人员尤其是主演阵容安排上,俊男靓女的超颜值组合成为主流的固定搭配,以保证关注度持续走高,并成为受众关注的热点。第四,全版权经营的赢利来源要多元化,不仅仅是传统的影视剧版权收入,还有面向产业链的全面开发,一般包括制作系列精品大剧品牌、动漫游戏、电影、网络剧、电子阅读以及其他产品商业授权(图5)。

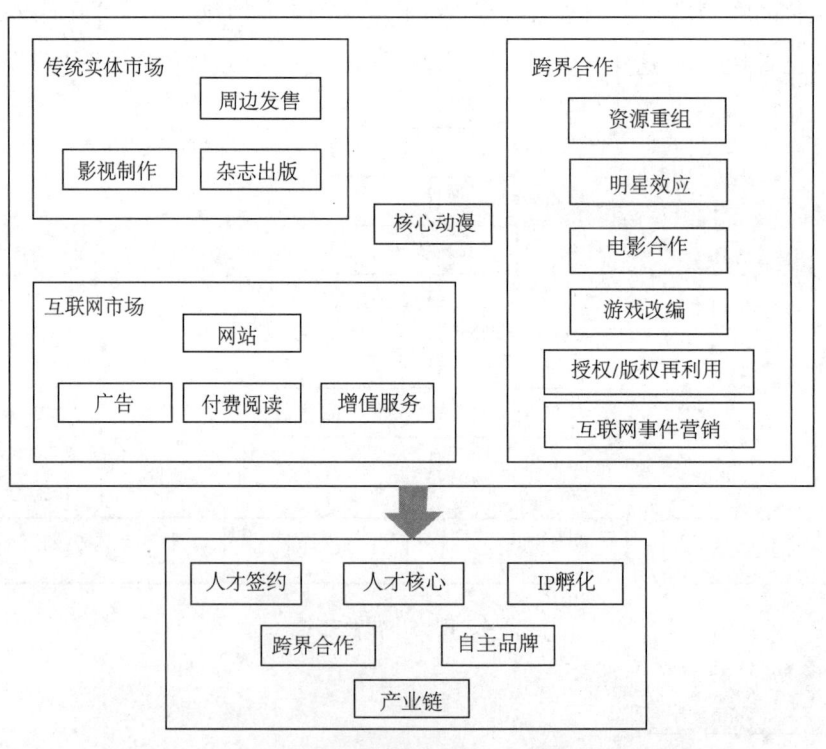

图5 一种 IP 全版权价值链经营模式:以原创动漫为核心

三、IP 全版权经营需要关注的问题

1. 重视人才的价值

全版权运营的关键一环是人才,而且这一价值链经营模式对广电媒体的人才要求更高。在全版权开发的过程中,既要有版权经纪人这样的第三方中介的介入,更要靠广电媒体自己人才储备的厚度和深度。全 IP 版权经营需要谈判人才、版权人才、经营人才、创作人才等多种人才和团队的力量,尤其是版权经营人才,这样的专业运营人才和工作平台要求具备作者资源、版权知识和运营能力。作为长期在传统广电媒体工作的从业者,在这一能力要求上还与市场存在着一定的差距,更需要专业人才的支撑,以确保从一开始操作全版权经营的时候就能以更高的高度和全局的眼光去设计、规划整个价值链布局,整理可资跨界运营的资源,细分产品门类,进行可行性分析和风险评估,开发出优质的影视产品,真正瞄准受众、做精市场。

2. 关注商标的价值

一个优质的小说资源可以提炼挖掘出无数有价值的衍生品,因此其成为 IP 争夺战的重要目标。对于《花千骨》《何以笙箫默》这样的文学作品来说,它们固然是以版权开发为基础的,但在版权开发的过程中,一旦忽视了商标等其他知识产权的作用,无疑就会给投机分子以可乘之机,对整条产业链产生不良的影响[1]。2012 年 8 月,乐视影业在没有告知原著作者的情况下,擅自在第 41 类申请注册了"何以笙箫默"商标并成功拿到商标注册证。也就是说,作为商标的持有人,乐视影业完全可以在这枚商标注册的影视、图书、游戏等范畴使用"何以笙箫默"字样进行宣传与产品制作,这就意味着即使乐视影业没有购买《何以笙箫默》的小说版权,也可以此为名出版图书,制作音乐、广播、娱乐节目,甚至可以请来新编剧重新打造另一个不同的《何以笙箫默》的故事。对于原著作者、投资商以及以《何以笙箫默》版权为基础的整条产业链来说,这无疑将造成巨大的经济损失。

---

[1] 《〈花千骨〉打造泛娱乐产业链 版权开发勿忘商标》,2015 年 6 月 9 日,http://mt.sohu.com/20150609/n414686131.shtml。

3. 理性看待 IP 的价值

好莱坞所理解的 IP 是，只有成功了的整体开发项目，才可以称之为 IP，郭敬明将 IP 比喻成为一个金字塔构造，表示"文学、漫画在底层，电影、游戏在上层，底层不能赚大钱但获取用户成本低，顶层获取用户成本高，但利润十足，金字塔需要一体化搭建"。随着 IP 全版权经营模式的开发，加之 BAT（百度、阿里、腾讯）等互联网公司及其资本强势进入影视行业，导致 IP 价格暴涨。从价值上看，互联网公司和业外资本的介入让基于 IP 的产业链更加丰富、赢利模式更加多样，产业蛋糕也越做越大，这直接推动了 IP 价格的上涨。价格的上涨虽然有利于带动作者生产优质 IP 的积极性，但也带来了不小的商业泡沫，一部分网络小说质量并不高，网络阅读量也很低，开发价值不大，却开出上百万元的价格。所以，广电媒体在涉入全版权经营这一全新的市场时，必须保持清醒的头脑，既要积极进取，把握优质 IP 资源，争取市场竞争的主动权，又不能盲目跟风。

（作者单位：浙江传媒学院）

县域电视媒体广告经营模式转型路径探析

徐 创 吴生华

各方面的统计数据和调研分析表明,自 2014 年以来,县域电视媒体传统的广告经营模式正遭受着前所未有的冲击,并呈现出令人担忧的下滑态势,县域电视媒体广告经营模式亟待转型。

从整体的电视产业来看,以 2014 年度网络广告市场体量首次超过电视媒体为标志性事件,2015 年被业内普遍认为是电视产业的拐点年。据尼尔森网联媒介研究的统计数据,2014 年电视媒体经营增幅开始下滑,2015 年出现零增长和大面积负增长。而从县域与省、市电视媒体的对比来看,县域电视媒体更是首当其冲。根据浙江省新闻出版广电局《2014 年 1—7 月全省广播影视业经营公告》显示:1—7 月浙江全省广播影视业广告收入为 59.14 亿元,同比增长 26.40%,其中省级为 31.65 亿元,同比增长 16.86%;市级为 11.58 亿元,同比下降 4.49%;县级为 4.45 亿元,同比下降 3.00%。① 此外,浙江省新闻出版广电局相关的调研结果表明,县级台广告创收的下滑情况实际上更加严重,2014 年、2015 年两年,浙江全省县级电视台广告收入降幅或接近 20%。

本文以浙江省内部分县级电视台的情况为例,就县域电视媒体广告经营模式的转型路径试作探析。

一、县域电视媒体广告经营模式遭遇困局的现实表现

数据下滑,体现的是总体的状况,而现实的困局还有着种种表现。县域电视媒

---

① 浙江省新闻出版广电局:《2014 年 1—7 月全省广播影视业经营公告》,2014 年 8 月 25 日,http://www.zrt.gov.cn/art/2014/8/25/art_646_17175.html。

体广告经营模式遭遇困局,主要表现在以下三个方面:

1. 电视广告投放缩水,县域电视首当其冲

尼尔森网联媒介研究发布的数据表明,2015年8月,全国电视媒体广告投放同比下降9%,在四级电视媒体中,地方台(市级和县级台)降幅最大——这说明,电视媒体广告投放缩水的困局,市县级台是首当其冲的。当广告业主削减电视广告费用时,位列末端的县域电视媒体便首先成为被削减的对象。而浙江省内一些消费品市场规模偏小的县域,据当地广播电视台反映,外来商业广告的投放几乎绝迹。而且,以往占有一定比例的金融保险行业,也因为广告投放权的上收而减少甚至停止了在县域电视媒体的广告投放。

2. 广告创收结构单一,调整方向尚不明朗

县域电视媒体现行广告经营模式的困局,同时也表现为广告创收结构的单一。这种结构单一首先表现为行业结构失衡,医疗和保健品广告占比过大。据"广电独家"的分析,在许多市县电视台,药品、医疗广告占据了全台创收40%—60%的比重。[①] 而这样的结构现状,在新《广告法》正式施行,医疗、保健品广告严格规范的变局之下,无疑是首先要调整的;与此同时,在县域电视媒体播发的商业广告中,其广告类别结构又过于倚重产品广告一种,企业、单位服务广告和形象广告的开发明显不足。一些区域经济体偏重中间产品产业的县市区,其所在地的电视广告经营人员经常抱怨,当地很多企业几乎不做广告,但他们很少去认真分析这些企业的真正广告需求。到目前为止,大多数县域电视媒体的广告经营结构调整,可以说还尚未找到明确的方向。

3. 部门联办难言盈利,人力物力投入巨大

随着县域电视媒体现行广告经营模式困境的显现,特别是在外来广告和本地产品广告开发无望的情况之下,一些县市区电视台又重新把目光投向与政府部门联办栏目创收一途。一方面,大量的部门联办栏目占据了大量的人力和设备,人力物力投入巨大,如果按照严格的成本核算,部门联办栏目创收其实难言盈利;另一方面,部门联办创收的资金来源最终取决于地方财政,而随着从中央到地方各级财政管理的日趋严格,其总量开发的空间其实非常有限。据有关县级广播电视台反

---

① 《2016市县电视台到底该如何改革》,2015年10月27日,http://chuansong.me/n/1851318。

映,当所有的联办栏目部门都向县级财政申请宣传经费的时候,有些地方已经采取了"一个口子"审批的措施。也就是说,对县级财政用于各部门的宣传经费总量核定一个上限,这等于无形中封死了县域电视媒体部门联办栏目创收的开发空间。

二、县域电视媒体广告经营模式遭遇困局的成因分析

表象的背后往往有着深层次的原因,县域电视媒体广告经营模式之所以遭遇困局,至少有以下三个方面的原因:

1. 精准营销兴起,传统广告模式式微

2013年4月,《哈佛商业评论》一篇题为《传统广告已死,广告分析2.0时代来临》的文章曾经火爆整个广告业界,这篇文章讲述了一个"在没有增加一分钱广告预算的情况下,公司的销售收入提高了9%"的市场营销神话。该文以一次新品推广活动为例,说数据显示,电视广告鲸吞了其广告预算的85%,而YouTube广告只分得预算的6%,但受YouTube广告吸引产生实际销售的网络搜索的效率却比电视广告高出近1倍。数据分析技术的结果显示,网络搜索引擎广告只占公司广告预算总额的4%,却产生了25%的销售额。在掌握了这些重要发现后,公司重新分配了广告预算。其结果是,"在没有增加一分钱广告预算的情况下,公司的销售收入提高了9%。"①这实际上从另一个侧面印证了百货商店之父——美国人约翰·沃纳梅克(John Wanamaker)曾经说过的广告营销界的至理名言:"我知道在广告上的投资有一半是无用的,但问题是我不知道是哪一半。"当前以大数据分析为技术手段的精准营销策略,可以说为这一广告营销界的"哥德巴赫猜想"给出了答案,被称之为市场营销学的"圣杯"。

2. "互联网+"浪潮兴起,广告主面临"脱媒化"

1943年,美国图书馆协会的《战后公共图书馆的准则》一书首次使用"媒体"作为术语,并沿用至今。然而,在当今这样一个数字化媒体时代,人们认为,所有没有与移动互联网相融合的传统媒体形态,包括纸媒、广播和电视在内,其信息复制的成本已经远高于计算机技术,因为需要经过更多的中间环节,其时效性与准确性难

---

① 《传统广告已死 广告分析2.0时代来临》,《哈佛商业评论》2015年10月27日,http://www.199it.com/archives/104464.html。

有优势。面对移动互联网随时、随地无限联接的特性,传统媒体形态传播信息的规模化程度也受到了更大的地理或物理限制。因此,移动互联网带来的关键性改变,就是让所有行业都"脱媒化"(disintermediation)①。在移动互联网时代,新的技术与产业模式正在促成一个全新的媒体形态形成:任何一个信息传播者都有可能跳过所有中间环节,直接向海量信息的接收者传播信息。事实上,国内"互联网+"浪潮的兴起,就是对所有行业的"互联网+",而当所有的行业企业都自建"新媒体功能"之后,"脱媒化"也将成为必然。

3. 收视率对赌分成模式兴起,省级卫视和制作公司成为广告投放的"抽水机"

2015年8月上旬,国家新闻出版广电总局电视剧司召集八大省级电视台的电视剧分管领导,签署了反对唯收视率、规范电视剧购播行为的自律公约。尽管这一公约针对的是由收视率对赌协议引发的电视剧收视率造假歪风,但随着收视率对赌分成模式的兴起,一线的省级卫视以及与之协作的制作公司确实凭借这一分成模式赚得盆满钵满。在一些地方,省级卫视一台独大,省级地面频道和城市台黯然失色,省级卫视和制作公司成了广告投放资源的"抽水机",县域电视媒体更是成了"水"被抽干之后首先干涸的"孤岛"。

三、县域电视媒体突破广告经营困境的对策建议

针对县域电视媒体广告经营模式的困境表现及其各方面的原因,县域电视媒体必须在加速媒体融合转型、强化自身传播力的基础上,调整广告资源结构,充分发挥区域性媒体的贴近性优势,以谋求广告经营困局的突破。特别要着力探索传统广告模式的转型,加强地面营销活动的组织配合,实施立体化、组合式的广告经营策略。

1. 加速媒体融合转型,强化传播力基础

当前情况之下,一些县级广播电视台领导心态焦虑,沉不住气,整天盯着广告创收数据,而忽视了主体节目品牌的打造,犯了本末倒置的错误。甚至如前所述,把一些采编业务骨干都抽调到部门联办的创收性栏目之中,或者在主干新闻栏目

---

① 王云辉:《"脱媒时代"的媒体未来》,http://tech.ifeng.com/speakout/detail_2014_06/19/36909748_0.shtml。

中填塞部门、镇街联办的内容,使得新闻类节目的质量急剧下降。有的台甚至直接砍掉了民生新闻,自办节目除了主档时政性综合新闻之外,就剩下一些部门、镇街联办的栏目,难以形成媒体的品牌影响力和号召力,结果反而加剧了观众的流失。上述这些做法无异于饮鸩止渴。县域电视媒体的生存和发展根基在于其传播力,因此,不管在什么样的情况之下,都不可以削弱主档新闻类节目的采编力量。立足于本土化,构建各类新闻类栏目的结构化编排,是县域电视媒体最基本的新闻宣传和传播职能的体现。一方面,县域电视媒体要有定力,要办好综合、民生、舆论监督等各类新闻类节目,以及对农、生活服务等各类社教服务类节目,构筑频道播出的本土化节目带的最基本配置,强化自身的传播力基础。另一方面,它们还要积极探索并加速媒体的转型,特别是电视屏与电脑屏、手机屏的"三屏融合"传播,为有质量的节目开拓更多的传播渠道,以高质量的自办节目构筑广告承载平台,为广告的发布创造更丰富的传播渠道。

2. 加速广告经营模式转型,实现广告客户的"用户化"

就商业广告的最主要类别——产品广告而言,广告客户作为广告的投放者,其最主要的目的就是产品的营销。在互联网和移动互联网勃兴的情况之下,县域电视媒体如果还一味地沉浸于招揽广告、发布文本的传统经营模式之中,势必会被广告主们抛弃,因为这样不问效果的简单发布方式,企业通过他们的自媒体或社交媒体甚至可以做得更好。因此,县域广告经营模式必须从简单的广告文本发布转型为真正为广告业主考虑的"整体解决方案",从而实现广告客户的"用户化"。即直接参与到广告主产品营销的一揽子"整体解决方案"中,包括多层次的营销方案策略设计,电视媒体和新媒体搜索行为的整体关联策划和实施等等。同时,在实施营销方案的过程中,进行细致的动态跟踪分析,并实时调整产品广告的发布策略,这其中包括对横跨不同媒体和销售渠道的消费者市场接触点进行数据跟踪和分析,用媒体组合建模(Media-mix Modeling)技术帮助营销人员把广告活动与销售数据联系起来进行分析,从而帮助广告客户真正实现精准营销的目标。

3. 加速广告类别结构调整,开发服务和形象广告资源

对于县域电视媒体而言,加速广告类别结构的调整是一个亟待破解的课题。县域电视媒体创收过于依赖于产品广告,此一途已成为沉重的拖累,而服务广告和形象广告等资源的开发又十分不足。结合移动互联网客户端的建设和应用,应该

说,服务广告是一个非常具有开发前景的资源"富矿",衣食住行、百姓生活服务需求大多只能在本地区域范围内解决,而县域电视媒体所要做的,就是抛弃原先那种只管文本播发的粗放式经营模式,进行细分化的分类经营,以精细的服务对接百姓的需求。同时,企业形象也是需要深度开发的一类广告资源:有的企业也许不在本地销售产品,或者产品并不直接应用于生活消费,但企业形象却需要在本地维护。不是说这一类企业就没有广告宣传的需求,只是我们还没有开发出它真正需求的广告产品。

4. 加强地面营销活动配合,用实实在在的人气凸显传播效果

就广告主产品营销的整体解决方案而言,它的广告投放应该是多种媒体、多种营销手段的结构化组合,通过立体式的营销宣传,收获"1+1>2"的效果。如果我们站到广告主的立场上去思考,那么我们的广告策略就不应该是单一的电视广告文本发布,而应该是包括电视广告在内的多种营销手段的组合。如果回到电视媒体广告经营的立场,那么电视广告的发布可以是基本的配置,但最起码还需要加上易搜索、交互式的新媒体广告的配合以及地面营销活动的配合,特别是通过电视广告的"广播式"扩散传播和新媒体的"报名"功能,将目标受众实实在在地"汇流"到地面营销活动中来,用实实在在的人气凸显传播效果。根据当前广告传播实践的经验,传统媒体广告、新媒体手段和地面营销活动三者的配合具有十分明显的互补功能。县域电视媒体在创新广告经营方式上一定要跳出传统的思维模式,运用立体化、组合式的广告策略,加强地面营销活动的组织配合,将实实在在的传播效果放到广告客户的面前。

(作者单位:浙江传媒学院)

广电行业价值链锻造与经济效益提升[①]

朱旭光　薛超杰

"新常态"是2014年习总书记在河南考察期间提出的一个关键词,专家们对"新常态"的解读主要集中在以下几点:我国经济增长从高速转为中高速,我国经济结构将优化升级,同时面临着楼市、债务等多重挑战。广电行业也与我国经济一样,面临着同样的问题[②]:

第一,广电行业增速持续放缓。由于国家经济形势的下行和新媒体的冲击,2014年全国广播电视行业总收入达4226.27亿元,同比增长13.16%,但增幅较2013年14.26%的下降了1.1个百分点[③]。另外,近几年电视广告投放的增速放缓也反映出了广电行业发展态势的疲软:2014年全国广播电视广告收入为1464.49亿元,同比增长5.59%,增幅比2013年下降3.6个百分点,这已经是连续5个年头增幅下降[④]。第二,广电行业结构不够优化。广电行业对广告和有线网络收入过于依赖,没有形成其他有效的赢利模式。相关数据显示,2014年全国广播电视广告收入占总收入的40.28%,有线网络收入为827.21亿元,占总收入的22.76%,这两项收入占比超过60%[⑤]。第三,广电行业正面临着IPTV、OTT、网络视频等新兴媒体的全面挑战。数量方面,相关调查报告显示,截至2015年8月底,全国IPTV用户规模已超过7000万人,全国用户比例达到5.35%。OTT TV业务同样发展迅

[①] 本文是浙江省自然科学基金项目"产业融合背景下的网络视频新常态:三网融合的发展路径"(编号:LY15G030022)。
[②] 《"新常态下城市广电的突围之路"》,http://www.sarft.net/a/178413.aspx。
[③] 新闻出版广电总局发展研究中心编:《中国广播电影电视发展报告(2015)》(广电蓝皮书)。
[④] 新闻出版广电总局发展研究中心编:《中国广播电影电视发展报告(2015)》(广电蓝皮书)。
[⑤] 新闻出版广电总局发展研究中心编:《中国广播电影电视发展报告(2015)》(广电蓝皮书)。

猛,已从 2014 年 200 余万人的用户规模激增至 2015 年的 635.2 万人,同比增幅达 193.5%⑥。广告收入方面,根据艾瑞咨询集团发布的最新数据,2014 年中国网络广告市场规模达到 1540 亿元,同比增长达到 40%,而电视媒体的广告收入仅为 1200 亿元,这是网络广告收入首次超过电视广告⑦。

在新常态下发展我国经济,就要转变经济结构。同理,广电行业要处理新常态下自身面临的三大问题,也应该把核心集中在优化赢利结构之上,以找到更多的途径来提升经济效益。只有赢利结构得到了优化,广电行业才有可能实现新一轮的持续增长,广电行业同其他新兴媒体的竞争力才有可能不断得到加强。同时,赢利结构优化也是广电行业实现转型升级的工作重点。在具体操作上,可以结合迈克尔·波特的基本价值链模型,把广电行业创造价值的活动解构为若干个组成部分,进一步从更为细致的角度来探讨各个组成部分中可能存在的有助于提升经济效益的手段,并探究这些手段对广电行业优化赢利结构以及转型所能起到的作用。

美国哈佛商学院著名战略学家迈克尔·波特提出的价值链理论认为:每个企业都是在设计、生产、销售、发送和辅助其产品的过程中进行种种活动的集合体,这些活动从战略重要性的角度可以划分为基本活动和辅助活动:基本活动包括进料后勤、生产作业、发货后勤、市场销售、售后服务五项;辅助活动包括企业基础设施、人力资源管理、技术开发、采购四项(图1)。在波特看来,企业的价值创造是通过一系列活动构成的,无论是企业的基本活动还是辅助活动,都可以创造价值,而这些相互关联的活动构成了创造企业价值的一个动态过程,就是价值链⑧。

结合迈克尔·波特价值链理论以及广电行业的价值创造活动,我们可以把广电价值链模型大致勾勒出来(图2)。广电价值链中的基本活动包括战略与创意设计、节目生产制作、节目市场营销、节目交易发行、观众反馈五个前后相连的环节;辅助活动则包括技术和基础设施、组织架构、人力资源管理、财务管理四个环节。从图 2 中可以看出,广电价值链模型是一个有机的整体,每个环节都紧密地联系在一起,不过也有必要对链条中的各个环节进行详细分析,以厘清广电价值链模型的内部脉络。

---

⑥ 美兰德媒体传播策略咨询有限公司:《2015 年中国电视覆盖及收视状况调查结果》。
⑦ 艾瑞咨询集团:《2014 年网络广告市场数据报告》。
⑧ 〔美〕迈克尔·波特:《竞争优势》,华夏出版社 2005 年版。

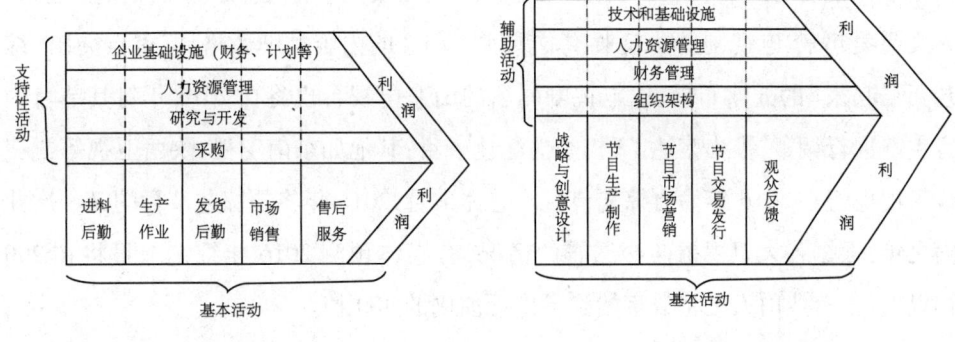

图1　基本价值链模型　　　　图2　广电价值链模型

1. 战略与创意设计

依据新构建的广电价值链模型,"战略与创意设计"是广电基本价值活动的初始环节,也是整个价值链的基础环节。相对于广电行业的整个价值活动来讲,该环节的主要任务是从宏观角度确立广电自身的发展战略并从微观角度明确节目创意宗旨。

(1)宏观战略的制定

广电价值链模型中涉及的宏观战略更多的是指广电行业各级单位在内容生产以及编播策略上的战略规划,省级卫视是广电行业的核心板块,省级卫视的发展动态最能代表广电行业的发展趋势。就省级卫视来讲,湖南卫视无疑是其中的佼佼者和创新者,湖南卫视在内容生产以及编播策略上的大胆创新和战略规划也引起了其他卫视的跟风效仿。

内容生产上,湖南卫视最早做出"综艺强台"的战略布局,以迎合其"快乐中国"的频道定位。具体战略实施上,湖南卫视以《快乐男生》和《超级女声》两档节目掀起了全民选秀风潮,并以此树立了"综艺强台"的频道形象。近些年来,湖南卫视又以《快乐大本营》《天天向上》两档"长寿王牌"综艺节目为基础,以《我是歌手》《爸爸去哪儿》两档现象级季播节目为重点,相继打造出《一年级》《真正男子汉》《偶像来了》《全员加速中》等系列季播真人秀节目,巩固了其"综艺强台"的地位。从湖南卫视2016年广告资源招标会总体情况来看,其综艺节目独家冠名权以及合作伙伴收入(除去节目硬广告)粗略估计已高达45亿元,超过除江苏卫视、浙江卫视、东方卫视之外的其他卫视全年营收。

鉴于湖南卫视以"综艺强台"战略布局所取得的巨大成功,以浙江卫视为首的其他卫视也纷纷效仿：2015 年浙江卫视提出了"美丽（立）富强"（新闻要立起来、人文要美起来、电视剧要富起来、综艺要强起来）的内容品牌新格局，重点突出"综艺要强起来"的战略布局；以电视剧闻名的山东电视台也将在 2016 年对其节目内容生产进行调整，推出多达 12 档季播综艺节目；其他如东南卫视、陕西卫视等二三线卫视也将在 2016 年发力综艺节目。总体来看，2016 年将是综艺节目的又一次井喷之年：根据各大卫视招商会透露的情况，有媒体预测 2016 年综艺节目将在 200 档以上，更有业内人士将数字抬到了史无前例的 400 档。

编播策略上，湖南卫视不拘泥于传统的编播模式，大胆创新，相继开发出了独播剧策略、电视剧周播策略、730 原创节目带，2016 年湖南卫视又将推出"4 + 3"编排策略。独播剧策略是指某部电视剧的播出权被一家电视台所垄断，买方拥有独家资源，只能在特定播出平台上推出，观众只能在这个电视台的频道看到，不可能在其他频道中看到该剧。湖南卫视的独播剧场有金鹰独播剧场、钻石独播剧场以及青春进行时独播剧场，独播剧中较为成功的有《花千骨》《伪装者》《回家的诱惑》等；电视剧周播策略是相对于日播策略而言的电视剧播出模式，简而言之，就是一边制作一边播出，按季播出，一周播出一到两天，每天一到两集（中国的周播剧具有明显的中国特色，总体上还停留在一个比较低级的层次，只是强调播出形式上的"周播"，即每周在固定时间播出，在生产和制作上仍沿用日播剧的模式）。湖南卫视相继在 2014 年 7 月 2 日和 2015 年 8 月 19 日推出了钻石独播剧场和青春进行时剧场。730 原创节目带是湖南卫视为了响应广电总局"一剧两星，一天两集"的政策而推出的周间节目编排策略，周日到周二晚间 7:30 的《变形记》和周三到周四晚间 7:30 的《噗通噗通的良心》组成了周间 730 节目带。"4 + 3"编排策略是指湖南卫视 2016 年起周日也将开始做综艺节目，打通周五、周六、周日晚间综艺带，实现三天"超级周末"的完整区隔，周间四天主推"三大剧场 + 730 节目带"四大板块。

湖南卫视对编播策略的调整，既符合广电总局的要求，又符合观众的收视习惯，获得了较高的人气和较好的市场反响。三大剧场所编排的剧目收视率经常排名省级卫视第一，以金鹰独播剧场为例，CSM50（央视索福瑞 50 城）数据显示，截至 2015 年 11 月，金鹰独播剧场除《前夫求爱记》外，其他剧目的平均收视率均破 1，最高收视率均破 2。另外，编播策略的调整也使湖南卫视获得了可观的经济收入。从湖南卫视 2016 年广告资源招标会的总体情况来看，"金鹰"、"钻石"以及"青春进行时"三大剧场的独家冠名、合作伙伴以及硬广告收入粗略估计高达 20 多亿。

湖南卫视的各项创新也引来了其他卫视的效仿,如2015年10月15日东方卫视以《他来了,请闭眼》开启周播剧场"心跳90分",浙江卫视和江苏卫视也将在2016年分别推出周播剧场"奇妙剧场"和"暑假独播剧场";各大省级卫视也纷纷开辟730节目带以及推出"4+3"编排策略等。

综合上述,湖南卫视敢于打破体制机制束缚,大胆创新,作为"第一个吃螃蟹的人"尝到了"综艺强台"、"独播剧策略"、"电视剧周播策略"、"730节目带"等战略创新的甜头,频道品牌知名度、美誉度以及经济效益都得到了提升。

(2)微观创意设计

广电价值链模型中涉及的微观创意设计是指一档节目的创意策划(版权)的来源。以综艺节目为例,目前中国市场上已出现过的综艺节目涵盖音乐竞唱、户外旅行、职业体验、家庭关系、智力挑战、体育竞技、偶像养成等方方面面。综其所有,从创意策划(版权)的角度大致可以分为四种:版权引进、版权合作、版权原创、版权的输出。其中,我国市场上流行的绝大多数综艺节目属于版权引进,如现象级节目《中国好声音》《奔跑吧兄弟》《我是歌手》《爸爸去哪儿》等,分别引进自荷兰版权 The Voice of Holland、韩国版权 Running Man、韩国版权 I Am a Singer、韩国版权《爸爸去哪儿》。自广电总局下发关于综艺模式引进的限制令后,国内各大卫视又走上了"联合研发"之路,如深圳卫视和韩国 KBS 电视台共同研发的《中韩梦之队》、安徽卫视和韩国 MBC 电视台共同研发的《星动亚洲》以及2016年山东卫视将推出的中韩合作研发节目《就拿我的假期拜托了》。鉴于广电总局对模式引进的限制令以及国外引进模式的枯竭,国内各大卫视纷纷开始研发原创版权节目,据不完全统计,2016年各大卫视将推出多达50档原创版权综艺节目。相对于前三种情形,目前我国综艺节目对外版权输出的案例尚属罕见,江苏卫视《全能星战》成为中国首个模式输出的音乐节目,灿星团队制作的《中国好歌曲》成功输出至英国,另外,天津卫视制作的原创明星戏曲真人秀《国色天香》以及河南卫制作的原创文艺综艺秀《汉字英雄》也已被国外版权公司购买,将推出海外版。

从创意设计的经济收益层面,也就是版权费用的角度来讲,版权引进属于买方行为,并不能给卫视频道创造经济价值,如《爸爸去哪儿》的版权费高达20亿韩元(约合1100万人民币),《奔跑吧兄弟》不是一次性的版权引进费,而是广告分成和后续版权收入等一系列收益。就目前的情况来看,版权合作和原创研发的综艺节目并没有很好的竞争力,甚至存活率也不算高,至于说给卫视频道带来经济价值,还为时尚早。而不同于以上三种,版权输出属于卖方行为,自然能给卫视频道带来可观的版权交易费。不过,问题在于,目前我国综艺节目的版权输出仍然不成规模,广电行业以此来大幅度增加盈利的道路依然漫长。

综合来看,战略与创意设计作为广电价值链模型的第一环节,其重点在于创新的重要性。无论是宏观层面上的内容生产和编播策略,还是微观层面上的节目设计,都离不开创新。创新是广电行业提高经济效益,优化赢利结构,实现自身转型升级的不竭动力。

2. 节目生产制作

"节目生产制作"处于广电基本价值活动的第二个环节,也是整个价值链的关键环节。质量是产品的根本,节目生产制作这一环节决定了节目品质的高低。相对于广电行业的整个价值活动来讲,该环节的主要任务是从根本上保证所要生产节目的品质。

新闻节目、综艺节目以及电视剧是拉动电视台收视率的三驾马车。但是,近些年来,随着广电行业市场化程度的不断加深,各大省级卫视频道之间的竞争主要集中在综艺节目和电视剧上,并且新闻节目本身也有着典型的地域色彩,各大卫视在新闻节目上的竞争被地域的间隔所削弱。另外,严格地讲,各大卫视之间的电视剧竞争不应该属于"节目生产制作"范围。从上世纪80年代电视剧的商业化和产业化进程加快开始,电视台垄断电视剧生产的局面已经逐步被打破。就目前来看,包括省级卫视在内的各个广电单位的电视剧资源还要高价从社会影视制作公司购买。因此,综合以上两个因素,本文所构建的广电价值链模型中"节目生产制作"这一环节暂且不把新闻节目和电视剧纳入研究范畴中,而主要研究各大卫视综艺节目的生产制作。

在综艺节目版权引进或原创出来之后,就要通过实际操作,把创意转化为具体可见、质量过关的节目成片,这其中的操作流程是异常复杂的,版权引进的综艺节目更是如此。卫视频道制作出来的中国版综艺节目品质至少不能低于原版节目,只有这样才能保证较高的收视率和美誉度,从而获得较为可观的经济收益,否则就不能满足观众的消费需求,甚至会引起观众的恶评,更不用说为卫视频道创造经济价值了。

各大卫视深谙此理,为了保证综艺节目的品质,投入了大量的人力、物力、财力。以《奔跑吧兄弟》为例,在指挥系统上,制作团队在总制片人下设立了两位总导演,一位侧重于现场,另一位侧重于编剧;除此以外,还有几位副总导演分别负责统筹、艺人、商务对接、后期等。在分工上,团队划分为勘景组、编剧组、导演组、摄像组、后期组、制片组;在工作量上,《奔跑吧兄弟》每次拍3天录2集节目,出动40多名摄像、上百个机位进行拍摄,产出300多个小时的素材,通过20名剪辑师,用20天至1个月的时间剪成1集正片。《奔跑吧兄弟》总制片人俞杭英笑称:"《奔跑吧兄弟》的艺人是拿生命在娱乐,我们是拿生命在做节目。"另外,还有些卫视频道为确保节目品质,不惜改档延期,重新审核。如湖南卫视的《偶像来了》、江苏卫视的《女婿上门了》以及东方卫视的《花样姐姐》等。

综合来看,节目生产制作这一环节重点突出了品质的重要性。在没有经历市场考验和接触观众之前,卫视频道能做的只是尽力把节目做好,保证质量。只有节目品质跟上去了,才有可能吸引观众,提高收视率,提高频道的品牌影响力,从而为经济效益的提高、赢利结构的优化打下坚实的基础。

3. 节目市场营销

"节目市场营销"和"节目交易发行"这两个环节已经开始使节目接触市场,并接受市场的检验。其中,"节目市场营销"注重的是把节目推向市场,赢得受众及广告主的青睐;"节目交易发行"注重的是在市场上对节目及其衍生品进行交易。相对于广电行业的整个价值活动来讲,这两个环节的主要任务是保证节目的市场存活率和存活空间。

卫视频道对节目的市场营销已经形成惯用的套路。首先,召开大型资源推介会和广告招商会已是卫视频道的共识。如湖南卫视分别在西安、北京、长沙举行了三场广告招商会,东方卫视分别在北京、上海举行了两场广告招商会,江苏卫视在南京举行了广告招商会,浙江、北京、山东、安徽、深圳等其他卫视频道也先后举行了大型广告招商会和资源推介会。其次,卫视频道利用微博微信等社交媒体对节目进行持续预热。以《爸爸去哪儿》为例,截至《爸爸去哪儿》第二季结束,该节目的期均微博阅读人数高达3343.92万,期均微博阅读次数高达3.55亿,期均提及人数达36.59万,期均提及次数达54.27万[①]。最后,卫视频道利用自身平台进行广告宣传。例如,在综艺节目或剧目接档之前,湖南卫视会在电视屏以及芒果TV的PC端和手机端推出该节目或剧目的预告片以及先导片,而《快乐大本营》和《天

---

① 数据来源:CSM&微博发布的《2014年微博电视指数报告》。

天向上》俨然已成为湖南卫视推广节目或剧目的重要平台。

节目市场营销最根本的手段在于品质。即使在湖南卫视强大的品牌影响力和高效的营销策略之下,也有像《中国最强音》《前夫求爱记》等失败的节目剧目作品。而影响力较弱的二三线省级卫视也有成功出色的节目剧目作品,如河南卫视播出的《汉字英雄》、东方卫视播出的《极限挑战》、山东卫视播出的《红高粱》、北京卫视和东方卫视播出的《琅琊榜》等。

总之,广电价值链模型中的每个环节都是紧密相连的,某个环节出现的问题可能在本环节中表现得并不明显,但随着链条的延伸,此环节带来的问题会被逐步放大。节目一旦接触市场,其在市场上的存活率和存活空间便不再受"生产"环节的控制,而是由市场和观众来决定。因此,节目是否能存活、活得好不好,最根本的还在于节目自身的品质。

4. 节目交易发行

上文已提到,"节目交易发行"注重的是在市场上对节目及其衍生品进行交易。就目前广电行业的节目交易发行现状来看,大致可以分为以下四类:

第一,模式版权交易。此类节目交易发行上文已经提到,在此不再赘述。

第二,广告冠名。广告冠名对企业来说可以提高知名度和影响力,对卫视频道来说,则是一种能获得较高经济效益的节目交易行为。目前来看,把某档节目或某个剧场的冠名权出售给企业已经成为省级卫视最流行的节目交易行为,并且随着这股趋势的流行,节目或剧场的冠名权收费也随之水涨船高。以湖南卫视为例,《爸爸去哪儿》第三季的冠名费高达5亿元,打破了国内冠名的纪录,而《爸爸去哪儿》第一季的冠名费只有2800万元。另外,就湖南卫视2016年广告招商会的整体情况来看,其三大剧场和多档综艺节目的冠名费较之2015年均有不同程度的提升。

第三,网络版权交易。随着阿里巴巴成功收购优酷土豆,网络视频行业三足鼎立的局势已经形成。在强有力的资金支持下,优酷土豆、爱奇艺以及腾讯视频三大网络视频巨头终将成为广电行业强有力的竞争对手。不过,目前来看,缺乏内容是网络视频行业的通病和软肋,因此,网络视频也在积极抢夺各大卫视频道的内容资源,而卫视频道则借此获得了不错的收益。但是,在"内容为王"的消费时代,把内容资源出售给视频网站是不利于广电行业自身的长期发展的。湖南卫视深谙此理,并没有把内容资源出售给其他视频网站,而是放在了自己的网络平台——芒果

TV 之上,并取得了不错的成绩:芒果 TV 最新发布的官方数据显示,芒果 TV 全平台日均用户已突破 3000 万,日均播放量过亿,移动端累计用户破 2 亿,2015 年年收入近 10 亿元。

第四,变内容产品为 IP(Intellectual Property,知识产权)资源。较之以上三种交易手段,变内容资源为 IP 资源可以拓展广电行业的产业经营范畴,卫视频道可以赚取围绕内容资源的多元利益。变内容产品为 IP 资源的具体方法包括以下三种:第一,开发大电影。随着《爸爸去哪儿》《奔跑吧兄弟》《极限挑战》的热播,湖南卫视、浙江卫视、上海卫视分别推出了《爸爸去哪儿》大电影、《奔跑吧兄弟》大电影、《极限挑战》大电影(年底贺岁档上映),并取得了不错的票房成绩。以《爸爸去哪儿》大电影为例,上映首日票房便破千万元,次日票房再收 8600 万元,上映两日累计收入达 1.76 亿元。截至 2014 年 2 月 9 日,上映 10 天的《爸爸去哪儿》大电影票房突破 5.7 亿元,连续打破多项华语 2D 电影市场纪录,成为 2014 年中国电影市场的第一匹超级黑马[①]。第二,开发手游。随着手游市场的渐渐火热,省级卫视也开发了多款与热播电视剧和综艺节目的同名官方手游,如《武媚娘传奇》《花千骨》《神雕侠侣》等电视剧推出了同名手游,除《爸爸去哪儿》《奔跑吧兄弟》外,《真心英雄》《巧妙的朋友》《最强大脑》等多达 18 档综艺节目也推出了同名手游。以《奔跑吧兄弟 3:撕名牌大战》为例,自该款手游 2014 年 11 月 13 日上线至 11 月 17 日,短短 5 天,下载量即突破 400 万用户,收入超过 500 万元[②]。第三,开发衍生节目。节目的衍生开发不仅可以落实到实物,还可以根据节目自身来开发衍生节目,并且开发的衍生节目也不受原节目版权的限制,能获得相应的收益。如《爸爸去哪儿》的衍生节目《和爸爸在一起》,《我是歌手》的衍生节目《我们的歌手》,《中国好声音》的衍生节目《酷我真声音》,《奔跑吧兄弟》的衍生节目《跑男来了》等。

综合来看,以上四种交易手段均能提高广电行业的经济效益。但从长远来看,模式版权交易以及变内容产品为 IP 资源是广电行业优化赢利结构、实现自身转型升级的最佳手段。

5. 观众反馈

"观众反馈"是广电基本价值活动的最后环节,也是整个价值链的重要环节。

---

① 《〈爸爸去哪儿〉10 天收 5.7 亿 连破华语 2D 票房纪录》,《新闻娱乐》,http://www.pingxiaow.com/hot/2014/0211/122451.html。

② 数据来源:百度移动游戏《奔跑吧兄弟 3》IP 战略发布会。

相对于广电行业的整个价值活动来讲,该环节的主要任务是及时倾听观众的反馈,不断改善自己。

广电行业最根本的赢利逻辑是"二次销售"。简单来讲,广电行业第一次销售的产品是对观众有价值的信息内容,包括新闻、电视剧以及综艺节目等,从而获得了特定观众的注意力。第二次销售时,广电行业把这些特定观众的注意力卖给广告主,以此从广告主手里获得经济收益。从这个角度分析,广电行业的价值活动离不开观众这一角色,如果卫视频道提供的内容资源不能满足观众的消费需求或者卫视频道不能对观众的意见和建议做出及时反馈,改善自身。没有了观众的收视,节目的价值便无从体现,甚至整个广电的价值链都将无法维持。为了加强与观众的收视连接,广电行业除了提供高品质的节目外,还应该突破电视屏幕的物理限制,真正与观众进行实际的互动。

浙江卫视从2006年开始,每年都会举办"中国电视观众节",截至2015年,浙江卫视已经成功举办了10届"中国电视观众节"。"中国电视观众节"始终坚持以"回报观众、回报社会"为宗旨,以"参与、热闹、娱乐、开放"为办节方针,坚持"以观众为本、为观众办节、让观众满意"的精神,以此来提升节目的水平,满足广大观众日益增长的精神文化需求,被称为中国电视业的一大创举。现在,"中国电视观众节"已成为浙江卫视与观众之间沟通的重要桥梁,一方面,它拉近了观众与浙江卫视的距离;另一方面,浙江卫视可以通过"观众节"这一窗口认真倾听观众的意见,真正为观众服务。另外,除了举办"观众节",浙江卫视还设置了观众信箱,开通了官方微博、微信公众号等,希望尽可能广泛地收到观众的反馈,倾听观众的意见和建议,以此来不断完善和提高自己。

总之,各个卫视频道应该做好价值链中"观众反馈"这一最后环节,重视观众的需求,认真倾听观众的反馈,不断改善自己,从而促进价值链的高效循环发展。

6. 辅助活动

在本文构建的广电价值链模型中,主要有四种辅助价值活动,分别是技术和基础设施、人力资源管理、财务管理、组织架构这四个环节。相对于基本价值活动来说,这四个环节并没有直接涉及广电的价值创造,而是以后台支援的间接形式参与广电的价值创造。简单来说,辅助活动的主要任务就是配合广电的基本价值创造活动,确保其能够顺利高效地完成。

在辅助活动的四个环节中,"技术和基础设施"、"人力资源管理"、"财务管理"三个环节为广电价值创造活动提供了必不可少的技术、物力、人力、财力保障。如上文例子提到的,制作1集《奔跑吧兄弟》需要至少6名导演、40多名摄像、20多名剪辑师以及上百个机位(其中包括技术要求高的"航拍")。这种物资条件上的硬性要求,是对同时生产多个节目的省级卫视的考验,也是省级卫视内部必须协调处理好的问题,否则就无法保证节目的品质,价值创造活动也会大打折扣。"组织架构"是辅助活动的核心环节,是管理、调配广电内部各种资源的制度机制。以浙江卫视为例,为适应不断变化的市场,浙江卫视自2008年开始便逐步对自身的组织架构进行调整。在制度管理上,浙江卫视提出了"三令五申"(三令:嘉奖令、处罚令、预警令;五申涉及导向、品质、品牌、队伍、廉政五个方面)的重要管理制度,同时在卫视内部全面推行扁平化管理,积极探索卫视管理制度的新模型。在人力资源管理上,浙江卫视创立了"首席制"选拔机制,配合中心推荐和自荐进行人才选拔;推出了以"师徒计划"为主,同事教育、榜样教育以及职业教育为辅的多种教育方式;推出了"星级"考核体系,引入激励机制。在技术方面,浙江卫视加大资金投入,建立了高清演播室,租用直升机,在《新闻深一度》栏目中首创了三网融合的报道方式,通过网络、卫星、光缆等设备实现了主持人、观众和嘉宾的现场互动。

综合来看,广电价值链模型中提到的辅助活动,归根到底就是指广电行业的内部机制问题。省级卫视的竞争实际上就是体制内部的一场市场化变革,是在保证组织"事业化管理"基本属性不变的前提下,对内部机制进行的大胆改革创新,以适应"企业化运营"的要求,成功实现自身的转型升级。

通过结合迈克尔·波特的价值链理论对广电的价值创造活动进行分析可知,广电行业除了广告和有线收入以外,还有更多的其他赢利方法。如节目版权开发与交易、内容与编播方式创新、内容IP资源开发等,这些也是广电行业优化赢利结构、提升经济效益、实现转型升级的关键所在。另外,广电行业在结合新的赢利手段创造价值的同时,也不能忽视贯穿于各个环节的核心落脚点,如拥有创新精神、追求节目品质、倾听观众反馈等。

(作者单位:浙江传媒学院)

产业链延伸与区域性广电媒体的转型发展[①]
——以荆州广电为例

周文佳　张　雷

鉴于市场资源稀缺、发展基础薄弱、政策法规限制等多方面原因,区域性广电媒体在人力、财力、节目制播质量上存在着先天不足。加之我国媒介产业结构的条块分割状态,区域性广电媒体很难突破区域壁垒,只能在央视和卫视等强势媒体的挤压之下谋求生存与发展。与此同时,互联网带来的全新受众体验,悄然改变着受众的收视习惯,给整个广播电视产业带来了很大的冲击,广播电视受众大量流失,广告市场被蚕食。面对如此严峻的形势,如何突围,已成为区域性广电媒体面临的关键问题。鉴于此,本文将从分析区域性广电媒体在产业链的链位出发,以荆州广播电视台为例,探讨区域性广电媒体向产业链前、后双向延伸的多元化发展之路,为区域性广电媒体的转型发展提供对策与建议。

一、区域性广电媒体的产业链链位分析

产业链是指在经济布局和组织中,不同地区、不同产业之间或相关行业之间构成的具有链条绞合能力的经济组织扩张。广电媒体作为信息的发布平台,在第一、第二、第三产业的产业链中均有它的身影,在以往的实践中,其主要作为其他产业产品的广告发布平台,属于产品营销中的宣传环节,位于产业链的下游,帮助其他产业实现价值。正因为如此,广电媒体为受众提供广播电视节目,利用这些节目吸引受众的注意力,最后将受众的注意力销售给广告主。在这种功能背景下,广电媒

---

① [基金项目]:本文系浙江省哲社规划课题"自主创新视角下的浙江广电内容产业发展研究"阶段性研究成果,(项目编号:14NDJC113YB)。

体的主导赢利模式就是以为企业主发布广告换取经济回报。

与此同时,就广电媒体自身的产业价值链而言,一条完整的广电媒体产业链应该由广播电视节目的创意、生产、播出、发行、销售、广告服务等多个环节组成。从组织形态来看,广播电视产业链包括节目制作公司、发行公司、电视频道、广告公司以及其他营销服务中介机构(媒介代理、收视率监测、市场调研及其他配套机构)等。从价值创造的过程来看,广播电视价值链主要包括三个价值增值点:一是广播电视节目内容创造(节目发行受益),二是广播电视节目播出(广告受益),三是延伸产品和服务(产品销售和服务受益)。我国媒介组织已经进入社会主义市场经济的轨道,逐渐发展成了具有国有企业性质的媒介产业,在国民经济中逐渐发挥越来越重要的作用。现在,区域性广电媒体主要以信息服务为核心开展各种业务活动,地域性新闻仍是地方广电媒体的核心竞争力所在,为当地企事业单位提供广告服务而产生的广告收入是区域性广电媒体的主要收入来源。由此可见,区域性广电媒体处于媒体产业链的中游环节。

二、前向延伸:区域性广电媒体的多元化发展战略

鉴于广电媒体在其他产业链条中的地位,区域性广电媒体可以从其原有的位置出发,向前向即上游的产业领域延伸,采取多元化发展战略。多元化发展战略指的是企业在多个相关或不相关的产业领域同时经营多项不同业务。虽然很多人认为由于缺乏跨行业经营的能力和资源,企业在进行多元化经营时往往会造成人、财、物等资源的分散和浪费,最后导致生产经营的失败。但其实,作为经营战略和方式,多元化发展战略成败的关键在于企业所处的外部环境及所具备的内部条件是否符合多元化经营的要求。将资源用于不同的产品和地区市场,可以分散主营业务的风险。企业如果能根据自身情况合理利用资源,多元化发展战略就会产生 $1+1>2$ 的效果。

在激烈的竞争环境下,区域性广电媒体想要生存和发展,可以根据自身的情况,利用广电媒体的公信力和信息方面的优势,改变自己在其他产业中位于产业链下游的现状,向产业链上游延伸,变为其他产业产品的研发生产者和销售者,实现区域性广电媒体的多元化发展战略。比如说,在农业经济发达的地区,区域性广电媒体可以在帮助企业发布农产品信息的同时,自办农产品生产基地,创建农产品销

售平台,提供农产品售后服务,向其发布信息的相关产业延伸,形成多元化发展格局。

以湖北荆州电视台为例,2002年4月,湖北荆州电视台创办了湖北第一个对农电视栏目《垄上行》,该栏目后来发展成为全国第一个地级市的专业对农频道——陇上频道。荆州电视台把握时机,利用《垄上行》的知名度和品牌效应,适时延伸电视台的产业链进行多元化发展。2012年5月31日,湖北省广播电视台与荆州市人民政府签署协议,荆州电视台垄上频道与湖北电视台垄上频道整合,组建湖北长江垄上传媒集团(后文简称"垄上传媒集团")。集团除了陇上频道和三农湖北这两个电视频道以外,其主营业务范围开始向上游产业延伸(如表1所示),形成了包括以农业为主要内容、农民为主要对象的四个板块——新公社、新农会、陇上优选和陇上人力。

表1 垄上传媒集团多元化业务布局

业务板块	主营业务内容	延伸产业
新公社	发展直营超市,打造农资连锁超市	农产品零售业
新农会	对农业信息服务的运营,商务+信息	农业信息服务
陇上优选	绿色有机农副产品上行渠道建设	农产品研发与生产
陇上人力	为进城务工人员提供一站式服务	农村人力资源服务

其中,新公社是陇上传媒集团旗下一家主营对农服务的公司,这是广电媒体首次和社会资本合作进行农资产品的营销。该公司成立于2009年,秉持的核心理念是全心全意为广大农村父老乡亲服务,力图将自己打造为"农资国美"、"农资沃尔玛"。新公社的运营模式就是直接在农资生产企业中采购农产品,然后利用荆州电视台陇上频道的品牌优势和公信力宣传这些农产品,最后将农产品分销给县级代理商,由县级代理商将这些农产品送到农民手中。这种模式相当于开办了一个售卖农产品的直营超市,但与一般直营超市不同的是,它利用电视台的平台优势使农产品信息传达得更为公开、及时。这在很大程度上解决了农民在农产品领域难买难卖的问题,在给自己创收的同时也给当地群众带来了实实在在的好处,因而成了大家学习的服务"三农"的优秀代表。

如果说新公社是一个农产品的直营超市,那么新农会就是农产品信息的集散地。新农会将自己定义为"对农信息服务运营商",抱着一种"贴心贴近为乡亲服务"的态度,开辟了现代农业农村信息化这个崭新的市场。该公司的运营模式是利用自己的信息渠道资源,整合来自媒体、政府、社会的各种信息,把对农业信息需求较高的群众发展为会员,采用会员制的方式将整合后的信息"一对一"地提供给会员。这种双赢的运作模式,为湖北省"三农"工作的顺利展开提供了信息方面的支持。公司在运作的过程中十分注重新媒体的使用,建立了《陇上手机报》、呼叫中心以及现在流行的手机客户端、微信公众号、微博等,实时将信息发布在这些平台上。这些举措不仅为全省4000万农民提供了最新的农业资讯,还推动了手机和互联网在农村的普及。除此之外,新公社还开展了"新农会服务站"工程,以O2O的模式为农民群众提供网购服务,让农民群众成为现代电商的受惠者。正是因为新公社这种坚持社会效益和经济效益并重的行为,其被农业部先后评定为"全国首批四十家农业农村信息化示范基地"及湖北"国家农村信息化示范省"项目承建单位之一。

此外,垄上传媒集团还于2013年成立了陇上优选公司,这是陇上传媒集团旗下的全资子公司。公司致力于全国绿色有机特色农产品的研发和销售,主要工作是开辟绿色有机农副产品的上行渠道,搭建农产品从农村到达城市的桥梁。陇上优选公司常年深入农村,寻找与各种种植大户、专业合作社、中小企业合作的机会,一方面帮助农民增收,另一方面为农产品提供从农村到达城市的最直接的渠道,使城市群众能及时得到绿色、安全的农副产品。与新公社一样,陇上优选公司也将业务范围扩大到了电商领域,开办订单农业、农业电商等业务,并注册了"陇上优选"服务号。陇上优选服务号是一个新媒体宣传平台,目的是提高陇上优选的品牌知名度,促进农产品的销售。

除此之外,陇上人力也是集团的下属业务板块之一,该企业全称为湖北垄上人力资源服务有限公司,是全国第一家电视媒体跨界组建的人力资源企业,其形式相当于一个求职中介,但工作业务涵盖求职、技能培训、创业指导等,不是简单意义上的帮助农民工介绍工作。利用陇上频道的资源,陇上人力与《打工服务社》栏目合作,通过电视节目的影响力,将企业与求职者联系起来。据统计,截至2014年10月,陇上人力一共为5800多名农民工解决了就业问题。

三、后向延伸:区域性广电媒体的资源开发战略

我国的广电媒体资源丰富,不仅有办公大楼、各种技术设备等有形资产,还有人

力、内容、知识等无形资产。区域性广电媒体除了前向延伸以外，还可以充分利用自身的人力资源与内容资源优势，向新媒体等相关产业发展，后向延伸产业链。如利用主持人的个人知名度、号召力以及其在主持专业方面的优势，主办大型特色活动；还可以走本地化发展道路，利用本地新闻等内容方面的优势开发新媒体业务等。

在利用电视台独有的人力资源方面，荆州电视台成立了农民艺术团，派出专业的电视策划和摄制团队组建自己的演出队伍，在农村招揽各类庆典活动，让台里优秀且有知名度的主持人为节目服务，以扩大节目的影响力。这样的经营方式既锻炼了电视台员工的业务能力，提高了员工的业务素质，又为电视台带来了新的利润增长点，还为当地农民带去了实实在在的好处，与当地农民建立了一种新的纽带关系，拉近了农民受众和电视台之间的距离。比如说该艺术团举办过走进松滋南海柑橘园活动，该活动在给当地农民带去文艺节目的同时，还在柑橘滞销时期帮助当地促销柑橘，《垄上行》节目主持人在现场多次发布柑橘销售信息，节目刚一播出，100多张柑橘订单就蜂拥而至。

在利用电视台的内容资源向新媒体发展方面，荆州电视台也走在时代的前端，开办了荆州新闻网、掌上荆州手机客户端、荆州手机电视台等。在以互联网、手机等为代表的新兴媒体使广播电视等传统媒体的受众和广告收入不断流失，覆盖面、渗透率和影响力逐渐下滑，严重威胁到广电媒体的生存的背景下，传统媒体想要生存和发展，与新媒体融合已是必然之势。广播电视媒体从业人员在信息采集工作以及信息准确性核实方面有一整套流程，其生产的新闻内容可信度高、公信力强。像荆州广电这样的区域性广电媒体，其生产的内容以当地群众的生活为核心，与当地群众的生活贴近性强，深受当地群众的喜爱。以掌上荆州手机客户端为例，它将已有新闻信息重新整合后发布在这个客户端上，内容涉及荆州的旅游、餐饮、购物等方方面面，使用该客户端的受众一方面可以方便地掌握当地的各种信息，另一方面还可以在每条新闻信息下即时留言，与信息发布者以及其他受众互动。此举不仅有助于新闻内容的丰富与深化，也有助于吸引更多在电子媒体环境中成长起来的受众。

四、产业链双向延伸的障碍与建议

区域性广电媒体进行产业链双向延伸，涉足新的行业其实是一种有风险、不确定的战略选择，因而必须考虑到各种风险和障碍。

首先要考虑宏观政策与产业环境两个方面。就宏观政策环境而言，我国的广电媒体是实行企业化管理的事业单位，是党、政府和人民的喉舌，负有传播信息、引导舆论的重要社会职责。广电媒体在业务拓展的过程中，肯定会遇到一定的行政干预，诸如规范传媒行业经营的各种规定、通知等，这些都会影响区域性广电媒体的多元化经营进程。要解决这个难题，地方媒体就要利用自己在信息收集方面的优势，通过各种渠道熟知党和政府的相关政策，在法律和政策允许的范围内进行产业链的延伸，尽可能地扩大企业的独立自主经营权限。就宏观产业环境而言，一个产业是否有发展的前景，直接影响着进入该产业的各个企业的发展，区域性广电媒体在涉足新的产业之前，要对自己将要进入的产业有一个全面的了解和透彻的评估。荆州广电在向农业进军之时，找到了契合自身地域特点的发展路径，看准了我国农产品的广阔市场、农民日渐提高的消费能力和未能得到满足的消费需求，以及国家政策对农业的大力扶持，最后取得了不错的成绩。

再次是中观产业适应能力方面。由于媒介缺乏跨行业经营的能力和资源，经营规模的盲目扩大就可能造成经营的失败，这时候区域性广电媒体就要根据自身实力和外部环境等各方面因素量力而行。一般来说，非相关多元化战略选择意味着企业在原材料、设备、技术、管理、市场、信息、人才方面难以达到协同效应，在经营的过程中将承受更多的风险。所以在进行产业链延伸时，为了实现已有资源利用率的最大化，区域性广电媒体应当往相关多元化方向上发展。荆州广电台以《垄上行》这个专门报道农业信息的栏目为核心，以江汉平原为依托，利用自己在农业信息方面的优势，向农业及农业相关产业进军，将广大农民受众转换为农民消费者，这种理性的产业链扩张模式使荆州广电的成功成为必然。

最后是微观企业经营方面。区域性广电媒体在进行转型发展的过程中，面临的一大难题是人力资源的管理。一方面，传统媒体的员工可能在业务能力方面不能适应新岗位的要求；另一方面，媒介员工在心理上可能无法接受自己身份的变化。比如说让电视节目主持人走进农村，帮助销售农产品，有些主持人可能觉得自己未能人尽其用。这不仅会导致各方面的工作无法顺利进行，更严重的是可能会造成人才的流失。关于这一点，荆州广电也在不断探索，其经验值得借鉴。垄上频道在开播之前就对员工进行了理念宣讲与思想教育，让该频道的所有记者都深入农村，分区域、分步骤保证每个记者每个月都在农民家里住三天，让他们先从心理上接受这个新的挑战，认识到这是锻炼自身能力的一个机会。除此之外，区域性广电媒体还可以制定员工培训计划并组织实施,领导要重视对员工的在职培训,积极延长人才的生命周期,使其更好地适应工作的需要。最后,在人才引进时就要遵从能位对应的原则,做到量才录用、人尽其才,让英雄有用武之地。

五、结论

区域性广电媒体想要谋求生存地位和发展空间,就必须在广告以外的业务领域不断拓展并创造出新的赢利模式,打破单一依赖广告的现状。因此,明确目标市场、了解受众需求、挖掘市场机会,结合自己的优势向产业链的上下游延伸是其必然的选择。荆州广电结合自身农产品信息发布平台的优势,向产业链上游延伸开发、销售农产品、提供各种有关"三农"问题的服务,利用自身在人员和内容上的优势,向产业链下游延伸开办农民艺术团,发展新媒体的模式等,探索出了区域性广电媒体立足地方、服务地方、拓展产业的发展路径。在广播电视媒体转型发展的关键时期,这些都是值得业界同行借鉴的宝贵经验与创新模式。

(作者单位:浙江传媒学院)

媒体+电商+ICT社会:"双十一"的广电启示
——兼谈城市台的出路

刘 燕

"双十一"是电商的狂欢节,但 2015 年的"双十一"却华丽转型,成为全民购物狂欢节的代名词。从 11 月 1 日起至 11 月 14 日,"双十一"掀起了持续两周的营销大战,无论是话题、创意还是炒作,2015 年的"双十一"都充满了看头。不管是湖南卫视与淘宝合作的"天猫'双十一'狂欢夜",还是京东与灿星团队合作在 CCTV-3 播出的京东"京"喜夜,都掀起了"媒体+电商"合作的新模式,令人不由得惊呼:电商才是最牛的媒体人!除此之外,各大媒体也纷纷加入"双十一"大战的报道中,一时引发了媒体圈、娱乐圈、电商圈、"剁手党"的全民狂欢。

从百度数据来看,网民的"双十一"搜索数据在 11 月 1 日到 8 日之间比较平稳,但在 11 月 8—13 日,网民关注度迅速提高,形成了一个狭窄的波峰,11 月 11 日达到峰值。在新闻头条的占有度上,11 月 1 日到 14 日之间,有关"双十一"的话题有 10 天占据网络及各大新闻媒体的头条。"双十一"究竟给媒体带来了什么?本文以杭州电视台为例,试图讨论在电商媒体化的背景下,传统广电媒体与电商的关系,但更重要的是广电人要从 ICT 信息社会发展方向的宏大视角来寻找出路。

一、传统广电面对"双十一"的心态和特点

"双十一"已成为媒体的重要报道选题,杭州电视台也不例外。以杭州明珠频道和综合频道对"双十一"的报道来看,基本符合百度数据显示的结果。两个频道从 11 月 2 日开始进行"双十一"的系列报道。《明珠新闻》在 11 月 4 日、6 日、9 日、10 日、11 日、12 日、13 日、14 日对"双十一"都有较长时段的综合性报道,最长时间

(11月11日)达到约26分钟,平均报道时长约10分钟。综合频道的《新闻60分》《民情观察室》《杭州新闻联播》《新闻晚点名》《我们圆桌会》《天天说事》等多个栏目对"双十一"都有较为广泛和大量的报道,从11月9号开始到14号,几乎没有间断,在11月12日达到报道高峰。

总体来看,"双十一"的报道量大、报道范围广,对杭州城市的关注度高,报道内容贴近生活,重视舆论导向、贴近杭州百姓生活,报道的角度多元化、新闻立场明确。但如果认真加以分析,可以看出杭州电视台在"双十一"的报道上仍反映出一些传统媒体对新媒体的心态和特点。

1. 围观

"双十一"报道的内容和热点基本上控制在电商手中,从天猫和京东的"猫狗大战"到"双十一"晚会、"双十一"大数据,精彩的新闻信息和内容都掌握在电商手上,无怪乎有人说,"双十一"足以证明阿里巴巴的议程设置能力。大部分广电媒体在"双十一"中仍处于被动和围观的状态,在"双十一"中难以脱离以往的报道框架。传统媒体对"双十一"的围观,不自觉地帮助了电商,成功地使民众"乖巧"、"听话"地参与了这场狂欢。[1] 倘若传统媒体仍持有这种围观的心态,未来就有可能被电商媒体超越。为此,传统媒体必须提高警惕。

2. 踩刹车

两个频道的"双十一"报道中几乎每天都有较多针对电商网络消费陷阱、电商消费问题的负面报道,还有许多新闻以"双十一"开头对网络消费纠纷案件曝光。从消费陷阱到物流扰民、快递小哥生存压力等,传统媒体给整个过热的"双十一"不断地踩刹车,在舆论监督上和关注民生上确实起到了喉舌作用,但在报道的深度和建设性上则显得略为单薄——踩刹车之余更应该有创新的思路,为"双十一"的良性发展提供燃料。

反观新媒体领域,针对"双十一"也掀起了报道狂潮,但在报道的重点和方式上却又较大差异。相比传统媒体而言,"双十一"是自媒体的狂欢节,是带有明确商业目的的一次商业策划,各大网络媒体、微信、今日头条APP的报道更倾向于娱乐化、商业化。类似《双十一"剁手节"看各式牛人爆笑晒单》的新闻信息,新媒体

---

[1] 赵振杰:《460余家媒体看"热闹"》,《河南日报》2014年11月11日。

借"双十一"与企业合作的推广新闻比比皆是。网络与自媒体对"双十一"报道的互动性较强,例如各大网站电商纷纷发红包,京东甚至还邀请明星发红包,网民也在各大平台上抢红包,这些都使得"双十一"期间网络媒体的娱乐性与商业性显得格外明显。

二、电商媒体化时代对传统广电的启示

"双十一"是电商们的狂欢节,于媒体人何干呢?传统电视媒体是否只需守牢自己的老本行,将"双十一"的活动作为普通的新闻热点事件给予围观报道就足够了呢?答案是否定的。仅把"双十一"当做电商的一次狂欢是不够的,"双十一"其实也是中外媒体一次名副其实的盛宴。2014年11月10日,包括路透社、新华社、中央电视台等在内的460多家海内外媒体守候在阿里巴巴西溪园区,等候其凌晨活动正式开幕。① 但把"双十一"当做一次普通的传统媒体对电商狂欢的报道更是不够的! 近几年来,新媒体发展迅猛,基于一个个社群的中心正在兴起,赢利模式也开始从广告模式转向社群模式、电商模式,从媒体到社群到电商的整个商业化路径正在打通,②电商横跨整个传媒行业。面对这样的形势,传统媒体的传播观念要向大传播观、大媒体观转变,不可小觑电商的媒体化。

电视台要积极思考自己在电商媒体化时代的发展方向。新浪网携手清华大学新闻与传播学院联合发布的行业报告《2014 媒体行业发展趋势报告》对传统媒体转型提出了四点建议:(1)进行垂直化深耕,聚焦定制服务,介入电商业务;(2)发挥政策优势,大小平台双向拓展;(3)"全媒体"搭建与差异化运营;(4)新闻生产融入技术与数据。③ 其中,介入电商业务是广电可以发展的方向,央视也在探索媒体的电商化,包括 T2O 模式等,这些都是非新闻业务的一些电商化尝试。在新闻制作领域,建议电视台不妨学习一些电商型的思维:专注业务,提升客户体验,线上线下互动,重视数据分析、口碑传播和技术创新。

---

① 赵振杰:《460余家媒体看"热闹"》,《河南日报》2014年11月11日。
② 陈磊:《传统媒体转型 建议介入电商业务》,2015年2月10日,http://tech.sina.com.cn/i/2015-02-10/doc-ichmifpx7647128.shtml。
③ 《聚焦"双十一"专家畅谈新媒体时代的营销与传播》,http://yuqing.people.com.cn/n/2015/1112/c392411-27809092.html。

三、ICT 信息化社会中城市电视台的出路

其实,电商媒体化或者媒体电商化只是 ICT（Information Communication Technology,简称 ICT）信息化社会的冰山一角,传统广电人更要有远见,看清 ICT 信息化社会的主流和主导方向。三网融合、媒介融合的下一个增值力不再是管道产业链的价值,而集中在新兴 ICT 应用上,电商不过是新型 ICT 的应用而已。

所谓新型 ICT 的应用,指基于信息、通信和技术,使信息消费与实体经济深入结合,与大众用户的生活、工作、教育、娱乐、商务等活动形成更深入的连接和渗透,基于线上线下的一体化服务形成高水平的用户体验和用户黏性。在 ICT 时代,不管是电视台还是电视网络运营商,如果不能扩大自身的媒体服务,将自己与用户更直接、更准确地连接,延伸到用户的具体生活、教育、商务等应用场景,就有可能在信息化社会中丧失主流地位。①

城市电视台当前面临着巨大的竞争压力:一方面,不仅同业竞争压力大,而且由于行业跨界渗透,异业领域也开始大面积蚕食广电市场;另一方面,受宽带互联网、移动技术快速发展的影响,社区、城市、行业、居民生活方式正在发生巨大的变化。这是一个动荡不安的转型时期,也是一个令人兴奋的变革时期。虽然不少城市电视台已经有诸多的领先尝试,例如华数电视与淘宝的结合,但电商化只是城市电视台多元化发展的一个选择性发展方向,城市电视台还需要在以下三个方面寻求突破:

1. 生产制作方式向"内容 + 服务"转型

在 ICT 网络渠道建成后,无论是以广电、电信还是以商业机构为主导的信息平台,最核心的竞争仍是内容资源的竞争。当前,不少卫视集团举全集团的力量打造卫视频道,目的就是想依靠卫视频道的节目来占据全国的竞争优势,其他的地面电视台则主要做贴近本省的服务。城市电视台在内容的制作上要避开与央视和卫视的正面竞争,但仍要守住"内容为王"这个根本,可以从"内容 + 服务"的角度制作节目,打造几档全新的品牌服务型节目,利用全媒体的平台将原有的观众转换成用户,全力做好节目与服务的衔接,扩大线上服务型节目的内容、信息量、实用性、知

---

① 林起劲:《2015 广电行业发展趋势展望》,http://www.time - weekly.com/html/20150120/28216_1.html。

识性,提高线下服务的质量和物流速度。广电集团可以与各种服务机构开展更广阔领域的合作,以提高服务的水平。

2. 增强信息平台的竞争力

广电行业既是内容生产商,又是平台运营商。但未来只有少数具有竞争力的大型平台才能生存下来,广电可能要面临两个方向的转型:一个是成为专业的内容生产商,一个是努力成为具有竞争力的平台服务商。例如,杭州电视台在这两方面都有一定的优势,但目前竞争力都还不足。受专业视频网站的冲击,加上淘宝、微信、百度等信息平台的垄断,广电行业在互联网平台上的竞争力严重不足。例如,华数 TV 的 App 软件在豌豆荚上的下载量只有 11 万多,芒果 TV 也只有 740 多万,与视频网站动辄四五千万的下载量相去甚远。在此问题上,城市电视台集团的领导应谨慎地思考,不仅要增强信息平台的影响力和竞争力,还要突破现有以单纯节目播放为主的平台模式,进行多元化思考和探索,在更广的领域内寻找机会,尤其是在移动互联网交易平台上寻找商机。广电向互联网的转型势不可当,要及时抓住机遇。

3. 在本地化中寻求突破

城市电视台最大的优势是本地化,因此在发展思路上仍要牢牢地从本地化中寻求突破。当前,城市电视台的发展仍有许多优势和机会,可以从三个方向考虑:一是增强节目内容的本地化,使城市电视台各频道的节目不再各自为政,而是形成合力,形成一个本地化的方阵组团,提高整体战斗力。在此方面,许多城市电视台仍然无法形成合力。二是从本地化的服务中寻找机会,加强 ICY 应用服务的建设。2014 年广电行业的广告收入涨幅收窄,但是全年广电服务业的收入仍在增长,增幅达 7.59%,略高于国内生产总值(GDP)7.4% 的增速。① 可见,服务领域的创收将成为广电行业新的增长点。例如,杭州是电子商务的诞生地,物流、服务、互联网、金融都有较好的基础,杭州电视台便完全可以从本地化中寻找商业机会,加强与老百姓民生有关的 ICT 应用服务的建设,探索新的 ICT 服务模式,从中找到发展机遇。三是从城市发展中寻求突破。各大城市都有自己的特色、发展方向与支柱型经济,城市电视台应从文化、经济、科技上加强与所在城市的关系,从中寻找机

---

① 沈浩卿:《从传媒 500 强榜单看各广电集团竞争力. 媒介 360》,http://www.chinamedia360.com/News/NewsDetail.aspx? nid = C36FBC7BF21FAF33。

遇。例如，杭州正在朝智慧城市、智慧社区的方向发展，体验经济、科技、互动是主导方向，杭州也在大力发展文创产业，杭州电视台可以趁此机会尽快转型为智慧型文创广电集团，全面提升集团的创新形象，用新科技、新思路来装备集团的人员。另外，G20峰会和亚运会也即将陆续在杭州举办，作为重要的媒体单位，杭州电视台可以提前整合媒体、科技、体验、创意、营销、品牌推广、平台、服务、金融等多方资源，使自己实现向互联网时代的全面转型。

（作者单位：浙江传媒学院）

新常态下区域广电发展辨析

苗笑雨

随着2015年9月1日《中华人民共和国广告法》(后文简称《广告法》)的修订实施,区域广电媒体普遍开始感受到了丝丝寒意。原本在广告收入中占比很大的医疗广告,由于新《广告法》的实施而被取消掉了,很多区域广电媒体因此产生了收支失衡问题。其实,新《广告法》的实施对区域广电媒体的影响只是一个导火索,它真正引发的是伴随着中国经济转型而出现的区域广电媒体的深层次问题。

一、新常态与广电媒体价值定位

1. 何谓新常态

这首先是一个经济学领域的概念,指经济经历了一个高速增长周期以后,向正常发展速度与发展生态的回归。事物的发展过程都遵循着从量变到质变的规律,在这个过程中,量变阶段往往是周期更长的积累阶段,而质变则是在量变基础上的飞跃。量变是事物发展的主要表现形态,也就是所谓的常态。此前中国经历的经济快速发展,是全球"二战"之后多年量变积累的结果。在这个阶段,不但中国,其他新兴市场也大都呈现出阶段性的快速增长,只是中国在其中表现得更加突出罢了。

然而到目前为止,无论是外部环境还是内部环境,都表明了这样一个质变飞跃过程的结束。从外部环境来看,传统发达市场的需求大大减少,带来的直接后果就是主要供应发达市场的新兴经济体都或多或少地出现了产能过剩的问题。从内部环境来看,伴随着经济的高速增长,人的劳动价值不断提高,用工成本大大提高。传统以人口红利为主要利润的落后产业面临危机,产业结构亟须调整升级。最直接的表现反映在 GDP 数据上，它无法再以很大的增幅发展下去；与此同时呈现出来的就是实体经济萎缩、投资乏力。传统经济增长模式遭遇了瓶颈。

2. 这一切对于广电媒体又意味着什么

从现象层面来说，最直观的反映就是广告收入的减少。更准确地说，是广告暴利收入的减少。而这背后折射出来的，是 GDP 思维已经走到末路。GDP 思维是在经济高速增长过程中很容易形成的一种思维方式。在财富积累快速增长之时，人们更愿意寻求简单、快速、高效的财富积累方式，不愿意接受长期、缓慢的财富积累方式，不愿意花更多的心思去寻找价值洼地。俗话说，怎么来钱简单、怎么来钱快，就怎么干。这样一种粗暴的财富积累方式在经济高速增长期是行得通的，但当经济进入缓慢发展的量变常态周期，就显得捉襟见肘了。

以广电媒体来说，传统的主要收入来源是传统企业的广告投放，而传统企业为什么愿意大手笔地在广电媒体上投放广告呢？原因无非有两个：一是有相对比较充裕的资金支持；二是通过这种大量的广告投放可以在短期内聚集广告效应，对利润有立竿见影的影响效果。目前的情形是：传统企业自身面临着转型升级的困难，同时产能过剩与劳动力成本的大幅度提高又给企业带来了巨大的资金压力，所以企业很难像过去那样把大把的钱砸在广电媒体广告上了。另一个更为重要的原因则是深层次的，这就是广告效应对利润的拉动作用不如以前显著了。这个深层次原因背后又有两个推手：一是互联网的冲击。随着互联网尤其是移动互联网的高速发展，更多的媒体广告类型以更低廉、更细分、更高效的姿态强力冲击着传统广电媒体广告，广告市场已经到了竞争白热化的阶段，传统广电媒体再也无法坐享以前那种风光独好的垄断地位，广告效应自然随之减弱。二是理性市场的逐渐形成。消费者对产品的感觉不再单纯地基于"脸熟"与否，广告投放得再多也未必能让消费者产生亲切感并进而形成消费意愿。而消费者对产品的品质判断与价值判断越来越多地影响着他们的消费行为。相比于新媒体广告中更多的体验式、口碑式的广告类型，广电媒体广告更多的是宣传鼓动式的，并不利于消费者形成品质判断与价值判断。其实这样一种理性市场的形成也契合了新常态的经济发展，靠垄断赢利、短期暴利、非理性驱动的赢利等这类做法会越来越弱化；反之，靠真正的市场竞争力赢利、靠长期精细化品质的赢利的做法会逐步加强。这就是要转变 GDP 思维的内涵所在。

3. 广电媒体在新常态下的自我价值定位

传统广电媒体在新形势下总难免在自我价值定位上产生尴尬和错位,这既有历史的原因,也有自身的原因。从体制层面来说,传统广电媒体到底是行政主体还是市场主体?从意识形态层面来说,传统广电媒体到底是宣传主体还是服务主体?这样的尴尬和错位不但是自我辨识度的问题,更直接影响了其主体行为方向。

既然我们谈的是广电媒体的产业问题,就务必要把广电媒体放在市场主体的位置上,更准确地说,传统广电媒体是拥有一定行政资源的市场主体。只有将这个位置弄清楚了,才能决定位置的方向。既然把广电媒体定位为拥有一定行政资源的市场主体,那么广电媒体的主要功能就是市场功能,也就意味着是服务功能,而宣传功能是内含在服务功能里面的,这个母集与子集的关系不能颠倒过来。

当然,广电媒体虽然是市场主体,但并不是普通的市场主体,而是有其自身的特性。这个特性直接体现在意识形态领域,就是要处理好宣传功能与服务功能二者之间的关系。即便是在西方发达国家,媒体的意识形态宣传功能也是重要的一个方面。我们的媒体宣传功能当然更加突出,只是不能用割裂的思维方式去看待二者之间的关系。具体而言,国家意识形态宣传功能、社会监督功能、社会文化传承功能、娱乐功能等等,彼此之间都是有机系统的联系,所有这些都应该包括在服务功能之下,而这个服务功能则是市场主体的功能。

从价值分析来看,媒体的市场功能最终是满足大众的需求,只是媒体的市场主体特征决定了其所满足的对象的需求是精神需求而非物质需求,这是媒体有别于其他市场主体的非常重要的特征。所以,有必要对这个满足价值做一个简略的阐述。何谓大众的精神需求?借用习近平总书记一句通俗形象的话,就是"让广大人民群众过上幸福美好的生活"。这句话有两个关键点:一是何谓幸福?二是如何达成幸福?前者是幸福感的目标问题,后者是达成目标的手段问题。

人民群众的幸福生活意味着健康、稳定、和谐的生活状态和充实、自足、向上的精神感召。从这个意义上讲,媒体的服务功能就是要促成健康、稳定、和谐的生活状态,给予充实、自足、向上的精神输出。由于这是大众的终极需求,从市场主体的商业意义上讲,抓住大众的终极需求,就意味着找到了最具商业价值的行为方向。这也决定了媒体的具体内容方向:一是促成社会的健康、稳定、和谐发展;二是为广大人民群众提供真正可以满足充实、自足、向上之需求的精神产品。简单地说,意识形态宣传功能与社会监督功能对应了第一个目标;而社会文化传承功能与娱乐功能对应了第二个目标。广电媒体只有在这样的方向基础上,才能真正解决自身的定位问题与价值诉求问题。

二、区域广电媒体自身的优势与不足

1. 地缘媒体特征是区域广电媒体的价值核心

我国的广电媒体制度结构有非常强的行政区化色彩,这确实为广电媒体的市场化带来了一些障碍,但从另一个角度看,这也造就了广电媒体与区域行政之间更加密切的结合。我们的区域广电媒体有着更高的地区知名度、地区认可度与地区公信力。从对比的角度看,西方广电媒体的市场化更加成熟,这确实可以给西方媒体带来更高的商业价值,但同时也局限了它们的媒体功能,所以它们的内容主要是以社会监督与娱乐为主,后者尤其重要。这样的结果会造成两个弊端:一是内容过度娱乐化,结果形成了泛娱乐化的社会意识形态环境,由此大大削弱了许多无法用娱乐化加以主导的价值观,这也是它们长久以来一直自省反思却始终无法解决的问题;二是极大地弱化了媒体其他市场功能的发挥,比如媒体完全可以利用自身的资源优势来发挥市场协调功能、咨询服务功能等。当然,在高度市场化的西方国家,这些功能由其他专门的市场主体来完成。不过,我们的媒体却在这些方面有着巨大的市场空间。

区域广电媒体是最接地气的,拥有地区知名度、地区认可度和地区公信力这些天然优势,对地区的反应也最敏捷快速,这意味着区域广电媒体的市场空间一定是着力于地方的。所以对于区域广电媒体来说,真正需要解决的问题是如何发挥自身的优势,以当地市场空间为准,寻找具体的市场价值。

2. 区域广电媒体的行政资源可以发挥更加直接、高效、精准的作用

我国广电媒体必须要考虑媒体所拥有的行政资源,这既是我们的特色也是我们的优势。相比于更大的广域媒体平台,区域广电媒体其实可以更好地发挥行政资源优势。广电媒体的行政资源不能只是社会公权力的某种权力象征,更应该是市场服务功能的有力工具。如果只着眼于公权力的权力意识,就会故步自封、难以改革。一方面高高在上、不愿发挥市场服务功能,另一方面又惯性地抱怨受行政束缚而不肯变化。

如果明确了区域广电媒体自身的市场主体角色,踏踏实实地以市场思维去认识、考虑问题,行政资源的优势就会被极大地发挥出来。具体来说,由于区域广电媒体具有这样的特征,因而完全可以很好地扮演中间桥梁的角色,一方连接政府部门,另一方连接市场。客观上,由于我国市场化程度不高,市场中的很多平台类服务确实需要很多的行政资源才能完成,这无疑给区域广电媒体提供了非常广阔的施展空间。同时,区域广电相比于广域媒体,具有更加显著的地区化特征,也让这些空间发展和平台搭建更加现实、服务更易到位,而在其间的商业利益也非常可观。

3. 区域广电媒体要有明确的区别于广域广电媒体的意识,充分发挥小而精、便于地区联合的特点,找准自己的内容定位

区域广电媒体不能以广域广电媒体的思维方式去考虑问题,毕竟双方的频道资源不同。区域广电媒体千万不要拿自己的短板与对方的长板做对比。这就涉及内容定位的问题。具体来说,内容定位即要在明确自身优势与不足的前提之下,尽量开掘地缘性内容、避免非地缘性内容。单纯的形式感和娱乐性并不适合区域广电媒体,这样的内容虽不受地缘限制,但却需要大量的制作成本;从潜在的广告价值上看,这也更需要典型数量级的观众,而这些都是区域广电媒体力所不能及的。

所以,根据自身的定位,区域广电媒体要开掘有地区影响力的内容,在制作上无需投入太多的资金。潜在的广告观众群数量不一定要太多,但是观众的黏度要更高。这就意味着,区域广电媒体要着力打造地区特色、提高地区凝聚力和归属感,打造具有地区影响力的内容,在地缘基础上形成相关行政地区与文化地区的横向联合。

三、区域广电媒体的产业发展与赢利模式探索

区域广电媒体的产业发展与赢利模式探索要建立在新常态的经济发展生态之上,打破以往的 GDP 思维方式,变行政主体为市场主体,从宣传意识转为服务意识,充分利用自身独特的行政资源优势和区域化布局,发挥连接政府与市场的中介作用,变单纯的内容生产为内容+服务的生产。

具体而言,即要把宣传功能、社会监督功能、文化传承功能与娱乐功能系统地结合起来,使之协同在整体的服务功能之下。从中介这个角色来看,区域广电媒体

的功能又可以大致划分为两大类:宣传功能、社会监督功能+服务功能;文化传承功能、娱乐功能+服务功能。

1. 宣传功能、社会监督功能+服务功能

宣传功能、社会监督功能的核心是促进社会建设,准确地说就是促进社会健康、稳定、和谐地发展。具体而言,我国目前进入了改革深水区,经济发展进入了新常态。调整升级产业结构、深化法制建设、转换政府职能是当务之急,要尽快发展完善。而这三方面又彼此联动、相互影响。显然,广电媒体在意识形态宣传方面要密切配合这三方面的舆论影响,并及时有效地做好深化推进工作中的方向性舆论引导。

但更为重要的是,广电媒体决不能简单地停留在舆论宣传层面,而要切实发挥媒体该有的监督职能。例如在产业结构调整升级中,企业的升级瓶颈在哪里？是什么阻碍了企业升级？如果在这个过程中有明显的人为因素造成阻碍,媒体就要积极发挥监督功能,尤其对那些出于维护地区传统利益而形成的市场保护、落后产业保护,媒体要勇于发挥自己的社会监督功能。

在深化法制建设的过程中,对于那些表面谈法制背后却强调人治、用熟人社会的思想意识来解决公民社会问题以及新形态新区域的法制建设滞后等等问题,媒体要有更加成熟的辨识能力和独立的批评意识。在转换政府职能方面,对于政府的保守思想、不愿放权的思想以及在改革中过多考虑自身利益的思想,媒体要有勇敢的直面批判精神。所以说,意识形态宣传与社会监督两个功能,二者是密不可分的。如果能切实做好这两个方面的工作,就决定了媒体自身独特的社会定位。

如果没有市场主体意识,媒体就必然会被完全束缚在行政划分的思想意识之中,根本无法完成第三方的宣传与监督功能。这里的第三方,并不是说媒体是完全独立的,这也不现实,而是指在新形势下媒体自身的新定位。这就如同政府转变自身职能一样,媒体必须从过去传统保守的行政思维中走出来,寻找一个相对第三方的社会定位,否则媒体就既无法完成自身市场主体的建设,也无法很好地履行新形势下自己应该发挥的宣传与监督职责。

这种宣传功能与社会监督功能的发挥,本质上还是为了促进社会健康、稳定、和谐地发展,而这一切都要取决于社会发展的具体步骤和完善程度,毕竟健康、稳定、和谐不能只是口号式的意识形态宣传。立足于促进社会健康、稳定、和谐发展的社会监督既是我国当下媒体舆论导向的需要,也是广大人民群众的需要。具体

做法就是围绕着新常态的社会改革,在产业调整、法制建设和政府职能转换等几个方面发挥媒体监督功能。只有这样,才能突出媒体的市场主体角色和部分行政职能,这也是一个具有行政资源的市场主体应有的社会角色。从市场主体的角度看,只有这样的文化产品,才是上下一致所共同需要的,才能带来潜在的商业价值。

对于区域广电媒体来说,在结合了宣传功能与社会监督功能之后,还可以很好地完成服务平台的搭建,发挥服务功能。

区域广电媒体的优势就在于它们的地缘,各地的政府职能部门和市场部门在产业调整升级、法制建设与政府职能转换中需要密切联系社会,而最有效的中介就是区域广电媒体。以产业调整升级为例,企业在其中的最大病痛就是资金支持与技术支持两方面。国有大中型银行因为各种原因很难把资金贷给那些特别需要资金支持的小企业,而这些小企业又是社会产业结构中的中坚力量。这些小企业的转型升级能否顺利完成,关系到整个社会的产业调整。但是在它们与银行、政府相关职能部门对接的时候,会遇到各种各样的难处。由于客观上我国的企业协会以及其他民间机构较为薄弱,这些问题便成为产业升级的巨大阻碍。

区域广电媒体完全有可能成为这样一种纵向与横向连接的纽带。这里需要的是一个平台,这个平台不但是一个资讯平台,更是一个功能平台。在这个平台中可以融合国有部门与企业行会,像这种资金支持行为和技术支持行为就可以通过平台有效地运转起来。由于区域广电媒体拥有自身的地区认同度与公信力,单一企业在这个平台上便可以获得更好的信用。当然,这背后要有一套完善的审核机制。某种程度上,区域广电媒体要做的事情是企业行会的升级版,但这种升级版是当下我国产业调整所必需的。

这样一种媒体介入与媒体支持同样改变了区域广电媒体的自身产业结构,由于这样一个平台具有明确的服务功能,因而可以以市场定价的方式提供服务劳务和咨询劳务。对企业自身来说,如果有这种服务平台,它们当然愿意花费一定的费用来使用这个平台,这对它们自身的发展无疑是十分有利的。而对企业协会来说,这样的平台则是对它们自身的发展和完善,所以也会乐于给予必要的资金支持。这样一来,区域广电媒体的赢利模式将发生质变,从单一的广告投放模式向系统多面的赢利模式转换,广告投放、企业基金、服务劳务等多种赢利方式并存。这将极大地改善当前区域广电媒体尴尬的收入状态,同时也会极大地促进媒体与社会的融合,反过来又将大大提高媒体的地区认同度与公信力,从而形成良性循环。

媒体一边连着企业，一边连着公众。基于区域媒体的自身优势，媒体可以对各种社会资源起到较好的整合作用，用搭建平台的方式发挥效用。以法务咨询服务与心理咨询服务为例，当下社会处于这样一个转型期，个体对法务咨询服务与心理咨询服务的需求存在巨大的潜在空间，而现实却明显呈现空白状态。虽然媒体也在不断地宣传法务和心理咨询服务，但落实到具体的帮助上却往往非常不便利。个体只有在有非常强烈的法务需求或者心理需求时才会想到专业机构，会花费一笔高昂的咨询费用，而在需求相对不太强烈时则往往会压制需求行为。而与此相对的是，大量具有一定专业能力的潜在人员（比如说专业学生群体）却得不到有效的实习锻炼机会。区域媒体完全可以搭建二者之间的平台。

说到这里，笔者要稍微插一个话题，即互联网对传统广电的冲击问题。其实，如果传统广电媒体自身找好了定位，互联网完全可以成为传统广电媒体的有效技术支持。显然，像文中所提到的这些平台，互联网一直在试图搭建，很多互联网公司或已经在做或尝试在做。但处在当下的中国社会，搭建这些平台的行政成本是很高的，这也就是互联网一直在做但却始终建树不大的原因。相比之下，区域广电媒体拥有远比互联网企业更加有利的行政支持，更加适合搭建这些平台。因此，区域广电媒体面临的并不是没有市场空间的问题，而是想不想做的问题。

如此，面对个体大量的法务咨询需求与心理咨询需求，区域广电媒体完全可以从中找到服务方向并赚取商业利润。显然，这又得基于区域广电媒体自身的定位，它们应该从市场主体的角色出发，利用自身的优势来开拓市场。就转换思维方式的意义而言，传统广电媒体确实需要向互联网学习，培养自己更为敏锐的市场嗅觉，真正找到价值洼地。

2. 文化传承功能、娱乐功能＋服务功能

区域广电媒体的另一个方向就是为广大人民群众提供更好的文化产品。商业文化、大众文化最核心的价值就是大众的精神诉求。当我们感慨于好莱坞横扫世界的时候，我们是否曾静下心来好好想想，好莱坞的力量核心在哪里？是完善的资金运作、精良的制作水准还是美国的文化大国背景？这些都是。但更为重要的是，好莱坞始终在追求一种精神价值输出和精神价值诉求。或者说，它们抓住了商业文化的价值核心。这里也涉及娱乐的本质问题。娱乐是为了好玩儿吗？现象层面似乎是这样的，但这也只是现象层面。

从本质上来说，所谓娱乐，是大众的内在精神诉求，是大众形成自我在社会中有利投射的心理需要,是大众为自身现实生活寻找精神支撑的内在诉求,是关于充实、自足、向上和美好的心愿。这其中必须包括伦理道德诉求、现实稳定诉求和自我美好憧憬诉求以及一定程度的批判诉求。在精神层面上,娱乐文化是给予大众现实生活中不可或缺的白日梦的最为重要的产品。因此,娱乐文化如果只是一味追求表面的好玩甚至哗众取宠,即便能博一时之乐,从长远看,也很快会被大众遗弃。

从这个意义上讲,娱乐功能其实与文化传承功能密不可分,只是在外在形式上更多地寻求吸引人的品质,但内在的价值诉求才是关键。就区域广电媒体来说,这样的内容还要建立在区域属性上面,更多地着眼于地区需要,而不能一味追求外在形式感。以当下的大型娱乐节目为例,从屈指可数的几个成功案例中我们可以看出,这样的成功都是建立在弱地缘受众的基础上的,只有这样才能产生最大的广告投放价值,同时背后还需要巨大的资金支持与技术团队支持。这样的内容并不适合区域广电媒体,只能留给更具实力的广域媒体,这样的内容也更容易形成垄断,不利于区域广电媒体的发展。如何制作出更加接地气的内容才是区域广电媒体需要考虑的问题。

但区域广电媒体自身的优势却决定了它们不仅可以把眼光放在内容生产上,更可以放在文化服务上,从而把广电的外延做大。显然的事实是,随着物质生活水平的不断提高,民众对文化生活的需求日益凸显,这种文化需要通过简单地看看电视听听广播已经无法完全满足了。在这种情况下,区域广电媒体更要为民众提供更为丰富的现实文化生活,满足人们欣赏、参与的需求。

此外,政府部门也好企业也好,也都想在文化发展建设中有所作为,并充分挖掘这其中的商业价值。在这种情况下,区域广电媒体自身的优势又可以给它们提供大展身手的空间。由于媒体天然具有民众辨识度,因而非常有利于区域广电媒体在这方面发挥效能。

这里当然又涉及功能角色转换的问题。这样的文化建设不能等同于以前简单的行政命令或者商业赞助,比如以政府的名义主办一场晚会或者为企业主办一场演出。当然,这样的形式依然可以采用,但更为重要的是在转变了自身功能角色之后的思考方式。区域广电媒体作为市场主体,更应该以文化产业发展的视野,探索持续性和规律性的商业运作,在演出市场、体育市场、休闲文化市场等商业行为中找到自己的位置。区域广电媒体的品牌效应不但有线上的品牌效应,更应该有线下的品牌效应。对于民众来说,区域广电媒体不能仅仅是一个电视频道,还应该意味着更加丰富的文化形象。

四、小结

新常态下区域广电媒体面对的挑战与机遇是刻不容缓且无法回避的现实,区域广电媒体在这种情况下必须积极应对。这需要更加宏观的思考视角与突破传统的创新意识。这种改变不能只是小打小闹的,更应该是凤凰涅槃式的。只有基于对新常态的深刻认识,基于对自身社会角色的重新定位,基于自身的特征和优势,明确市场主体意识,明确服务功能意识,区域广电媒体才能在自身的产业调整中找到真正的突破口,打造新型产业链,成功转型,持续发展。

(作者单位:浙江传媒学院)

专业化频道的窄播创新
——以福建汽车音乐调频 FM91.3 为例

曾海芳

"窄播传播"也称"小众传播"或"分众传播",是相对于"广播"而言的一种传播形态。传统意义上的大众传播是面向广大未知的、不确定的受众而进行的大量信息复制性传播,即"广播";"窄播"则是大众传媒根据某些特别受众的需要而进行的有特别内容的传播。[①] FM91.3 福建汽车音乐调频(简称 FM91.3)的前身是 2004 年开播的专业化音乐广播,2010 年为了迎合车载收听习惯的兴起,该频率华丽转身,升级为汽车音乐调频,辐射整个福州地区。改版之后的 FM91.3 福建汽车音乐调频更加细分了频率的受众定位,放弃了原有的学生收听群和出租车司机收听群,将目标受众牢牢锁定在 20—40 岁私家车车主身上。他们有的是刚刚买车的年轻白领,有的是事业有成的中产阶层。不管是上述中的哪一类,FM91.3 福建汽车音乐调频的听众通常都有一个共性,那就是讲求生活品位且具有一定的文化素养和经济实力。明确了这一点之后,FM91.3 福建汽车音乐调频在接下来的频率风格设定、音乐选择、包装宣传、活动打造等方面都紧紧围绕目标听众的特点,根据他们的品位和需求策划节目和活动,在短短几年的时间内,FM91.3 福建汽车音乐调频便从一个名不见经传的音乐频率成长为福州地区同类节目收听率第一的大赢家,其广告收入也上升至 1000 多万元。

作为福建广播影视集团最小的频率,FM91.3 福建汽车音乐调频在窄播之路上究竟是如何蜕变成功的?在竞争激烈的福州音乐广播市场中,FM91.3 福建汽车音乐调频到底有哪些可资借鉴的创新之处?笔者将其归纳为以下几点:

[①] 邵露虹:《"窄播"定位下的广阔空间——通过受众分析研究分众传播的媒体未来》,《科技信息》2008 年第 10 期。

一、独树一帜,窄播中的小清新文艺风

　　FM91.3 整体风格清新、唯美,用时下流行的语言来概括就是小清新文艺范。这一频率风格的设定出于以下四个方面的考量:第一,"小清新"的说法最早源自上世纪 80 年代英国的音乐流派 Indie Pop(独立流行乐),因此其出处正好与 FM91.3 音乐广播的性质相吻合;第二,小清新、文艺青年都是时下流行的文化现象和生活方式,采用这两个词不但彰显了频率的个性,还充分展现了频率的前卫和与时俱进性;第三,FM91.3 的目标听众层次相对较高,有一定的文化素养且追求生活质量,因此清新、文艺的风格符合大部分目标听众的品位,即便有听众不属于小清新的范畴,对于美的音乐和语言相信他们也不会排斥,从这个角度来讲,其实人人心里都有一颗小清新的种子;第四,众所周知,领导者个人的风格会给企业文化打上深深的烙印,媒体机构也不例外。FM91.3 的频率总监和两位副总监都是文艺中青年,他们对频率风格的确定毫无争议地达成了一致,并不遗余力地将这一风格深入到每个员工的内心。

　　当然,风格的确立并非内部开会说说那么简单,而是要通过节目表现出来,并让听众有深刻的感受。就其节目而言,FM91.3 的文艺风主要体现在内容的关注、主持人的语言和音乐的选择三个方面。内容上,FM91.3 利用其地域优势主打福州的文化牌,关注福州城的道路、建筑、人文和地理,深入挖掘城市的文化古韵和群众的生活百态,以唤起听众对家乡福州的自豪感和热爱之情。而在语言上,FM91.3 主持人的整体语言风格舒缓、优美,给人一种娓娓道来的感觉。例如,节目中的"岁月长,冬来茶暖;灯火静,最忆市桥",这句话不仅言辞优美,而且具有内在的文化涵义。它源自于宋代进士吕祖谦的一首诗"路逢十客九青衿,半是同胞旧弟兄,最忆市桥灯火静,巷南巷北读书声"。该诗主要描写了宋代福州文化教育的昌盛。如今 FM91.3 将其结合时令,并稍加改写,竟也别有一番滋味。此外,在播放歌曲的选择上,FM91.3 偏向目标受众耳熟能详的新老华语歌曲,歌曲的风格同样紧扣清新、文艺的主题,且通常有一定的品质。动听的语言、积淀的文化、优美的歌曲,FM91.3 在诸多私家车厢中掀起了一股小清新文艺范的风潮。

二、标识度高,频率声、宣传片、小单元三位一体,凸显文艺范

FM91.3 特别注重频率整体形象的打造和包装,其目的也是为了凸显频率的风格,让听众不管在哪个点切进来都能分辨出这是 FM91.3 特有的感觉。FM91.3 的包装每年都会确立一个主题,每一季的包装为两个月,内容通常按春、夏、秋、冬的季节变换,并以七言诗句作为包装的结尾。具体到节目中,包装的风格主要通过频率声、宣传片和小单元来表现。由于声音是广播媒体中最能凸显频率形象和气质的要素,因此 FM91.3 特别注重频率声的选择。其选拔的一个基本标准是:绝不让本频率主持人的声音出现在频率声中,目的就是为了使听众保持新鲜感。通常,FM91.3 的工作人员会留意网络和其他电台主持人声音,当发现其声音的气质与频率的气质相符、适合频率的整体定位时,便会联系并邀请其参与 FM91.3 频率声的录制。目前 FM91.3 的频率声由一男一女组成,所有的台标和宣传片的声音都出自这两位。宣传片也是 FM91.3 重点打造的对象,每年节目组都会制作 30 条左右的频率宣传片,分成 6 季在节目中播放。

在节目中,频率的包装以小时划分,每小时为 1 个单元,每个单元 4 个开口,分别为:整点、15、半点、45。整点的开口首先为台标,目的是告诉听众,你现在听到的是 FM91.3 汽车音乐调频,之后为宣传片《世界此时》。《世界此时》是 2015 年新推出的宣传片,共 24 条,每小时播出 1 条。它引入了一种福州与世界同步的新概念,把每时每刻世界此时的人和事都融入其中。比如早 7:00:"此时,福州的微博达人猫熊谦谦对世界刷声'早上好';此刻,凌晨两点的莫斯科,夜猫子们还没有下线的念头,还是檀香山的沙滩热闹,正午的骄阳跟着草裙一起舞蹈。此时此刻,世界在听,FM91.3 正在直播。"每个小时不同的版本,宣传片极富画面感,使全天节目排期富有层次感和人文色彩。

15 的开口为小单元《寻城记》,时长 2 分钟,旨在介绍生活在福州的各行各业、形形色色的人物及他们的生活。城市的生活离不开人,一个城市的性格源自城中的每一个人,一个城市的故事来自城里的每一个家。因此,《寻城记》注重人文关怀,用普通人的故事勾画一座城市的脉络,做到动听、动情、动心,以其高品质赢得听众。

半点的开口是宣传片《城市旅行》，时长 1 分钟，它主要介绍福州古老的街道，包括其历史和人文故事，例如讲到三坊七巷的时候会提到冰心、林觉民等，他们都在这里住过。还有福州尚未被拆的老区上杭和下杭，以及类似于厦门鼓浪屿的福州烟台山。这些地方可能已经慢慢淡出人们的记忆，通过这个小单元可以加深听众对它们的印象。其片头为低沉优雅的女声："定格每一帧行走的画面，记录每一次相遇的美好，FM91.3 汽车音乐调频《城市旅行》。"之后由当地名人，原东南卫视娱乐节目主持人巴晓光以他每天在城市行走的形式向大家介绍地名。如蔡奇巷，巴晓光的介绍是："北宋时期，福州出了一位四岁能诗的天才儿童，蔡伯晞，宋真宗赵恒曾赐诗赞扬，鼓励他努力上进。诗中写道，七闽山水多灵秀，描述了福建山清水秀与地杰人灵，由于此诗出自皇帝之手，更成为传颂千古的名句，福州的尊儒坊因此改名蔡奇巷。"在每一段地名介绍之后，巴晓光会接上一句"每天都在城市里旅行，我是巴晓光，这一站我在蔡奇巷，你在哪里"。这与之前提过的《世界此时》相互呼应，一个是福州城内的地点，一个是福州城外的时间。《城市旅行》自播出后获得了非凡的好评，其"我在这里 你在哪里"的语言格式成了微博流行语，成了台庆微电影的主题，更是台庆图书的发想源。同时《城市旅行》也是单个节目创收最多的栏目，在广告介入之后，《城市旅行》的片头改为："定格每一帧行走的画面，记录每一次相遇的美好。福州万科生活馆《城市旅行》。"

45 的开口为宣传片《世界有多大》，时长 1 分钟，策划的初衷是在广告中插播好听的节目，以打破广告的沉闷。该板块吸取了台湾东森电视台的创意，把电视节目中介绍世界的内容转化成了广播版，并邀请了台湾的同行来录制，用台湾人特有的语音、语调向听众介绍世界知名的城市、景点。《世界有多大》是最早确立的知识型单元，它短小精炼且内容丰富，更重要的是，台湾人那种不同的声音风格有利于打破节目以及广告的沉闷，给听众几近麻木的听觉神经注入些许新鲜空气。例如，《世界有多大》对马德里的介绍是："西班牙首都马德里的标志是一只站立着够苹果吃的熊。这里每年的晴天数居欧洲各大首都之首。马德里是个相当适合步行漫游的城市，从太阳门往西比列斯广场，或从大广场往王宫方向，沿途尽是艺术、文化、宝藏，到处都有观光客群聚，尽情地浏览古迹、世界知名的博物馆。市内现代化的高楼大厦与风格迥异的古建筑摩肩并立、相映生辉。树林、草坪以及各种造型别致的喷泉和雕有古代小亚细亚人尊崇的自然女神尼贝莱塑像喷泉最引人入胜。"在广告介入之前，《世界有多大》的片头是："世界有多大，FM91.3 告诉你。"在与广告商达成合作协议后,其片头更改为:"世界有多大,建发领地告诉你。"这种深度合作的广告形式改变了过去硬生生插播广告的呆板感,让听众觉得自然、不那么反感,从而达到广告和节目的高度融合。

三、适时炒作,变幕后为台前

俗话说,酒香也怕巷子深,尤其在当今信息爆炸的时代,适当的宣传和炒作对于提高知名度和吸引眼球都是相当必要的。FM91.3 正是深刻地意识到了这一点,因此常会借助某一个事件或者活动进行炒作,将原本频率内部的幕后工作放大至台前,将原本非常普通的一个环节炒作成人人皆知、人人都可参与的大众性事件。其中,FM91.3 台歌的创作和 FM91.3 与半城电影公司合作拍摄的微电影就是典型的例子。

2011 年 FM91.3 汽车音乐调频七周年台庆系列活动中,创作全新台歌是重头戏。为此,FM91.3 特意邀请到福建籍明星姚晨为其创作歌词,并就这一事件在节目中和微博上广为宣传。作为微博女王,姚晨在网络界拥有强大的影响力,她写的歌词在 FM91.3 官网和微博发布后,第一时间便引发热评和转发。明星为广播媒体创作台歌,本并不是什么新鲜事,但 FM91.3 却抓住这个契机,在节目线上同步举办了"最爱 FM91.3 我为姚晨来谱曲"活动。这一活动的意义不仅在于表达了福建听众对姚晨词作的喜爱,同时还提供了大家和大明星一起创作的机会,更在无形中宣传了 FM91.3 的音乐品牌。活动期间,FM91.3 共收到听众自己谱曲并演唱的台歌几十首,通过筛选在节目中进行展播,同时通过短信以及网络投票,选出听众创作的优秀作品赢得福建音乐广播台庆大奖,听众积极踊跃地参与。事实上,在开展这项活动的同时,FM91.3 已经内定了台歌的曲作者和演唱者为知名音乐人常石磊,并邀请到他加盟。最终,经过一轮的听众参与之后,FM91.3 在节目中推出了这首早已完成的新台歌,并请听众评比:这首台歌和听众创作的那些台歌有什么不同,是否符合大家的期望。这些话题也都引发了热烈的讨论。FM91.3 的这首台歌共有五个版本:清新版、慵懒版、轻快版、冷艳版、通俗版。这五个版本各具特色,情感丰沛,品质精良,契合了 FM91.3 的频率形象,超出了听众的期待,一经推出便赢得满堂喝彩。如今,这首台歌已经家喻户晓,朗朗上口的旋律成了 FM91.3 的声音标识。

此外，在 2012 年的八周年台庆季中，FM91.3 与半城电影公司进行合作，打造了福建广播界的首部微电影《我在这里，你在哪里》。该片的名称借鉴了《城市旅行》中巴晓光的经典语句："我在……，你在哪里"，演员主要是 FM91.3 的主持人，内容走的也是文艺片的路线，与频率的整体风格相契合。据 FM91.3 制作部主任介绍，微电影的计划早在 2011 年下半年就已经定好，2012 年的 2 月开始筹划、写剧本、定演员，4 月开拍，5 月做后期，6 月在影院上映。在上述每个阶段，FM91.3 都在有针对性地进行一些炒作。例如，在写剧本的阶段，炒作的重点是告诉听众 FM91.3 要拍摄微电影；而在定演员的阶段，FM91.3 的宣传和炒作上升了一个层次——通过节目、官网和微博告诉听众，如果你对该微电影的结局不满意，那么在这个结局之外还有另外两个结局，这两个结局将由听众来拍，从听众当中征集演员，从而扩大了听众的参与度。在开拍阶段，FM91.3 在线上线下宣传当天拍摄电影的地点以及有哪些主持人在现场，有时集团里电视台的主持人也会在电影中客串一个角色，宣传活动便会告知听众可以去拍摄地点围观，这就为听众提供了和主持人近距离接触的机会。6 月是为微电影造势的一个走红地毯活动，走红毯的嘉宾不仅有电影中的主角、配角（即频率的主持人）、集团的领导，还有广告客户的老总，活动主持人则在现场告诉听众怎么抢首映的门票。

从台歌的创作到微电影的拍摄，我们可以看到，FM91.3 几乎在每件事或者每个时间点上都会做有意识的延伸和发散，将原本属于频率内部的一些琐碎环节和步骤公开化、大众化，让传统受众眼中高高在上的媒体不再那么神秘，这其实也是目前传播者地位在下降、受众地位在升格的一种体现。在当前这样一个注意力稀缺的时代，传播者和媒体必须放下身段，不断用新鲜的招数吸引受众的关注，调动他们参与的积极性。从某种意义上来说，关注并不一定会参与，但参与往往会引发关注。

四、主持人和节目的差异化发展

作为一家类型化的音乐电台，FM91.3 对主持人的依赖度相对较低，主持人在节目中的权限和可供发挥的余地较小。原本 FM91.3 采用机器编歌单，现在则是机器编单、主持人调单。每个小时，节目主持人通常有 4—8 次开口，每次都不会超过 30 秒。每个主持人的节目都有自己的切入点，走的是差异化发展的路线。比如,早高峰7:00—9:00的《全球通经典留声》是比较欢快、互动相对多的一档节目。主持人恬恬在每天节目开始前都会在微博上发一条抢沙发的贴,告诉听众她准备上节目了,今天心情如何,同时每天会挑出一个主题词,以"早安+主题词"作为每天微博内容的结尾。如2015年11月26日,恬恬的微博内容是"人的一生,无论成败都会得到太多人的帮助。父母的养育,老师、师父的教诲,朋友的帮助,时代的赋予,以及大自然的恩赐。都说'滴水之恩当涌泉相报'。今天感恩节,我们来对值得你感恩的人说句感谢的话。早安,感恩你每天陪伴在音乐的路上"。这档节目的微博量较大,每天早上的这第一条微博都会吸引100多条评论。而中午的节目则比较休闲,主持人是一个心态特别好的准妈妈,她对一些老歌和文艺范的歌比较熟,在歌曲中间会穿插一些闲话家常,如哪个超市今天的菜便宜、水果新鲜,哪个商场有打折等等,其节目基调以生活化为主,正好配合听众在午饭的休闲时光。晚高峰的节目切入点是旅游,主持人是一个爱四处玩的驴友,他会在节目中把最近去哪玩了的心得、攻略跟大家分享。晚上9:00—10:00的一档节目通常会结合当时的社会热点选择歌曲,如虐童案发生的时候,主持人在节目中播放了一首《亲爱的小孩》,然后告诉听众周围发生了什么事、社会的反响如何。

在FM91.3这样的类型化音乐广播中,主持人的线上作用被弱化了,他们所扮演的往往只是歌曲串联者的角色,为了弥补这一点,FM91.3特别注重线下活动,注重在各种活动延伸中包装和推广自己的节目主持人,如台历和微电影都是以频率的节目主持人为主打内容。

五、结语

以"窄播"、"分众化"为主要特征的"小传媒"时代的到来,是传媒发展到一定阶段造成"信息爆炸"之后,受众主体意识的觉醒和选择的必然结果。① 在专业化音乐频率的窄播路上,FM91.3福建汽车音乐调频是福建广播影视集团中最耀眼、最具个性化的一个频率,尽管它也是集团中最小的一个频率。自2010年改版以来,它一直坚守自己独特的清新、文艺的气质,从频率的整体包装到线上的节目,再

---

① 吴生华:《传媒的"窄播"与"分众化"趋势》,《新闻大学》1999年春季号。

到落地的活动，无一不是文艺小清新的范。这种高度的统一极大地提升了频率的标识性和受众的忠诚度。因此在福州地区竞争激烈的电波市场中，FM91.3 以其优美的语言、动听的歌曲、精致的频宣和别出心裁的活动策划吸引了大批的听众和广告商。

（作者单位：浙江传媒学院）

垂直、场景与满足的三重逻辑
——区域性广播市场价值的构建思考

刘佳佳

20世纪80年代中期之前,广播媒体在国内媒体中一直处于优势地位;80年代中期,电视一跃而成为媒体明星,广播面临严峻的挑战;进入21世纪,互联网对广播的冲击更加明显。随着各种新的媒体形态层出不穷,广播媒体的价值也面临着被重新审视及挖掘的问题,区域性广播媒体尤其如此。很多区域性广播媒体在市场、产品、营销和广告层面面临着不同程度的困境。如何重新审视及挖掘区域性广播媒体的价值,需要站在听众和企业的角度上去思考。听众身边的媒体这么多,为什么要听区域性广播?企业为什么要选择区域性广播媒体做广告?越简单的问题,越接近本质。诸多问题的根源都在于,区域性广播媒体需要在当下区域、媒介和受众的背景下,对自己的市场价值重新进行思考。

一、跨界和融合背景下区域性广播媒体的困境

1. 核心受众群的缺失

每一个媒体人都清楚,广播媒体是以节目吸引受众群,再把受众的注意力卖给广告主的。受众对广播节目的市场需求,就是要转换为生产和经营受众需求的产品。对于传统的广播媒体而言,接受现代市场意识的洗礼是一条必由之路。所有涉及广播产品生产的活动都要以市场需求为出发点,而且还要得到受众对信息产品的认可。

但是,区域性广播媒体最大的问题是核心受众群的缺失。当下的媒介竞争环境的主要变化之一,是跨界和融合。各个媒介类型之间的差异在逐渐缩小,媒介所

服务的受众群体的生活习惯和媒介接触习惯在不断地碎片化和场景化。各种媒介呈现出多功能一体化的趋势,正如喻国明教授所言,媒体融合、转型过程中最重要的是要应用"互联网思维",而互联网最强调平等、对话的姿态,要求强强联合。围绕着受众的360度的生活轨迹,媒体的跨界也在逐渐深化中。从前些年的概念和呼声,到近年不断丰富的不同媒体的跨界成果,作为一种特殊媒介形式的区域性广播媒体,面临的挑战是在融合与跨界的过程中自身受众群体的流失。

2. 现代媒介营销理念的缺位

按当下风行的互联网和产品经理的观念,广播广告应被视为一个现代化的产品,放在营销管理的背景下去思考、设计和执行。从这一点来看,这本身即是一个大的创新:用现代营销和广告的理念打造了一个个响当当的广播节目产品。从区域性广播的定位、广告价值的提炼到节目和广告产品的设计,始终都围绕着营销的本质来做。营销是有效确认、参与并满足消费者需求的管理过程,在营销理念的作用下,如何杜绝舍本逐末、损害产品收听体验的现象发生,如何拒绝外部的诱惑和"噪音"的出现,这就是区域性广播媒体面临的最大挑战。

3. 广告意识与运营层面的落伍

广告经营的好坏,直接关系到广播电台运营的好坏,是广播媒体的生命线。如何给客户提供无可替代的广告价值,这既是广播媒体的运作目标,也是市场经济对广播媒体的要求。在广播媒体的运营中,如何全方位地构建广告客户的广告价值体系,这是广播广告创新的另一个核心所在。广告客户问得最多的是节目的收听率以及广播覆盖人群的人均影响力和购买力,这是广告客户最关心的问题。对于区域性广播媒介而言,如何用市场的理念来进行广告经营,从研究市场、分析市场入手,不仅要考虑自身产品(广播节目)的特点,还要思考广告客户的真切需求。通俗一点讲,广播媒体的广告部门就像企业的销售部门,也就是广播节目的销售部门,销售的好坏取决于是否有适销对路的产品和相应的目标购买群体,也就是要把握广告客户的需求。在广告的具体运营和执行方面,很多区域性广播媒体依然停留在过去的时代,缺乏对营销和广告的全面审视。

二、垂直、场景与满足：区域性广播媒体发展的必由之路

1. 垂直：重新构建核心受众群

数学中垂直的定义为：与给定直线或平面成直角。故 A 行业形成一个平面，而 B 公司与 A 行业垂直只有一个焦点时，即称为垂直行业。垂直的特色就是专一。他们不追求大而全，只做自己熟悉领域的事。他们是各自行业的权威、专家，他们吸引顾客的手段就是做得更专业、更权威、更精彩。由此，垂直被应用在很多行业当中。比如，"垂直门户"是相对于 Yahoo！这样的传统门户网站而言的，Yahoo！链接的内容广泛而全面，覆盖各行各业，"垂直门户"则专注于某一领域（或地域），如 IT、娱乐、体育，力求成为关心某一领域（或地域）内容的人上网的第一站。垂直电子商务是指在某一个行业或细分市场中深化运营，以权威、专业的内容吸引、刺激和带动顾客的消费，垂直类细分品牌的差异化程度势必要比平台型电商更高，消费者的消费意愿、目标性更强，其结果便是，在营销推广战略上，推送的人群更精准，消费人群的购买方向也更明确。

在过去的 30 年里，广播媒体在电视和互联网的先后冲击下，其核心受众群正在由乡村转向城市。随着私家车保有量的迅猛增加，使受众由收听调幅广播转向收听调频广播，收听习惯也由以往的"固定收听"转向"移动中的清晰收听"。以国内闻名的"温岭模式"为例，温岭广播电台锁定 25—45 岁有车一族，将自己打造成最有影响力的区域性媒体，给区域性广告主提供性价比最高的广告价值。2012 年，借鉴中央人民广播电台音乐之声向北京环球七福广告公司实行外包的成功做法，借助汽车大平台，立足并深耕本地化，适应新媒体的变化，开创了广播的新时代。广播节目与广告、市场三者相互依存，从节目到广告再从广告到节目，是一个循环升华的过程。

2. 场景：重新构建产品独特价值

"场景"，本来是一个影视用语，指在特定时间、空间内发生的行动，或者因人物关系构成的具体画面，是通过人物行动来表现剧情的一个个特定过程。从电影的角度来讲，正是不同的场景组成了一个完整的故事。场景不同，意义大不一样。当这个词被应用到互联网领域中时，场景常常表现为与游戏、社交、购物等互联网行为相关的、

通过支付完成闭环的应用形态,我们通常称之为"应用场景"。其中能够触发用户沉浸式体验或者能够使用户长时间停留的应用形态,如视频、游戏、微信,可以被理解为超级入口;能够应用微信支付/支付宝完成交易的购物、用车、本地团购等场景,则可以被理解为支付场景。随着移动设备和智能终端的出现,互联网和人们的日常生活结合得越来越紧密。移动互联网和共享经济正在改造我们生活的所有维度,随之而产生的新的生活方式越来越表现出社会网络的新场景和新特点。

　　将场景置于区域性广播媒体的范畴中思考,如吴声在其《场景革命》中所言,很多时候,人们喜欢的不是产品本身,而是产品所处的场景,以及场景中自己浸润的情感。场景成了一种思维方式,这种思维方式主张要把互联网和移动互联网视为连接不同个体、制造场景的工具;场景也成了一种能力的体现,是使用互联网和移动互联网来完成连接的高效方法。因此,区域性广播媒体可以找到消费者场景体验中的痛点,细分消费者需求,确定场景的呈现细节,最终重新规划和设计自身的产品,并在与受众的交互中实现产品的差异化价值。其中,可能会涉及诸多的问题,例如,如何平衡听众与广告主的价值,如何通过"产品改造 + 营销链条 + 执行力升级"等去表现内容,但所有行动和思考的起点,都应该是场景以及实现场景的路径。这应该成为区域性广播媒体所有团队成员的共识。

　　例如,在"温岭模式"中,温岭广播电台对区域性市场的有车一族进行分析后发现,有车一族身处特定的区域,他们有着特定的收听习惯,他们驾车收听广播的时间都有自己的规律。温岭地区的大部分受众从上车收听广播到下车关闭广播的时间约为14—15分钟时间。基于此,它们在广播节目的经营上采用了"碎片轮传播"的战术:将节目时间控制在15分钟之内,从早到晚适时轮播。这就有效地弥补了广播媒体缺乏回放功能的缺陷,也与当下受众的碎片化生活形态相匹配。

　　3. 满足:重新构建未来发展的核心观念

　　这是一个变革的大时代。互联网时代真正到来,以移动互联为标志,本质上是一次产业革命,是价值链或价值网络重新架构的过程。落实到媒体行业,就要求媒体要具备新的能力,能打造新的组织和文化,以管理其多样化的业务和渠道,并建立合作伙伴关系,以弥补自身在能力和技术上的差距。

　　凯文·凯利在《技术元素》里提到:"未来一切产品,包括图书、音乐和电影终将走向海量的免费,真正的稀缺产品将是满足感。"广播不再是一个个时间维度的节目的组合,而将是知识、生活和乐趣的载体,广播只是载体的一种新式,它与其他媒体类别之间有着不同的特点,并非是谁取代谁的关系。广播的意义将回归本质,这就是受众的满足感。

具体到广播媒体和区域性广播媒体,和互联网媒体相比,广播媒体有着自己独特的优势,比如:堵车时的强制收听,而边听边开车的做法恰好适合"前技术时代"的人性化特点;广播媒体价格相对便宜,制作简单等。但广播媒体也存在着巨大的不足,比如:只有声音传播,缺乏回放功能和互动属性不足等。如果我们从"满足"的视角来审视区域性广播媒体,则区域性广播媒体在未来保留下来的那部分甚至都无法改编成其他艺术形式的作品留在传统的广播领域,而这也是最适合它们的领域。知识的有效传承,例如体系化、联系性和跨媒体平台,要求打破形式的局限,回归知识内容本身。

三、执行:营销、数据和互联网思维

对大时代的思考,对自身产品和受众的审视,对垂直、场景和满足的路径探索,最终需要在执行环节加以呈现和落实。罗杰·冯·奥克在其"四步创意模式"中提出,一个创意从概念产生到表现执行,要经历 Explorer(探险家)、Artist(艺术家)、Judge(法官)和 Warrior(战士)这四个角色。执行阶段被形象地描述为"战士",也指代了这一阶段的诸多困难和干扰。而营销、数据和互联网思维可以有效地帮助广播媒体实现其市场价值。

1. 现代营销理念的落实

如果说你的目标是打造一个权威性的、有影响力的、可信度高的媒体平台,你首先应该成为一个优秀的广告营销人,因为区域性媒体身处在激烈竞争的缝隙中。

2. 数据的力量

数据不仅仅是记录事物发展变化的一种手段,更是一种科学量化的变革,是对客户负责的一个原则。区域性广播媒体在管理内部产品和评估广告效果时,对数据的应用应该达到专业广告公司的级别。比如,广播广告发布后第一时间的广告效果跟踪,体现在数据方面,媒体应设计专业的广告效果问卷和量表,拜访客户,采用观察法、问卷法等量化方法来确认广告的具体效果,并记录分析,以提升下阶段广播广告的效果。

3. 互联网思维的应用

广播以及广播的受众、广播的运营团队，都处在当下这样一个互联网蓬勃发展的时代，互联网不仅改变了我们的生活，也改变了我们的思维方式，雷军对互联网思维的解释是"专注、极致、口碑、快"，体现在区域性广播媒体的经营创新中，就是如何提炼区域市场中最优质的受众群体，将广播的节目和广告做到极致；就是如何针对广播广告的播出效果设计最优化的排期，而不仅仅是售卖广播广告时段；就是随时根据客户的需求快速调整广告的创意方案和播出频次。这可能就是当下唯一的不变之道，也是区域性广播广告实现价值最大化的不二法宝。

（作者单位：浙江传媒学院）

锁定客厅　打造聚合亲情的中屏

——当下传统电视媒体突围的可能性

陈洪标

2014年全球有网民30亿,其中发达国家10亿,发展中国家20亿。下一个30亿网民中,90%将来自发展中国家。一个中国10亿人、全球60亿人同时在线的网络空间新时代正在形成。经过20年互联网浪潮的洗礼,媒体融合的下半场将移师中国,中国传统媒体将迎来一次新的机会。在全球市场的媒体融合新战局背景之下,传统电视媒体如何摆脱被新媒体和智能移动客户端前后围剿而陷入四面楚歌的困境,在媒体融合的进程中寻求新的发展之策,成了传统媒体亟待解决的问题。尤其在面对新媒体、新技术来势汹汹的当下,传统电视被互联网推上了十字路口,与新媒体的融合之路再次被提上议程。

一、传统电视媒体面临内忧外患、四面楚歌

长期以来,中国电视的收入主要依靠广告,2014年中国电视广告收入约为1000亿元左右,而网络广告市场达到了1540亿元,首次超过电视广告。在经济增速放缓、网络视频和智能终端新媒体的前后围剿下,传统电视陷入了发展的夹缝,观众流失、变现乏力,各大品牌的电视广告投放策略也在发生变化,中国电视广告市场呈现出下滑的态势,2014年甚至出现了首次负增长。纵观电视媒体的现状,主要是由七个方面的原因造成的。

1. 行业内部的高度竞争

众所周知,我国电视行业比较特殊,没有哪个国家像中国这样有这么多的卫视频道,而且分属于不同的主体,在同一个集团里竞争。全国卫视几十个频道提供的

多是类型相似的节目,行业内部的竞争程度,尤其是来自同类竞争频道的收视率压力非常人所能想象。

2. 成本增加

节目上线不得不付出观众被分流的高风险代价。一方面,在激烈的市场竞争环境下,电视台为追求节目品质和影响力,使得成本不断攀升;另一方面,节目若不上线,则效益扩大有限,若上线又要承担被互联网视频分流的高风险。以 2015 年"双十一"晚会为例,湖南卫视频道有 8000 万观众,而优酷土豆的网络直播观众却高达 3500 万,观众被分流超过三分之一。

3. 政策层面的制约和新规,增加了挑战性

国家相关管理机构除对真人秀等过热现象及时干预外,2015 年年初还规定一部电视剧最多只能在两家上星频道播出。"一剧两星"政策的实施,一度使电视剧收视下降,进一步加速了传统电视的衰落。而且由"一剧两星"逐步过渡到"一剧一星"已是大势所趋,这对传统电视来说,无疑将是一次更大的挑战。

4. 外部强大的竞争带来的巨大压力

互联网新闻生活资讯类视频、综艺节目以及网剧的快速赶超,导致受众收视习惯发生质变。进入"互联网+"时代,给传统电视媒体造成了巨大的压力,包括:(1)制作水平一改以前草根内容的非专业性,已经达到甚至超越电视播出的水平;(2)在容量上,2015 年网络剧上线 7000 集,首次超过卫视黄金档的容量;(3)内容的生产方式和成本更加便捷低廉,大批量来自网络小说、网络游戏的改编;(4)开放互动,普遍触发了网友参与的热情,越来越多的普通网友参与电视剧的拍摄和综艺节目的录制,"纯网"节目成为新热点;(5)资本介入和网上众筹模式的启动,促使文化娱乐的生态链发生改变。阿里、腾讯等相继将互联网化的资本运作模式带入影视界,聚焦荧屏内容生产,使网剧跨屏成为可能,不但出现在电视荧屏上,而且也出现在电影屏幕上。

5. 电视媒体受众流失加剧

如果说网络视频、手机和户外媒介只占据了 80 后、90 后的地盘,那么以微信为代表的新媒体则横扫各个年龄层,成为新宠。其中微信公众账号受到的关注越来越多,在内容方面,影音娱乐就占了 43%。而微信在 70 后、60 后、50 后人群

中还有巨大的潜力,73.8%的受访者表示"会更多地在微信上分享有趣的信息和自己的生活"。

6.传统纸媒的可视化干扰

传统纸媒的全媒体新闻可视化导致网络视频泛滥,挤占了电视新闻和综艺节目的网络传播空间。传统纸媒热衷于办新媒体,在每个区域,有多少纸媒就有多少个App,新闻资讯视频化、移动化、社交化,导致对移动客户端资源的争夺到了白热化的程度,有的地方甚至不惜动用行政命令来为纸媒扩容。

7.对受众的影响力下滑

2015年各主流媒介全国到达率数据中,互联网T12和T34的日到达率分别以87%和75%,名列前茅。其中网络视频的使用急速攀升,已和观看电视接近。在各城市层级中,互联网无论是在黏性还是在覆盖面上,均已全面超过电视。电视日到达率以76%和74%位的表现退居第二,且在各个城市层级均有小幅下降。而手机等移动和户外媒介的周到达率则以76%和62%的成绩上升到第三名。90后已成为手机与户外媒介互动的主力,而且势头强劲。

基于以上七个方面的因素,传统电视媒体深陷于内忧外患、四面楚歌的境地。

二、传统电视媒体突围的途径

目前,传统电视媒体对上述问题采取的突围措施主要有以下三条。

1.深挖电视节目的IP价值,寻找新的增长点

电视节目IP(Intellectual Property,知识产权)最直接的价值是播出时产生的广告价值。与电影、小说等文化产品由消费者直接买单的商业逻辑不同,电视节目往往是免费提供给观众观看,然后将观众的注意力出售给广告主,从中获得收益。归纳起来,主要依靠四种方式:

(1)开发多种多样的广告方式,使广告收益最大化

从中插广告到贴片广告、植入广告等,从独家冠名到特约合作、指定产品、互动合作等,在这条途径下,只有一些优势平台和少数顶尖综艺节目能得到广告商的青睐,越来越多的综艺节目在广告招商上遇阻,不但很多节目找不到冠名,甚至连硬广告投放都在缩水。

(2) 二次发行,创造额外收益

综艺节目在电视频道播出后,将成片播映权出售给视频网站、付费频道或海外市场。从视频网站的热捧,到电视台供自有网站独播,到视频网站自制节目,网络版权的好景不长便经历了过山车式的下滑。2015年,除少数金字塔顶端的电视综艺节目如《中国好声音》《奔跑吧兄弟》《最强大脑》的网络版权费仍有攀升外,其他综艺节目的版权费均呈下降态势。视频网站对电视综艺的采购也更加挑剔,基本上只有一线卫视的热门节目才能得到它们的青睐,二、三线卫视的综艺节目大多只能免费交给视频网站播出,以交换一定的网络营销资源。

(3) 开发配套衍生节目

利用主节目的录制素材和选手资源等进行再加工,用低成本换取高效益。这种基于主节目开发配套的衍生节目,一方面可以对主节目的台前幕后进行报道,有利于主节目的营销;另一方面则可以借主节目收视大热之势,吸引观众的目光,取得不错的收视率,产生额外的广告价值。

(4) 开发热门综艺节目的配套电影

迄今为止,《快乐男声》《中国好声音》《爸爸去哪儿》《奔跑吧兄弟》等已推出了配套电影,《极限挑战》也已拍摄电影版,将于2016年1月上映。但这些电影的市场表现却有天壤之别:《快乐男声》的配套纪录电影《我就是我》和《中国好声音》的配套电影《好声音之为你转身》各自仅收获670万元和300万元的票房,而《爸爸去哪儿》和《奔跑吧兄弟》的同名电影票房则分别达到了7亿元和4.3亿元。

2. 探索"T2O"(电视到商户)在线新模式,实现电视、电商平台和品牌广告主的共赢

东方卫视时尚类节目《女神的新衣》邀请了六位女神级明星与设计师们合作参与时装设计与T台秀,还邀请了服装企业现场竞拍女神们的设计,进而制作成成衣出售。在节目播出的同时,观众即可在网上购买女神们的同款新衣,实现"边看边买"。这种"T2O"新模式开创了与电商和品牌广告主结合、合作共赢的产业链,并开始被一些生活方式类的综艺节目效仿。

3. 开发非黄金时段,实现黄金时段的效益

传统观念认为,卫视竞争的主战场是黄金档或晚间五小时(即18:00—23:00)。然而近年来,随着竞争的愈演愈烈,午间档也成了新的角逐战场,大量闯

关真人秀、养生服务节目激烈厮杀。其中,北京卫视直播西甲成功的案例,让大家的目光开始重新关注对非黄金时间段的开发。北京时间 11 月 22 日凌晨 1:15,第 263 次西班牙国家德比拉开战幕,皇马坐镇伯纳乌主场对阵巴萨,火星撞地球的比赛可谓吸引了全世界的目光。与此同时,北京卫视联合华录百纳直播西甲,也获得国内广大球迷的关注。众所周知,欧洲联赛因为时差的原因,播出时间基本上位于晚间 23:00 的次黄金时段之后,特别是重磅比赛,如德比赛、欧冠等,因为在当地时间晚上开球,北京时间往往已经到了凌晨。但因为体育比赛天然具有"直播属性",因而依然让广大球迷不惜坐等强强决战到天明,甚至不惜倒时差,就是为了守住凌晨直播周末的"黄金档"。作为直播西甲的全国唯一的卫视平台,北京卫视此次举动获赞满屏,而酷云 eye 大数据高达 20% 的超高市场占有率也足以说明这一创新的成功。

在突围中,大多数电视媒体并没有找到很好的生存之道,只有借助热播节目形成品牌的电视台得以幸免,加上受经济大环境的影响,整个电视行业的情况不容乐观。

三、回归客厅、守稳中屏

在这样的环境下,传统电视媒体迫切需要重新定位,原来的定位是在没有互联网的情况下,面对电视内部竞争所做出的抉择,现在的重新定位不只要考虑与电视的竞争,还要考虑与互联网的竞争。

2015 年 11 月,在美兰德举办的"大视频时代媒体融合传播与数据分析应用研讨会"上,湖南卫视总编室副主任王旭波在"多屏竞合时代电视屏的重新定位"的主题演讲中,也表达了对传统电视的担忧。

近几年,唱衰电视产业、压迫电视产业、围堵传统电视的整体舆论氛围,乃至一些管理政策,事实上也限制了传统电视媒体的发展。所以传统电视媒体与新媒体的合作,不管是竞合也好、融合也好,还是耦合也好,都面临着两大难以跨越的鸿沟:一是体制上没有竞争优势,电视台在体制内是事业单位,而绝大部分视频网站和新媒体都是市场化的公司,机制、体制、资本,是电视台无法与之相比的;二是运作上有本质的区别。市场化公司的本能是逐利,而传统电视媒体追求的首先是社会效益,即宣传话语,还有各式各样的管束,不管竞争,还是合作,电视媒体都不占上风,甚至很难达到平等的地位,因而很难取得预期的收益。

市场竞争不讲理由,传统电视媒体也只能被迫迎难而上。但目前在与新媒体的融合发展上,也和传统纸媒一样走入了误区。很多电视台都是自己办个网站,办一些微信公众号等,然后简单地把电视节目放上去,就算融合了,但实质上并没有在电视节目中融入互联网的智能性和传播的交互性。未来电视的发展方向虽然必将走向产业整合之路,但万变不离其宗,其前提是电视首先做好自己的优势内容,做好电视节目,在内容生产、制作、传播以及衍生品的开发和知识产权的保值等方面,要用互联网思维。电视台、制作公司与互联网只有合作共赢,才能使节目的附加价值和影响力最大化,这就离不开电视自身的定位和主体,电视不可能摇身一变而成为多屏怪胎。

那么,传统电视媒体的节目和频道而言,其独一无二的定位和价值在哪里?

按照业界的分屏角度来看,电影是大屏,电视是中屏,PC端、移动端属于小屏。三屏各有特点,作为大屏的电影屏越来越成为一个社会化的媒体,甚至可以说是社会化的娱乐媒体。这也是电影在我国成功转型中最核心的东西,它找准了自己的定位。现在的电影基本上不介入社会日常生活,电影的题材选择和十年前完全不同。而作为电视的中屏是家庭化的媒体,小屏则是个人化的媒体。

三屏在空间、主体功能和典型内容都有着明显的差异。大屏收看是具有"群聚效应"的社会行为,中屏收看是家庭生活的一部分,小屏收看则是个人空间中的自由选择,比如书房、卧室或其他移动空间。

大屏主要帮助主体逃避现实,遁入梦境,很少互动;中屏是家庭屏,它要观照现实,融入家庭,亲密互动,韩国的电视节目之所以在中国那么流行,就是因为它不极端,它中庸而温馨;小屏则观照个人,观照个性,渗入社会,在朋友圈中与陌生人互动。大屏的特点是音画冲击、故事极致、大尺度、大场景、信息密度高。张艺谋的电影《金陵十三钗》片长两个小时,因为信息的密度完全不一样,同样一个故事电视就要拍40集。中屏的特点更多的是协调温馨、人物丰富、尺度、场景受限、信息密度较低。小屏对音画的要求较低,对主干信息要求极高,用户不会像看电视一样从头看到尾,只会挑选自己喜欢的内容看。

这三屏在我们的日常生活中几乎每个人都会用到,其中中屏是传统电视的重新定位所在。首先,它是全天候的娱乐和服务,以前说电视是冷媒体,现在相对于网络视频,它变成热媒体了,因为它后面有组织、有架构、有主持人、有嘉宾;其次,它是黄金时光、家庭风景窗；再次，它处于主导和主体的地位。事实上，视频网站不可能成为媒体，电影也不可能成为媒体。媒体最重要的功能是设置议题，是社会的放大镜，这一点视频网站做不到，只有电视才有这个功能；最后，它是少儿老人的最佳伴随物，与新媒体和互联网相比，电视是少儿和老人的最佳选择。

四、锁定客厅，使之成为突围利器

纵观传统电视媒体融合发展的得与失，锁定客厅已成为其成功突围的利器。客厅是"合家欢"的处所，其属性能很好地满足中国人培养亲情、营造家庭温馨氛围以及社交的需求。

因为没有抓住三屏的特点而失败的案例比比皆是，比如依托热播的综艺节目开发手机游戏，最终无一称得上特别成功。随着移动互联技术的发展和人们游戏消费需求的增长，目前全国已有3.66亿手游玩家，手机游戏市场正在中国迅速崛起。2011年，全国手机游戏市场收入不过62.4亿元，而2015年预计将达到416亿元，增速惊人。有超过46.6%的玩家会为手机游戏付费，甚至有4%的人每个月在手机游戏上的花费超过3000元。面对这一繁荣的市场，很多综艺节目的出品方便将开发手机游戏作为挖掘节目价值的一种选择，从演播室节目《一站到底》《中国好舞蹈》到户外真人秀《爸爸去哪儿》《奔跑吧兄弟》《极速前进》等，都开发了相关游戏。湖南卫视更是将手游作为其移动互联网行业战略部署的一个重要环节，于2014年成立了芒果互娱公司，负责开发湖南卫视综艺节目的移动游戏等相关业务，不过，所有这些手游开发都称不上特别成功。

究其原因，是没有抓住三屏的特质，没有因屏开发。中屏的电视主流观众群体与小屏的网游玩家群体重叠率较低：中屏电视观众以中老年、初高中学历的群体为主，在年轻观众中的到达率日益下降；而小屏手机游戏的用户则主要是年轻群体，根据腾讯游戏发布的调研报告，有60.7%的手游用户在19—30岁之间。一方面，小屏受众群体不一定能接受中屏观众所喜欢的内容；另一方面，即便在中屏取得高收视率的综艺节目，若要其将观众导向小屏手机游戏，其导流作用也有限。更为重要的是，在游戏设计和节目内容间也没有找到结合中、小两屏的很好的点。

相反，一些锁定客厅的综艺节目一度成为顶尖的热播节目，在多年的坚持下已成为优势平台，它们的广告赚得盆满钵满，与电视广告整体下滑的局面形成了鲜明的对照。例如在2015年11月浙江卫视《奔跑吧兄弟》第四季的项目招标中,伊利以5亿元获得冠名权,途牛旅游网和OPPO手机分别以1.485亿元和1.3亿元获得特约合作权,加上部分中插广告,招标共完成金额13.36亿元,加上没有列入招标的项目、互动(第三季约6500万元)、单项合作(第三季单项合作7家,单项合作金额约5000万元左右)以及网络版权(约4亿元左右),浙江卫视由此有望获得超过20亿元的广告收入,而全年两季的《奔跑吧兄弟》的广告收益已支撑起浙江卫视所有收益的半壁江山。

为了深挖综艺节目的广告价值,应对广告市场寒冬的来临,一些电视台开始调整节目类型和形态并已初见成效,其成功之道也是背靠中屏、锁定客厅这一利器。近两年,户外真人秀之所以出现爆发式的增长,正是因为它有更大的广告空间,能够更好地与广告品牌深度合作。例如《爸爸去哪儿》第三季便将冠名商伊利在乌鲁木齐的牧场用作了节目的拍摄地,通过这种内容上的植入为品牌实现了更好的营销效果,从而吸引客户投放广告。此外,电视台也出品了越来越多的生活方式类综艺节目,例如美食、亲子、时尚、旅游等,因为这些与人们生活息息相关的节目更易于与相关品牌的广告诉求相结合。

锁定客厅的热门综艺节目除其本身的热度能带来广告效应外,开发配套的衍生节目也屡有斩获。其中最典型的案例是《中国好声音》。至2015年,第四季《中国好声音》已有多达八档衍生节目,其中浙江卫视推出了三档——《真声音》《娱乐梦工厂》《不能说的秘密》,网络独播平台腾讯视频更推出了多达五档——《探班好声音》《重返好声音》《约吧好声音》《有料好声音》和《剧透好声音》。这八档节目,每档节目均有不同的定位,有的挖掘节目录制过程中的趣事,有的呈现未获转身学员的独特故事,有的主打热门学员访谈等。这些衍生节目与《中国好声音》取得了共赢的效果:一方面配合《中国好声音》的产业链,实现了营销宣传效果最大化;另一方面,衍生节目自身也取得了不错的收视率和商业价值。其中,《中国好声音》之后播出的《真声音》,收视率最高时达到3.784%,也斩获了超过5000万元的冠名费。而腾讯视频衍生节目的点击量则总计超过了12亿,并获得了10多个品牌的赞助播出。其他热门综艺如《爸爸去哪儿》《奔跑吧兄弟》《极限挑战》《中国达人秀》《中国梦之声》等也都有衍生节目,无论是从宣传营销还是从商业价值的角度来看,都有利可图。开发衍生节目已成为热播综艺节目的电视台和视频网站都热衷的做法。

除了热播综艺节目,根据中屏的特点,用内容来锁定客厅也至关重要。首先,要制播以家庭为核心的现代都市题材电视剧,从早期更多地写爱情,到后来写婚姻,再写育儿,再写养老,再到后来写创业。随着经济环境的改变,未来创业题材会越来越多。这些以核心家庭为故事核心的作品在电视频道首播,和全家的利益息息相关,最终就可能成为以核心家庭为中心的全家电视,《虎妈猫爸》就属于此类。

其次,电视剧要系列化、品牌化。网络小说包括互联网游戏带来的结果导致了系列化、品牌化和季播化三大现象的产生。传统的电视剧最大的问题是没有系列,没有品牌,基本上都是播一个再重新种一个,而互联网 IP 就和西方的季播剧一样,是一个系列化的品牌,能够长期延续它的产品,这样就不用每个产品都去做市场定位,去重新评估潜在的风险。在美国、英国这样成熟的影视制作大国,系列化和品牌化已经成为常态,而且这类产品的数量占了每年投放的新产品的 70% 以上。换句话说,70% 以上的产品都是可预期的。而我们基本上是反过来的,传统的电视剧生产基本上处于打一枪换一个地方的状态,每次都是新东西,这也是为什么我们在和互联网竞争的时候,心里特别没有底。之所以网络 IP 作品即使最后的制作品质没有达到预期的水平,其市场效益也会好于很多艺术品质高的产品,就是因为它产生的市场预期好。

电视媒体可以在跨屏互动中将节目品牌的衍生品授予其他厂商去生产,以此获利。电视节目的 IP 开发已成为很多欧美综艺节目获利的重要方式。例如,美国休闲益智节目《谁想成为百万富翁》的特许商品多达 140 种,一度占到节目收入的 40%;美国 A&E 频道的真人秀节目《鸭子王朝》(Duck Dynasty)向 15 大类 80 个品牌授权 1200 种衍生产品的生产,每年收入超过 4 亿美元。与其相比,我国电视节目的 IP 开发体系才刚开始,仍有较大的差距,但潜力巨大,开发形式也已经越来越多元化。届时完全有可能做到让电视节目本身不再插播广告。

在短视频横行网络,移动端各类新闻应用拉拢用户、蚕食市场份额、绞杀网站流量之时,尤其在全球市场的媒体融合新战局之下,传统电视媒体除了内容之外,新技术也是一件有力的搏杀器。

以国外电视台为例,从不卖广告的 HBO 占到美国付费电视频道市场份额的 90%,经过 22 年的发展,和姊妹频道 Cinemax 的付费总订户已达 3500 万,超过美国 500 万宽带用户的 7 倍。但为了防止 1000 万—1500 万家庭潜在用户被新媒体撬走,2015 年 HBO 开始转型,上线流媒体 HBO NOW,希望通过互联网这个新途径提供不间断的、触手可及的网络和服务,把这些潜在用户收入囊中。

  2015年9月,美国有线电视新闻网CNN启动了对UGC内容平台IReport的改版,为此想通过内容移动化、新闻聚合实践和数字视频的转型,生产视频新闻产品和新闻聚合产品,实现"用户在哪里,我们就在哪里"的目标。而以关注社交媒体为重点的CNN姐妹电视台HLN也将业务中心放在了发展网络视频新闻节目上,从而给HLN带来了增速位居全美有线电视第二的成绩,其中"The Daily Share"这一网络视频节目推出不到一年,便在有线电视新闻和同类节目的竞争中抢占了第一的位置。CNN坚信,社交媒体作为受众接触新闻的入口,其作用已经到了不容忽视的地步。

  由于越来越多的年轻客户正在放弃有线电视而转向OTT(基于开放互联网的视频服务),2015年7—9月,美国时代华纳纽约公司的有线电视用户跌至1080万。2个月后,为了阻止用户流失,时代华纳开始在纽约测试新的、无需机顶盒的有线电视服务,进军互联网电视。

  总之,传统电视媒体要想突围,当务之急是要锁定客厅,用回归家庭和适合家庭的内容,打造一块聚合亲情的中屏。

(作者单位:浙江传媒学院)

大数据时代电视媒体的转型运营之道[①]

李海峰

伴随着云计算、物联网、移动互联网的快速发展,大数据正在对全球经济和社会的各个方面产生巨大而深刻的影响,这种影响同样也渗透到了整个传媒领域。

一、大数据时代电视媒体的转型变革

大数据时代环境下,电视业界必须树立新的观念,明确自我变革的态度,不断进行适应性调整,要充分认识到:电视业也在产生大数据,它既是大数据的生产者和拥有者,也能从大数据中淘得金矿并受益匪浅。

在大数据的应用上,湖南卫视可谓起步最早,运用得也最为出色。真人秀节目《爸爸去哪儿》在2013年10月播出前后,湖南卫视抓取了有关此节目的45万多条原创微博数据,对其中的36万多原发作者用户和9000多万的用户关系(如评论、点赞等)以及百度关注指数和单条新闻转发量等进行了数据分析,最终得出的结果是:《爸爸去哪儿》成了脍炙人口的"口碑王",且创下了国内收视率最高的真人秀娱乐电视节目的佳绩,实现了电视娱乐栏目的一次创新转型。次年10月,浙江卫视的《奔跑吧兄弟》真人秀节目开播,它也采用了相似的方式,运用大数据的各种数据分析方法,成功复制了《爸爸去哪儿》。大数据的运用让湖南卫视和浙江卫视的广告收入赚得盆满钵满。

2014年7月,"中国全媒体卫视收视率排行榜"问世,这是国内首个有关电视收视、电视节目网络浏览量、社交媒体转发等多指标动态融合的榜单,湖南卫视以

[①] 本文转自《中国广播电视学刊》2015年第9期,略有修改。

4.36 分名列榜首，表明该台在传统收视率上继续维持着高位，在数字媒体的播放上也拔得了头筹。当今世界，"互联网＋"盛行，移动互联网和 OTT 的快速发展，推动着电视必须从传统的"一对多"式的广播型媒体向"多对多"式升级转变。三网融合下的电视要打造视频传播的移动化、交互化、跨屏化传播特性，建立起以精准"窄播"、"互播"为核心竞争力的全媒体平台。而广电运营商、网络运营商、服务提供商等产业链则要以大数据为"杠杆"，挖掘和撬动各类不同层次受众的需求，给受众提供更加个性化、更具互动性、更有深度的媒介体验。大数据时代，潮流滚滚，时不待人，电视媒体应该脱离传统观念，勇做大数据运用的践行者。

二、大数据下电视媒体的转型运营之道

大数据下，传统电视媒体业界的电视台、内容供应商、广告主和数据调查公司之间的关系开始发生变化，已有的生态链正被打破。而基于互联网尤其是移动互联网的视频网站、IPTV 和 OTT TV 的网络视频运营商却从源源不断的用户反馈数据中掌握了大数据的资源信息，这些用户信息数据可以被挖掘、处理、细分，用于互联网电视产业链上下游的不断拓展。大数据下，电视生态需要重构，比如大数据能够广泛应用于内容生产、收视测定、节目策划与改进、观众互动参与、广告精准投放等各个环节。在内容生产领域，通过大数据可以了解用户的喜好、兴趣点以及用户行为，从而投其所好，按需定制内容，做到用户想看什么就提供什么。如乐视公司成立了乐视影业，盛大文学也成立了编剧公司，依托"大数据"创作电视剧本，把大数据运用到内容原创领域。而在收视评估环节，则不能再迷信传统的收视率，而应该向互联网视频运营商学习，去搜集和掌握海量精确的用户和收视数据。要知道，广告主们目前也开始逐步采纳互联网运营商的精确数据来决定怎么投放广告，而决定广告费用投向的数据市场正从传统抽样模式进入大数据下的精准模式。电视剧或电视节目的内容生产过程将会发生深刻的变革，比如"制播合一"将会取代传统的"制播分离"。

这种极具时代特性和深受观众欢迎的变革将带来类似《爸爸去哪儿》《奔跑吧兄弟》这样火爆的电视节目，而变革的方式则主要体现在对节目生产模式和流程的重构上。以往电视节目的内容框架在播出前一般就会被确定下来，除非特殊情况，比如《武媚娘传奇》在播出过程中突然进行的"剪胸"变化。而在大数据时代，由于

可以轻而易举地得到节目收视数据的实时反馈,数据的分析处理技术也应用得越来越广泛,因而电视节目的制作流程随之发生了新的变化。动态的内容生产取代了静态的生产过程,传统的"制播分离"模式将被消解甚至颠覆。编导可以随时根据大数据提出的分析结果或定位,对播放过程中的节目内容进行"微调"甚至"转向"。融内容生产、调整与播出、反馈于一体的"制播同步"模式将成为大数据时代电视内容生产的常态。

美国 Netflix 作为全球最大的在线影片租赁服务商,通过自己掌握的数据十分清楚人们喜欢什么欣赏什么:它知道用户都很喜欢导演芬奇(电影《社交网络》、《七宗罪》的导演),好莱坞明星史派西主演的片子反响都不错,而英剧版《纸牌屋》尽管过去了很多年仍然很受欢迎;与此同时 Netflix 还掌握到很多人有一天看 N 集电视剧的嗜好,这四者的数据交集在一起,值得 Netflix 合用这些数据去赌一把,结果一切随心所愿,大获成功! 13 集美剧版《纸牌屋》第一季一经推出便立刻成为最火爆的电视剧,并开创了运用大数据进行电视剧策划和拍摄的先河。许多欧美国家的媒体自 2013 年起就开始进行大数据应用的探索。英国广播公司(BBC)紧紧追踪大数据应用的动向,不断把实时搜集的数据和适合观众欣赏口味的数据进行细分定位,并应用到电视运营的内容生产、财务管理、市场推广等多个环节当中。时至今日,在许多真人秀或访谈类的直播节目中,大数据技术已经得到了广泛应用。BBC 将从社交媒体中得到的数据进行实时分析,在节目现场直播时根据观众在社交媒体上的评论决定接下来节目的进程,如果节目的某一部分得到观众的赞赏,比如某一社会热点问题的访谈或脱口秀,就适当延长这部分的播出时间;反之,就压缩播出时间或进行快速切换。

除了市场化程度较高的娱乐节目外,大数据技术也进入了新闻节目的生产流程当中。印度一个揭露社会问题真相的新闻访谈节目《真相战胜一切》2013 年 7 月播出第一季就吸引了印度的 4 亿多观众,随后,全球有 12 亿观众通过视频网站、Facebook、Twitter、YouTube 和移动终端收看了该节目。该节目在全球范围引起了关注,成为当年最引人注目的电视节目之一。这档节目之所以大获成功,除了议题设置的关注度很高和明星主持人的效应外,大数据的作用功不可没。"真相战胜一切"是镌刻在印度国徽上的格言。与世人熟悉的印度宝莱坞式轻歌曼舞的风格迥然不同,这档新闻访谈节目的宗旨是"关注社会、贴近民众、深层次揭露社会问题"。《真相战胜一切》一开始就尝试运用大数据来进行选题策划和节目进程的微调改进,栏目策划者通过社交网站、移动互联网端收集了上百万的相关热点议题和跟帖讨论,进行大数据的挖掘和分析。在对这些数据进行整理细分处理后,针对不同的群体进行精准定位,推出为他们量身定制的热点节目,不断推进新闻的深度报道和价值挖掘进程。

大数据时代的一个显著特征就是"全数据"或"全样本"成为统计的依据,而不再依赖于传统的随机抽样。因此,大数据下,电视的收视率测定将转型、变革。大数据技术能实现收视数据的"全采样",传统的"抽样"模式将不复存在,这给电视的生产和播出导向带来了直接而富有成效的影响。这种影响无疑会直接给电视媒体的收视率调查带来新的变化,基于随机抽样调查的传统收视率数据将会被基于海量样本甚至全样本的"全采样"收视数据所取代,精准的数据支撑将为电视剧或电视节目的内容生产提供更为可靠的科学依据。简而言之,大数据的核心思想就是用全样本的"全采样"来消解或改变随机统计收视率的现状。因此,在大数据时代,电视媒体应该向互联网视频运营商学习,重视数据的挖掘和应用,真正重视转型运营之道。只有真正获得大数据的基础数据和商业开发能力,才能在与互联网电视的竞争中占据优势地位。否则,天然拥有数据优势的互联网运营商,如优酷土豆等视频网站以及各类OTT运营商将会日显马太效应优势,原本属于电视媒体的受众将会流失,原本属于电视媒体的广告市场份额也将会逐步被蚕食瓜分。因此,电视媒体必须高度重视大数据下的转型运营之道,提高大数据应用的战略地位。用互联网思维来运营电视,是应对互联网电视竞争的唯一选择。

在广告运营上,电视媒体应该学习或采用网络视频网站的先进方法,比如优酷土豆推出"倚天广告系统",以大数据为支撑,凭借跨屏系统、品效合一、灵活交易能力这三大主要功能,智能化分配视频广告的资源。优酷土豆同时还推出了包括智能预留、优先交易、实时竞价等多种模式在内的广告位出售程序化体系,满足了不同广告主的投放需求。此外,优酷土豆还推出了众多的创新产品形式,提升了广告与受众的交互体验。作为全球最大的IPTV运营商,广电系的上市公司,上海百视通有限公司,也在积极布局大数据,探索定向内容、定向广告、关联电视等领域。

电视媒体应该学习或借助大数据在互联网视频广告领域的上述种种应用形式,比如运用大数据的关联信息为广告的定向推送或为实施O2O模式的电子商务打通线上线下空间,重新定义电视的商业广告推送模式,大力推进电视媒体运用大数据进行广告精准推送的发展模式。传统电视采用的是一头收费一头免费的商业运营模式：一头是用观众的注意力换取广告主投放广告，获取广告收入；另一头是免费向观众提供各类电视剧和节目。因此，收视率便成了吸引广告主投放广告的决定性指标。而大数据将完全颠覆这种收视率至上的广告商业模式，广告主已经学会启动自己的大数据分析方案，拥有基于数据分析的投放理论和投放方法，大数据下的收视率生态将完全发生变化。比如移动互联网 App 的各类电视已经实现与各个电视台播放的电视节目相连，收视和播放数据源源不断地流向 BAT 或优酷土豆等互联网视频运营商。而一些新面世的社交电视产品则可以通过电视画面上的二维码识别、动态画面识别、声音识别这些技术，给电视台提供一个不同于传统收视率的新的观众数据采集方法。这同样也能对广告主产生吸引力，改变他们现有的作业程序，实现传播的盈利。因此，电视台应该重视这种新的电视投放法则。

三、电视媒体运用大数据所面临的问题

1. 短板效应

"数据孤岛"现象已成为电视媒体的突出短板。"得大数据者得天下"已成为当今社会的普遍共识。但是，电视媒体要想让大数据为我所用，就必须拥有抓取海量数据的通道和技术能力。在互联网电视 OTT 和 IPTV 等强大竞争对手的夹击下，电视媒体对各种各样与电视相关的海量数据本应该有着极大的需求。然而目前国内电视业的情况并不乐观，许多电视台连以往累积生产建成的巨量内容产品的数字化和数据化工作都还没有完成，媒介资源库的基础建设工作也进展缓慢，哪里还谈得上建立一个全国统一联网、资源共享的媒介资源系统。大数据时代的电视媒体在数据获取、处理等方面处于严重落后的境地，且各省市的电视台目前也没有形成全国范围内统一化的有线网络体系，各地的电视台不可避免地成了互联网海洋中的一个个"数据孤岛"。但最难以克服的一个短板是，电视媒体长期处于传统的电视思维和体制的禁锢中，人力资源和技术应用相对滞后。这种状况如果得不到快速有效的改变，电视媒体想在大数据时代找到这种获取数据资源、掌控、了解观众的"强连接"进口，恐怕还须付出 10 倍的努力。只有努力去"奔跑吧兄弟"，电视媒体才有可能掌握大数据应用的主动权！

2. 大数据的连接问题

国内的很多电视媒体迄今还未完全意识到电视媒体与外部世界和电视观众之

间建立"强连接"的重要性。电视媒体以现在各省各自为政的有线电视网络为载体,与观众进行互动的方式基本上是通过电视终端来进行的,而与外部世界建立联系则是通过有线电视网络来实现的。许多电视媒体的决策者们尽管早已认识到互联网、云计算、移动互联网的重要性,并做了一些有益的开发性工作,如兴办网络电视台、手机电视、移动电视、地铁电视、公交电视等,但上述种种努力并未让电视媒体与受众之间建立起亲密有效的互动和沟通关系,两者的关系不是一种"强连接"。换言之,电视媒体无法直接了解自己的受众,这使得电视媒体处于一种尴尬的境地:一方面电视媒体急切地想拥有和获取大数据;另一方面,由于没有打通互联网的大数据资源通道,电视媒体又不得不继续借助第三方调查公司来认识、了解自己的受众。而现有的电视收视调查公司还未完全做到娴熟地运用大数据进行分析定位和处理,很难给电视媒体提供其进行精准传播和精准营销所需的数据。

3. 电视观众和广告主的流失

目前,各种移动互联网智能端口的信息数据已具备高度聚合的条件,近8亿移动互联网受众的信息每天洪水般涌向移动互联网服务商的大数据资源池。在海量聚合的基础上,移动互联网服务商通过大数据的分析处理,可以使各类深度细分的数据具备精准定位的功能,让移动互联网上的各类服务商及广告主都可以有效地针对目标受众进行信息推送,比如微信可以利用公众账号进行精准的传播推广;网络视频服务商的 App 可让"低头族"随时随地通过手机屏幕观看各种电视节目。移动互联网日益得到受众和用户的青睐,越来越多的人正在离开电视转向互联网。大数据下,互联网电视或视频网站正在不断演绎新的奇迹,它既是一个播出平台,也会成为精神娱乐的制造者。这种"制造"并非仅仅由少数人来导演或引导,而是由每个乐于或自觉参与其中的人去完成,人人都可以成为编剧,人人都可以成为导演。电视媒体如果还不奋起直追,迅速建构起大数据体系和目标受众细分的大数据支撑系统,其电视剧和娱乐节目的生产甚至广告营销都将不可避免地面临握有大数据技术的新媒体的强大冲击,受众与广告主的流失现象将会持续下去,这将严重危及电视媒体的生存和发展。电视媒体的管理者们尤其要高度重视这些问题,必须想尽办法、采取措施,尽早学习和掌握大数据的技术应用,这才是大数据时代电视媒体转型运营的上策。

(作者单位:宁波大学人文与传媒学院)

新常态下城市广电的突围之路[①]

曾 雄

当今社会,随着数字技术、互联网技术和移动通讯技术的迅猛发展,各种媒体在技术、渠道、终端、内容上的融合步伐加快,传播技术汇聚交融、传媒介质有机组合、媒体渠道相互兼并、媒体表现形式综合运用的全媒体时代已经到来。

在这种形势下,传统媒体的发展也遇到了瓶颈,或者说传统媒体已经进入了发展的新常态。

一、广电媒体新常态解读

"新常态"是2014年习总书记在河南考察期间提出的一个关键词。他指出,我国的发展仍处于重要战略机遇期,我们要增强信心,从当前我国经济发展的阶段性特征出发,适应新常态,保持战略上的平常心态。

专家对"新常态"的解读为以下三点:中高速(经济增长从高速转为中高速)、优结构(产业结构优化升级)、多挑战(房市、债务等风险的显性化)。

广电媒体作为传统媒体的代表,与我国的经济发展面临着同样的局面:

1. 广电产业增长持续放缓

由于国家经济形势的下行和新媒体的冲击,2014年全国广播电视行业总收入为4226.27亿元,同比增长13.16%,但较2013年14.26%的增幅下降了1.1个百分点。

作为最能体现广电行业发展态势的风向标,近几年电视广告的投放从增速放

[①] 本文转自广电独家公众号,略有修改。

缓到负增长,后劲疲软。最新数据显示,2015年上半年电视媒体广告投放同比减少4%,5年来首次呈现负增长态势。

2. 广电产业结构不够优化

特别是城市广电,过于依赖广告和有线网络收入。2014年,全国广播电视广告收入为1464.49亿元,占比40.28%;有线网络收入为827.21亿元,占比22.76%。这两项收入的占比超过60%。

3. 广电行业面临IPTV、网络视频和OTT等新兴媒体从制作到播出全环节的挑战

根据艾瑞咨询发布的最新数据,2014年中国网络广告市场规模达到1540亿元,同比增长40%,但电视媒体的广告收入仅为1200亿元,这是网络广告收入首次超过电视广告收入。

二、新常态下城市广电的挑战和机遇

在媒体格局、新常态下,城市广电作为"四级办台"体制下的最末一层,面临着区域覆盖受限、专业人才匮乏、运营成本过高、央视/卫视新媒体双重夹击等重重困难。与此同时,政策利好、广泛的群众基础、市场对专业内容的需求又为城市广电的发展带来了机遇。

下面,我们来冷静客观地审视城市广电所处的环境,分析其未来发展中面临的挑战和机遇,在此基础上再来思考城市广电的突围之路。

1. 覆盖之困

城市台作为地方党委、政府主办的电视台,负责在地方行政区域内宣传地方党委、政府的方针、政策,发挥地方主流媒体的舆论引导作用。这一定位决定了城市台跨区域覆盖与传播的行政限制,使得城市台的市场空间仅限于一城一域。而省会城市台还面临着与同城省级地面频道争夺本土新闻资源、广告资源、收视份额的局面。

随着各大城市有线数字整体转换的完成,当地观众可以收看到的电视频道成倍增长,加上付费数字电视、视频点播以及新兴媒介的迅速扩张,观众分流和分化的速度明显加剧,城市台本有的覆盖局限更为突出。

2. 节目之困

节目是广电媒体的传统核心产品,打造品牌节目、培养观众忠诚度进而提高收视率、抢占收视市场,一直是各大广电媒体的共识。

近年来,中央、省级电视台凭借自身实力,使广电媒体之间的竞争从收视市场前移到了上游资源,中国广播电视的竞争门槛被推向新的高度。同时,由于多年来城市台的节目制作普遍只瞄准本地受众的需求,满足于"一次性播出",所以大部分节目质量不高、创新性不强。

3. 收支之困

目前,城市台的赢利模式普遍比较单一,大部分城市台的总收入中,广告占比达到了70%甚至90%,广告依然是各台主要的经济来源。随着央视、省级频道实行上至全国下至地方、寸土不让的经营策略,城市台的广告份额被进一步稀释,创收能力开始经受严峻的考验。

与此同时,新媒体的广告开发能力也在不断提升;此外,有线电视网络整合也给城市台的创收带来了影响。多重压力下的城市台广告呈现出逐步下滑的轨迹,城市台一方面收入增长缓慢,一方面为了应对竞争压力,经营成本不断上升,收支难以平衡,进军"蓝海"更是缺乏资金的支持。

4. 人才之困

各个城市台普遍面临着以下困扰:人力成本不断上升造成人均产值下降,人员结构不合理,人才引进困难,人力资源开发难以与城市台的事业建设、产业拓展、多元化经营相匹配,更无法满足媒介融合对各类专业人才的需求。

在正视城市台的生存发展之困的同时,我们也应当看到全媒体格局下城市台可以把握住的机遇:

(1) 政策利好带来发展机遇

党的十八届三中全会提出,要推进文化体制机制创新,建立健全现代文化市场体系,推动文化事业产业的大发展大繁荣。

中央《关于推动传统媒体和新兴媒体融合发展的指导意见》出台后,要求传统媒体应用新技术,提高信息内容质量,建立适应融合发展的体制机制,着力打造一批形态多样、手段先进、具有竞争力的新型主流媒体,建成几家拥有强大实力和传播力、公信力、影响力的新型媒体集团。这一系列政策的出台,表明了中央对文化产业发展的关注和重视,也为文化产业的改革、发展指明了方向。

（2）技术创新打破区域限制

随着数字化技术的快速发展,传播渠道的垄断优势被打破,城市台与数字广播、互联网以及手机、移动电视等各种传播渠道和接收终端的结合成为可能。这大大地拓展了城市台原来的生存空间,是一个突破性的进展。

（3）内容短缺提供巨大市场

随着新媒体的蓬勃发展,内容短缺特别是优质内容短缺成为内容市场最大的一块短板,而城市广电拥有人数最多、设备最多、节目素材最多的优势,这些优势汇集在一起就能填补市场缺口,提供海量的、专业的音视频节目。

尽管机遇客观存在,城市台也只有主动出击,迎接新常态的到来,结合各自的发展实际,加快战略转型的步伐,才能将共同面临的机遇转化为发展先机。

三、城市广电突围之路

在新常态的全媒体格局下,城市台身处的延续多年的生态环境正在发生巨变,拥有的资源结构也正在进行剧烈的调整,其所面对的竞争对手与合作伙伴正呈现出日益复杂的态势。

因此,城市台必须从多年来囿于传统广电业的格局中跳出来,打破传统电视业务和新兴媒体业务之间的界限,以全媒体的视野来实现战略转型。

1. 喉舌功能:从新闻宣传阵地向适应新型传播格局的舆论引导阵地转型

从历史的沿革来看,通过新闻宣传发挥喉舌功能是我国广电媒体的重要使命,全国城市台普遍树立起"新闻立台"的旗帜。新闻宣传不仅是地方党委、政府对城市台的要求,也铸就了城市台的核心竞争力,是城市台多年来成为地方主流媒体的重要标志。在新的发展形势下,各台对于喉舌功能如何继续成为核心竞争优势充满了危机感和使命感。

新媒体的日益成熟及与传统媒体的融合给我国媒介舆论环境带来了深刻变化,在这一背景下,城市台只有尽快从传统意义上的舆论宣传阵地向适应新型传播格局的舆论引导阵地转型,才能切实发挥好喉舌功能;否则,必然会被其他媒体逐渐取代,过去曾拥有的影响力也必然日渐式微。一旦多年铸就的新闻宣传影响力丧失,地方"主流"媒体离"非主流化"甚至"边缘化"就不远了。

城市台要想构筑适应新型传播格局的舆论引导阵地,就既要保持既有的本土特色,又要主动顺应媒介融合的大趋势,跨越地域局限,扩大舆论辐射面。具体而言,可以采取以下措施:

(1)发扬立足本土的贴近性优势

确保在第一时间对本土重大新闻资源的权威拥有、及时发布和深度解读,紧密依靠地方时政资源,对当地发生的大事要闻及时进行背景链接、权威解读和指向性的分析。要发挥既有传播优势,让紧贴城市地皮的电视直播常态化,通过对事件的发生进程进行即时、真实的直播,抢占在当地舆论宣传中的主导权。

(2)创新报道形式

在改进会议报道、典型报道、成就报道等正面题材的宣传报道上下功夫,创新编播模式,不再按传统的定时定点方式编播节目,通过移动的、碎片化的媒体形式,借用大数据分析等先进技术手段,以吸引更多的受众,增强舆论引导的实际效果。

(3)借助新媒体

加强新闻报道与受众之间的互动。相对于其他媒体而言,与市民最为接近的城市台完全可以凭借广播、电视、网络、手机等终端的互动,及时汇聚各方民意,引导公众舆论,进一步展示自己作为主流媒体的地位和实力。

(4)推动采编流程的再造,搭建全媒体平台

充分调动现有资源,打通所有传播渠道,实现一次采集、多种生成、多元传播,形成统一行动、集中表达、各展所长、优劣互补的传播格局。

2. 制播模式:从以自制自播为主向适应多媒体播出需求的内容提供商和运营商转型

进入 21 世纪以后,发展内容产业的呼声在我国广电业一浪高过一浪。"内容产业"(Content Industry)这一概念源自西方。1997 年,美国开始使用新的产业分类标准,把出版业(包括软件出版)、电影和录音业、广播和传播业、信息服务和数据处理服务业等产业群称为"内容产业"。欧洲官方对"内容产业"这一概念也给予了认可。

从我国广电业的实际出发,可以将"内容产业"解释为:以市场需求为导向,策划、开发、制作适合传播载体传输播出的节目内容产品,并在此基础上形成一个有自主知识产权的内容产业链。显然,内容产业的龙头在于具有市场竞争力的内容产品。

按照国家有关政策,广电媒体可进行市场流通和开发的内容产品主要指非新闻类节目及衍生品。无论是从市场的需求还是从版权政策的推进来看,都可以说我国内容产业的春天已经来临。

一方面,媒介的多元化与快速发展使市场对节目内容的需求量激增;另一方面,近年来国家将版权战略作为重要举措加以推进,为广电媒体拓展内容产业提供了政策支撑。从实际操作来看,城市台可以从三大业务范畴入手加快发展内容产业:

(1)非新闻类节目的产业化运营

娱乐、生活服务等节目的生产制作可以从事业性质的频道中剥离出来,实行公司化运营,原先分散在各频道的部分节目生产资源和要素剥离和整合后成立公司,成为直接面对市场的主体,负责制作脱口秀、真人秀、综艺娱乐、纪实类专题片、纪录片等节目内容。

(2)为新媒体定制专业内容

新媒体缺内容,特别是缺专业优质的内容,而地面频道的优势就是拥有大量接地气的内容,其中不乏精品。城市台只要针对新媒体的特点,找准模式,形成品牌,就可以批量生产节目。比如,可以开设一档介绍全国旅游景点的栏目,每个城市台都拍一期介绍本地旅游特色的节目,汇总在一起就是一档内容丰富、品质上乘的旅游节目。

(3)电视剧产业链的打造

随着前几年央视和一些强势省台拉开"独播剧"大战,对优质片源的争夺日趋激烈,价格也一路走高。这对资金力量相对薄弱的城市台形成了强烈的冲击,而针对优秀电视剧网络版权和植入式广告等新业务的竞争更使得电视剧的市场价值进一步凸显。

3.媒体合作:从以内容合作为主向内容合作与经营模式合作并举转型

对于困难重重的城市台来说,积极主动地选择合作伙伴,以及在与对手的竞争中发掘合作的空间是突破困境的必由之路。

实际上,我国媒体之间的合作模式从上个世纪80年代就开始进行探索了。到1990年后,随着城市台的崛起,各地城市台陆续建立了多个协作体组织。但以往城市台之间的合作主要体现在新闻资源交流、重大直播连线、主题宣传联动和节目创新借鉴等方面,这些合作方式能够有效地扩大影响、打造品牌。随着市场竞争的日趋激烈,城市台之间的合作若再仅限于内容生产就远远不够了,经营模式上的合作已得到越来越多城市台的青睐。

城市台在经营领域的合作,主要是为了增强自己的市场竞争力,创造新的经济增长点,提高盈利水平。从形式上看,城市台之间的经营模式合作主要表现为两种:

(1)广告运营上的转型合作

随着广告市场竞争的日趋激烈,传统广告开始分流,一方面依附在新媒体上,另一方面集中在传统强势媒体上,比如强势登陆卫视、央视。城市台所占的广告份额越来越小,单纯依靠广告已经不足以维持一个城市台的生存。

因此,城市台在广告经营上一定要转型合作。广告转型是指广告运营要从广告客户思维向用户思维转型,要将广告主的需求与我们的内容生产结合起来,以达到最佳的宣传效果。广告合作是指城市台在合作生产节目、购买电视剧的基础上,统一运营广告,提升广告议价能力。

(2)产业模式上的合作

经过多年的深耕本土和努力探索,每一个城市台都在产业模式上有自己的特色优势。如果能够共享这些优秀的产业模式,并在更多的城市进行推广,那么这些产业模式将产生更大的市场效益。

除了城市台之间的合作,城市台与电信运营商、与各类社会资本的合作也不可小觑。上海文广前董事长黎瑞刚曾说过,广电媒体"不能关起门来自我循环,需要更多地跟市场接轨,需要更多地跟资本接轨,需要借助资本的力量和金融杠杆的力量来实现跨越式的发展"。

只有经历过市场的历练,经历过竞争的洗礼,淡化了"偏安一城"的烙印,城市台才能真正重塑自身的市场形象,形成全媒体格局下的核心竞争力。

(作者单位:长沙市广播电视台〈集团〉)

以新《广告法》为契机
推动地方广电媒体的形态创新

王凌飞

新版修订的《中华人民共和国广告法》已于 2015 年 9 月 1 日实施,新《广告法》的实施给广告传媒领域带来了巨大的变革,广告主纷纷更换广告语或干脆暂停部分广告业务,传统广电媒体的广告营业额与资源量都在流失。有数据显示,2015 年电视广告下降 4.6%,广告资源量(广告时长)下降 10.7%;广播广告下降 0.4%,资源量下降 13.3%。[①] 在整个广告行业蛋糕面临缩小风险的同时,广告主反而加大了对网络及新媒体的广告投放量,这更加使传统广电媒体的生存状况堪忧。地方广电媒体如不积极应变,可以预见,其在广告营收上将愈加举步维艰,大规模的裁员都是极有可能发生的事情,这更将导致这些媒体陷入人才流失、节目空心化的恶性循环。

面对这种不可逆转的趋势,地方广电媒体的媒体资源价值正在慢慢被削弱。地方广电媒体的广告资源是附着于特定的广电节目上的,广电节目靠内容将吸引来的注意力转售给特定的广告主,从而获得市场回报。传统广电媒体的广告资源的价值是通过强制受众注意力转移的方式来实现的,但新媒体和数字技术的推进,让受众的信息消费越来越走向"主动接受—产生兴趣—满足使用—分享交流"的互动模式,以往那种注意力无意转移或被迫转移的媒体垄断时代已经一去不复返。这个时候,凡是受众不愿意主动接受与互动分享交流的广告资源,都很难收到"广而告之"的传播效果。这种互动模式越普遍,地方广电媒体的广告资源价值的流失率就越高,此时,通过频道不断扩版增加广告空间和时间的方法已逐渐失去其原有的效用。地方广电媒体的经营者们在新媒体资源越来越丰富和广告客户需求越来

[①] 中国广告协会报刊分会、央视市场研究(CTR)媒介智讯:《2015 年 1—12 月中国报纸广告市场分析报告》

越高的双重压力下,开始从内容资源入手挖掘广告价值。因此,传统地方广电媒体的转型就是要合理利用当地资源,在不断变化的受众需求与传者表达之间找到恰当的形态创新。

一、主动与网络运营商密切合作,拓展移动客户端

新《广告法》实施后,在对广告投放监管愈来愈严的背景下,将内容和广告以互动形式展现在用户面前可以极大地规避新《广告法》的法律风险。传统地方广电媒体面临着互动性不强、缺乏人机交流、信息碎片化、受众共同话题少的局面。但相对于互联网新媒体,传统广电媒体的最大优势就是长年积累起来的公信力、政府资源和社会资源驾驭能力,这些是互联网新媒体短期内无法超越的,也是互联网新媒体最想拥有的。因此,地方广电媒体应该准确定位自己的优势与短板,和网络运营商合作,共同开发新的业务形态,形成新的广电节目产业链,努力做到节目形态创新化、定位准确化、内容互动化。网络运营商有着进入传统广电领域的强烈欲望和雄厚的资金储备,并且他们在市场渠道建设方面有丰富的经验,在和消费者的互动方面也有更加丰富的体会,更有市场化的理解,还有一定的内容资源。随着互联网时代消费习惯和生活方式的变化,消费者不再满足于简单地通过短信投票互动、网络微博互动等方式消费视频节目,而是希望更深层次地介入广电媒体节目的生产、消费、点评、交流,希望能够在移动状态中收看到符合生活状态的视频节目并参与评价交流,传统地方广电媒体应该迎难而上。

二、台上有节目,台下有互动,迅速推出弹幕及弹幕广告

时下弹幕风靡,是大势所趋。弹幕的本质是一种互动形式,是通过互动加强内容的趣味性,提高用户的参与度,让用户觉得自己不是一个人在看电视,从而产生一种归属感、存在感。弹幕催生了新的"抱团"观看模式,真正实现了无时空距离的社交。弹幕是传统地方广电媒体的节目实现互动交流的好形式,在弹幕模式中,用户在社交活动中分享某类特别的电视节目话题,人们根据"人以群分"的原则构建自己的社交地图或人脉圈子,与朋友分享同一类感兴趣的话题。对于节目而言,弹幕的价值在于,节目内容的制作可以与地方热点更加契合,更有利于节目找到目

标受众。在弹幕火热的背后,是整个社会"吐槽文化"的兴起,人们的关注点从节目本身转移到了精彩评论,甚至转移到了发表自我看法的层面。在弹幕模式中,用户可以直接在页面观看电视节目并刷屏,类似于一个视频微博,从本质上讲就是用户创造内容并使之社区化。当下,弹幕将成为改善传统广电媒体生存状况的重要手段之一。

三、及时推出接地气的应用型节目

地方实时交通、天气预报、医疗预约、家政服务、休闲娱乐、主流餐厅预定等应用信息,这些都是异地竞争者无法与地方广电媒体竞争,外地用户也极少需要的信息服务,但这恰恰是地方传统媒体的天然优势。互联网改变的是信息的传播方式和能力,却无法短期内改变人性。事实上,互联网上所有成功的应用都来自人性,再回归到生活中去满足人性,只要理解人性就能理解新媒体。人性中的探索欲、沟通欲等底层而强烈的欲望成就了百度、阿里巴巴、腾讯等互联网企业。社会受众不一定有直接的信息需求,但是又有窥视信息的欲望。传统地方广电媒体要从更具体、更细致的信息需求入手,从点滴地方信息做起,提供新鲜的地方应用信息,供地方受众分享、交流、使用,慢慢积累人气,这样地方受众便会主动向地方广电媒体提供更多、更新鲜的地方应用信息,使之形成一个地方信息交互的良性循环系统。

四、改良机顶盒样式,设计智能遥控器
合理编排电视频道,改善用户体验

很多用户都觉得数字电视机顶盒又大又难看,安装复杂,需专业人士上门安装,用户体验较差,而数字电视机顶盒的使用过程是人机交互的过程,用户界面本应该美观时尚、简单实用、操作舒适,但现有界面距离这样的用户体验还有很远的距离。

一般电视遥控器的按钮数量都在 30-60 之间,但绝大多数时候我们用得上的往往就是为数不多的那么几个:音量加/减、频道加/减以及电源。如果我们想换到某一个频道,只有两个选择:要么从头到尾依次挑一遍,直至找到我们想看的频道;要么不得不记住该频道对应的数字,然后直接按下遥控器的数字键跳转。在电视

发明之初，可以看的频道和节目不多，这种方式还不算太麻烦，但是经过这么多年的发展，电视里已有了上百个频道，如果还需要受众去记频道数字，用户体验之差可想而知。但电视遥控器似乎没有什么大的改变，不仅过时，使用起来也有诸多不便，更别提使用弹幕了，这未免和这个智能触屏时代的步伐太不一致了。因此应该加大力度研发推广智能遥控器，方便人机交互。

很多地方电视频道节目排序混乱，将很多购物频道排序放得很前面，而且经常变换，给用户带来了极大的不便，人为地增加了使用难度，大大降低了用户体验。因此，应该有专门的人员在保护地方广电媒体利益的基础上，去研究开发科学的频道次序。

五、统筹运作，集成发布 APP，持续推动新老媒体的融合发展

地方用户群体对本地生活服务信息有很大的需求，因此地方广电应开发接地气的地方 App，以全媒体资源共享平台升级为契机，统筹运作，集成报警、求助、爆料等于一体的 App，同时积极拓展移动客户端服务功能，统一布局当地智慧产业，贴近百姓生活，提供便民服务功能。人们可以通过这款 App 方便地查询实时交通、天气预报、医疗预约、家政服务、休闲娱乐、主流餐厅预订等应用信息，并结合地方广电媒体的弹幕分享交流，体验多项便民生活和一站式服务。

六、发挥公益广告宣传引领作用，持续提升传统广电媒体的公益形象

新《广告法》对商业广告的内容及形式做了很多限制性规定，让公益广告驶入了"快车道"，新《广告法》将加速公益广告运作机制等相关鼓励规章政策的出台，也会进一步促进优质的技术、人才和资金涌入公益广告的创作当中。今后一段时间，广电媒体上会出现更加优秀的公益广告作品，公益广告渲染浓浓的人文关怀和人间真情，反映社会文明发展的水平，这也会对我们整个社会的文明进程产生深刻地影响。地方广电媒体应正确认识到开展公益广告宣传是媒体应尽的社会责任和义务，应该引导当地企业加大公益广告的资金投入，使其明白公益广告对树立地方企业品牌有很好的、长远的推动作用。地方广电应调动各方力量，鼓励公益广告的

生产创作,推动地方广电媒体公益广告数量和质量的持续增长,发挥公益广告传播先进文化、展示文明新风、提升社会道德水平、弘扬社会正气的积极作用。

地方广电媒体的形态创新是关键,因此必须重视用户体验,树立"一切以用户为中心"的理念,增强服务意识。在新《广告法》实施的契机下,只要时刻与用户保持互动,各种各样的形态创新将会呼之欲出,地方广电媒体就能通过形态创新赢得未来。

(作者单位:浙江传媒学院)

浅析地方广电新兴媒体广告现状与发展策略[①]

邵 亮

2014年8月18日,中央全面深化改革领导小组第四次会议通过《关于推动传统媒体和新兴媒体融合发展的指导意见》(后文简称《指导意见》)。《指导意见》发布以后,各地传统媒体推进融合发展的责任感、使命感更加强烈,对创办新兴媒体更为自觉主动,投入的人力、物力、财力也更多。"合"已成为共识,"融"的趋势亦越发明显。对地方台而言,创办广电新兴媒体,拉长、加粗广电文化产业链条,是增强其核心竞争力的必由之路。广电新兴媒体应恪守新闻职业道德,坚持所发布内容的专业性和权威性,尤其是新兴媒体的广告发布,更要用法治思维和核心价值观标尺来匡扶正义、守规出彩,以确保地方广电新兴媒体平安、健康地运行。

一、地方广电新兴媒体广告发布的特点

客观地讲,目前许多地方台的融合发展还处于初始阶段,形式上的"合"基本做到了,自办广播电视节目已上网站传播,节目资源也能让新兴媒体共享,新兴媒体的各种信息都能在传统媒体的声屏中亮相。但仔细考量,可以发现传统媒体和新兴媒体之间还是"两张皮"的关系,各自独立考核,还没有进入"一体化发展"、深层次"融"的阶段。以盐城广播电视台为例,新兴媒体的格局由新兴媒体网站、车载楼宇客户端、广播微信、网上微博、QQ群、"智慧盐城"App、LED彩色大屏联盟以及户外联网视频、网络广播电视台等组成,各种新兴媒体均发布商业广告,经济效益和社会影响力也在逐年递增。传统媒体模式DVB(Digital Video Broadcasting,数

[①] 本文转自《中国广播电视学刊》2015年第7期。

字视频广播)和新兴媒体方向 OTT(Over The Top,指通过互联网向用户提供应用服务)也在尝试谋求融合。应该说,发展态势是好的。新兴媒体的广告发布虽有缺憾,但也呈现出以下几个特点:

一是方便快捷。新媒体新技术的广泛运用,特别是 3G 和 4G 新技术手段的推广普及,使得新办媒体的信息发布更加方便快捷、简便易行。比如,"智慧盐城" App 目前以每月新增一两万用户的速度增长,用户可以在手机上订飞机票、火车票和汽车票,可以参与各类电商的网购,包括衣食住行、吃喝玩乐、医疗保健、教育培训等,甚至可以购置家装建材等大宗物品。同样,商家有什么新玩意儿、新款式、新品牌,也可以通过"智慧盐城"App 及时发布,晓之于千家万户。这比传统广电媒体发布广告快捷了许多倍,给消费者带来了极大的便利。

二是贴近性强。媒体广告服务必须贴近受众的需求。当下,社会多元,人们需求多样,各爱所好,各购所需。广电新兴媒体的广告发布手段先进、形态多样,可以衔接各大网商、电商,可以集纳本土各种名品店和特色专卖店,可以与本土各大品牌商企建立更密切的联系。买房、购车、家教、家政服务、家装、家运等,消费者想要的一切,只要上网查一查、智能手机摇一摇,便能找到所需的信息和满意的商品。这样的贴近性无疑是颇受客户欢迎的。

三是利于互动。新兴媒体的交互性、及时性决定了新兴媒体非常利于互动。比如,消费者在网上购买鞋子、T 恤时向商家进行在线咨询,对方就会发来款式和尺码,消费者选好并谈好价钱,还要求在 T 恤上印字,对方便可以马上制作消费者需要的样式,消费者满意后即可成交。这样的来回互动、随时改动比到大型商场购物还方便快捷。

四是频次密集。广电新兴媒体的广告发布不像传统媒体那样,要到一定的时段才能插播,若遇电视剧还不准在中间乱播广告。新兴媒体如移动客户终端、LED 彩色大屏则可以按客户的需求,连续多次反复播放某一广告。这使得新兴媒体广告的暴露频次大大提高、性价比大大提升,所以受到广告客户的青睐。

五是活泼新颖。广电新兴媒体广告更注重娱乐性和灵活性,可以按照客户的要求,采用动漫、卡通、明星代言,以动画、拟人等多种手段增强吸引力和穿透力,所以新兴媒体广告具有更大的创新创意空间。

二、地方广电新兴媒体广告发布存在的问题

地方广电新兴媒体还处于初创时期,团队成员大多年轻、缺乏实践经验,目前广告吸纳量和发布效益总体上盘子较小,指标压力却在逐年加大。出于种种原因,不少城市台的新兴媒体广告较为普遍地存在以下问题:

一是广告发展空间开拓不够。广电新兴媒体目前主要通过有线电视网、"智慧城市"应用程序、LED 彩色大屏联盟和各类户外移动终端发布广告,覆盖面相对狭窄,客户总数相对有限,受众群体不够广泛,农村到达率不高,社会公众的认知度、认同度不是很理想。精明的广告客户仍处于观察、选择之中。对广电新兴媒体而言,开疆拓土、开拓进取的余地还很大,广告发展的空间还很可观。广电新兴媒体从业人员要进一步融当下、赢未来,下大力气,努力拓展覆盖面、到达率和发展空间。

二是公益广告分量不足。公益广告是媒体尽职履职、体现责任担当的主要载体,公众乐于接受、商家愿意参与,同时又是媒体的良心工程、本分工程。2014 年 10 月以来,盐城广播电视台的新兴媒体每天大容量、高密度地宣传社会主义核心价值观并播出了"盐城:一个让人打开心扉的地方"、"保护环境、荡涤雾霾"、"坚持绿色发展、绿色增长"、"建设厚德盐城、创建国家卫生城市、全国文明城市"等一系列公益广告,不仅市民愿看爱看,省、市有关部门还给予了建设 LED 彩色大屏的补贴。实践证明,制作和播放公益广告完全可以实现社会效益和经济效益的双赢。笔者认为,适度加大公益广告的制作量和播放频率,是广电新兴媒体凝聚人气、扩大社会影响的有效途径,也是体现广电新兴媒体弘扬社会主义核心价值观责任担当的有力措施。

三是见利忘义、虚假夸大现象仍然存在。广电新兴媒体的一些广告经营人员总想"一口吃成胖子",接纳上门广告时往往饥不择食。例如,保健食品、药品、医疗器械、疑难症医疗、化妆美容品、理财投资六大类广告常有真伪难辨、虚假夸大、鱼目混珠的现象发生。商家或广告代理商有的利用科研机构、专业人士和患者的"推荐证明",有的打着"央视某某频道某某栏目专门推荐"或"获某某协会、某某杂志、某某知名网络评选推荐"等旗号,愿意出重资投放广电新兴媒体,期望通过车载、楼宇终端、手机应用程序、LED 户外大屏得到广告回报。而广电新兴媒体广告

从业人员有的因缺乏辨别虚假的能力,有的因急于完成指标任务,再加上新兴媒体广告监管相对薄弱、审查把关不够规范严格,致使"李鬼"得以冒充"李逵"进入了新媒体终端。殊不知,发布虚假、夸大、以偏概全、无限拔高的广告,欺骗、误导消费者,不仅会损害消费者的生命健康和财产安全,是既谋财又害命的"毒瘤",而且对媒体自身的伤害也极其严重:可以损害广电新兴媒体的公信力和权威性,削弱受众对广电新兴媒体的信任感和亲和感。

三、地方广电新兴媒体广告的发展策略

在互联网经济的带动下,传统产业转型升级,新兴产业不断涌现并焕发出勃勃生机。地方广电新兴媒体广告正面临新的发展机遇,历史机遇如不及时抓住,往往稍纵即逝。因此,广电新兴媒体要下好先手棋、打好主动仗。当务之急,是贯彻好党的十八届四中全会精神,落实好中央《关于推动传统媒体和新兴媒体融合发展的指导意见》,学习好《政府工作报告》,用法治思维和核心价值观标尺来规范新老媒体的广告,助推地方广电产业不断迈上新台阶。笔者认为,广电新兴媒体团队要切实增强四个思维并付诸实实在在的行动:一是增强法制思维,依法加强对新兴媒体广告的管理。管理出效益,管理出力作,管理就是生产力。在传统媒体和新兴媒体在内容、渠道、平台、经营、管理等方面进行深度融合的过程中,专业性和权威性应该体现在方方面面,并驾齐驱、齐头并进。在广告接纳、审查、发布方面,都要强化法治思维,依法履职,着力提升平台的品质。

新修订的《广告法》已经发布,并于2015年9月1日起施行。新《广告法》实施后,对一些明显带有虚假、夸大、拔高成分的广告,无论是"能肯定"还是"吃不准",媒体都应该拒绝传播,千万不要"先污染、后治理"。媒体的公信力和美誉度比金子还重要,毁了声誉就如同"牛过河再用力拽尾巴",再努力也无济于事。因此,要加强广电新兴媒体广告从业人员的法制教育、职业道德教育、纪律教育等,提高其依法治理广告的水平和能力。同时,制定和完善广告接纳、审查、播出的工作流程与制度,将广告经营管理关进法治的笼子。

二是增强用户思维,将受众转化为用户。受众和用户是媒体的衣食父母,广电新兴媒体也不例外。新老广电媒体都是受众和用户的信息供应商,要对受众和用户高度负责。孩子不能给父母购买有毒的食品和用品,同样,媒体也不能给受众和

用户提供虚假有害的信息。

时下,网民受众和客户端受众群体日益扩大。据有关统计信息,2014年,我国网上零售额已超过2万亿元,网民达6.49亿人,互联网普及率达47.9%,这样的大数据为广电新兴媒体提供了极大的市场空间。珍惜这个空间就是珍惜我们自己,尊重用户就是尊重我们自己。我们要时刻多为用户着想,发布的广告必须真实可靠,千万不能见利忘义,搬起石头砸自己的脚。

三是增强互动思维,以亲和力撬动客户。互动性是新兴媒体的一大特点,新兴媒体的广告发布更需要与商家和用户互动,在互动中吸引受众,撬动市场,增强亲和力和认同度,增进相互信赖、相互忠诚。因此,广电新兴媒体广告从业人员要加强对广告商的了解,加强对商品知识的学习,在互动的过程中说真话、说实话、说行语,说客户听得懂、信得过的话,从而提升服务质量和服务水平,促进广告效益的提升。

四是增强公益服务思维,提高社会效益。公益广告的发布是主流媒体义不容辞的责任和义务,也是其精神价值的体现。广电新兴媒体的客户终端相对较多,受众群体往往呈几何级数上升,车载、楼宇终端、手机应用程序和LED彩色大屏发布的公益广告能营造强大的舆论磁场,提高社会的卷入度,对树立媒体良好的社会形象、扩大公益事业的影响力以及激发公众的正能量发挥巨大的推动作用。比如,"保护生态环境,建设美丽中国"、"关爱弱势群体、培养人文精神"、"净化文化市场,荡涤精神雾霾"、"厚实道德土壤,培育城市精神"等公益广告,短小精悍、语言简练,很适合广电新兴媒体反复滚动播放和互动交流,既能为社会各界人士植入感情因子,又能彰显时代精神,还能使新兴媒体人气旺盛,赢得良好的社会口碑。

(作者单位:江苏盐城广播电视台广告中心)

图书在版编目(CIP)数据

中国区域广电媒体市场拓展与广告营销/王文科主编. —北京：中国传媒大学出版社，2016.6

ISBN 978-7-5657-1651-5

Ⅰ.①中… Ⅱ.①王… Ⅲ.①广播事业—市场营销学—研究—中国 ②电视事业—市场营销学—研究—中国 Ⅳ.①G229.2

中国版本图书馆CIP数据核字（2016）第047704号

中国区域广电媒体市场拓展与广告营销
ZHONGGUO QUYU GUANGDIAN MEITI SHICHANG TUOZHAN YU GUANGGAO YINGXIAO

主　　编	王文科
策　　划	欣　雯
责任编辑	李　明　蒋　倩
责任印制	阳金洲
封面设计	大鹏工作室
出 版 人	王巧林

出版发行	中国传媒大学出版社
社　　址	北京市朝阳区定福庄东街1号　邮编：100024
电　　话	86—10—65450528　65450532　传真：65779405
网　　址	http://www.cucp.com.cn
经　　销	全国新华书店
印　　刷	北京中科印刷有限公司
开　　本	787mm×1092mm　1/16
印　　张	15.75
版　　次	2016年6月第1版　2016年6月第1次印刷
书　　号	ISBN 978-7-5657-1651-5/G·1651　定　价　58.00元

版权所有　翻印必究　印装错误　负责调换